古都西安

长安地志

Local Chronicles of Chang'an

刘安琴 著

西安出版社

图书在版编目（CIP）数据

长安地志/刘安琴著. —西安：西安出版社，2007.6
（古都西安丛书）
ISBN 978-7-80712-327-9

Ⅰ.长… Ⅱ.刘… Ⅲ.长安(历史地名)-地方志

中国版本图书馆 CIP 数据核字（2007）第 078081 号

古都西安·长安地志

著　　者：刘安琴
出版发行：西安出版社
社　　址：西安市长安北路 56 号
电　　话：（029）85253740　85234426
邮政编码：710061
印　　刷：西安新华印务有限公司
开　　本：850mm×1168mm　1/32
印　　张：10.25
字　　数：226 千
版　　次：2007 年 6 月第 1 版
2007 年 6 月第 1 次印刷
印　　数：1—2000
ISBN 978-7-80712-327-9/K·18
定　　价：21.00 元

《古都西安》丛书编纂委员会

序

崔林涛

西安是享誉国内外的历史文化名城，有着深厚的经济社会根基、丰富的文化底蕴和久远的文明传承。在中华民族发展的历史长河中，古都西安处于极为重要的地位，发挥了重大的历史作用，拓印下无比瑰丽的史诗和波澜壮阔的画卷。

“八川分流绕长安，秦中自古帝王州”。西安古称长安，是中华民族的重要发祥地和文化发源地之一。远古时代，“蓝田猿人”就在这里繁衍生息，六千多年前，半坡先民在这里种植狩猎，开掘出了别具特色的“半坡文化”。自公元前12世纪，周文王在此建立丰京，揭开了西安作为帝王京师历经千年，雄踞华夏，成为统一的多民族国家的政治、经济、文化中心的辉煌历史。西安成为与雅典、罗马、伊斯坦布尔等城市齐名的世界历史古都。直至今天，西安城中的塔与碑，城外的陵与墓，连绵的城垣与宫殿遗址，保存的大量珍贵文物以及周乐秦声、汉风唐韵等文化艺术，仍在昭示着这里曾经呈现过的尊贵和豪华、开放和风流。

“一座城市的历史就是一个民族的历史”。古都西安就像一部活的史书，一幕幕、一页页记录下中华民族的沧桑巨变，见证了“文景之治”“贞观之治”“开元盛世”的鼎盛辉煌，然而，往日这个帝王们希冀长治久安、长久平安的长安城随着朝代更迭，数遭兵燹，令人扼腕地一度衰落了。

衰落的根源值得研究汲取，怎样重新激起奋发向上的精神更应当总结和发扬。英国著名历史学家汤因比曾精辟地分析，任何文明都有其生长和衰亡的过程，而能否勇敢地接受各种挑战决定着这种文明的前途。

我们在研究文明生长的时候，发现它的过程是一连串的挑战和应战。应战不仅解决了挑战所提出来的问题，而且还在它每次胜利地解决了一个挑战问题以后，又提出了新的挑战。这样，文明生长的性质的最核心的成分便是一种新的活力、不断的创新。历史在前进，文明在曲折中发展。

西安，曾经创造过昔日的辉煌，西安也曾经历过衰落，西安又迈向创造新的文明的征途。江泽民同志在分析古希腊文明、拜占庭文明盛极而衰时说过，不能紧跟世界发展的潮流，就必将落后。他在西安论述中国实施西部大开发战略时还说过，中国曾有过盛唐时期的辉煌，但安史之乱后衰落了。现在我们的任务是要实现中华民族的伟大复兴。因此，他多次强调我们的各级领导干部和年轻一代要多学习和了解一点历史，从历史中汲取文化的养分。尤其是在改革开放和现代化建设取得巨大成就的今天，面对世界多极化、经济全球化和科学技术迅猛发展，要使中华民族在全球范围内的竞争中不断发展、走向繁荣，就要审视自己的历史和文化传统，继承和发扬民族优秀传统文化，增强民族凝聚力，学习借鉴世界文化优秀成果，始终代表先进文化的前进方向，才能与时俱进，战胜前进道路上的各种艰难险阻，立于不败之地。

先进文化是现代人集古今中外之大成、并且面向未来的创造，是传统与现代、继承与创新的产物。我们有责任大力弘扬先进文化，因为这是永葆历史文化名城活力的根本所在。研究历史，分析现状，面向未来，西安要走向世界，让世界更加了解西安，在社会主义的先进文化中保持优良的文化传统，增强民族的认同感，提高自信心，为经济发展和社会进步提供精神动力与智力支持，成功地应对前进中的每一次挑战。我想这是每一个西安人和关注西安发展的人们不断思索的命题。工作和生活在古都西安的人们要有一种气概，重开现代丝绸之路，重振汉唐雄风，把西安建设成既葆有古都风貌，又具现代文明和时代精神的大都市。

编著《古都西安》这套大型丛书，正是想让人们对西安有更深刻的了解，能够触摸到西安的历史脉络和文化特征，感受到它的灵魂，让西安走向世界，再架起一座中西文化交流的桥梁。丛书按照从古至今、全面系统的原则分篇编排。每篇或按时序，或分类论述，但总的体例大致划一，以求系统、准确、全面而又有重点地介绍西安。丛书在保证学术水准的前提下，尽可能为更广泛的读者所接受，使史学走向大众，更具有严谨的科学性、渊博的知识性和艺术感召力。

有关古都西安的著述很多，但系统地编著一部大型丛书，立体全景地展现西安历史，却是首次。我有幸在西安工作十多年，西安的文化积淀实在是丰厚，这座城市最大的魅力在于它的历史文化。在两个文明建设的实践中，我们深切地感受到，弘扬优秀传统文化，建设社会主义精神文明，有必要也有责任组织和推动一批专家、学者，编撰一部详尽介绍古都西安的大型丛书。为此，我曾多次与史念海先生等专家交流，共同策划。从制定规划、内容、体例讨论论证、专题编著分工、编审等，工作展开已近五年时间，现在要陆续出版了。本丛书的宗旨是崇尚征实，弃绝浮言，全面系统，提倡寓新颖观点于详密材料的治学风格。参与编著丛书的每位作者都在理论阐释和材料整理方面，做出了很大的努力，都有全新的开拓。这是全体作者的心血，更是史念海老先生留给世界、留给当代与后人的一份呕心沥血的遗嘱。这套由他主要审定的丛书陆续与读者见面了，而史先生却已无法全部看到。鲁迅先生曾说过，拿着故人的遗稿，就像手里攥着一把火。这套丛书的问世正是史先生传承给我们的希望之火，也是对他最好的纪念。

望着雄伟壮观的古城墙和高楼林立、华厦争辉、桥涵飞虹、通衢溢彩、万车竞速的西安，感受到汉唐雄风开阔的底蕴，体味着这方水土赋予西安人开拓创新的激情，我们有理由相信，有着强大自我更新能力、包容进取精神的西安人，在中国共产党的领导下，坚定地走有中国特色的社会主义道路，乘着西部大开发的东风，一定能够在这片土地上再创造出新的历史奇迹！

2007年5月4日于西安

目　录

古都西安

绪 论

古都长安，肇始于西周，从春秋以来循序发展，其历史久远、地域辽阔与地理条件的优越，形成今天西安特有的历史文化风韵。她作为周、秦、汉、唐统一王朝的都城，城区宫殿、郊区陵寝、规模宏大的园林建设等影响深远，国内其他都城殆无此例，在中国历史演进历程上占据着重要的地位。

长安建都城已有三千多年悠久的历史，由丰镐、栎阳、咸阳至汉唐长安城，先后迁移已有数次，其间宫殿、苑囿及陵墓，皆因其地理位置与时间的改变而有诸多不同。

至于寺院道观、市肆旅邸、交通道路、水利设施、人文分布、关隘堡寨、名胜古迹，以及其他方面，均以专述、或分见他述，使读者各得其所。例如，河流湖泊的变化，因为山的变化是不显著的，而河流的泛滥，湖泊水位的高低和消失都因时间的推移而时有差异，并会引起当地土壤的变化，这种变化不仅见于地面，还显现在空间，如气候的改变、温度的提升，都与人们的生存息息相关，都需要作严谨确切的记述。

长安行政区划在历史上的变更很频繁：内史、三辅、京兆郡、京兆府、大安府、奉元路、西安府以及所辖县邑，前后区域不尽相同，与现在西安市辖地及所属 9 区 4 县的范围更为迥异。过去的长安、临潼、高陵、蓝田、周至、户县 6 县，现在长安和临潼已成为西安市所辖的两个区，只有详尽地描述古都长安在历史上的演变过程，才能使这部书的记载翔实生色。

唐都长安之后作为一方重镇，其优越的地理形势，同样受到历朝人们的重视，为人们所关注。因此，有关长安的著述前后辉映，层出不穷。佚名的《三秦记》《三辅黄图》、唐韦述的《两京新记》、宋宋敏求的《长安志》、程大昌的《雍录》、明何景明的《雍大记》、清毕沅的《关中胜迹图志》皆其著者。除了文字著述、地理著述，兼有舆图，《三辅黄图》与《关中胜迹图志》就是以图命名，北宋吕大防等所刻《长安图记》尚有残石传世，就是以《两京新记》及旧图为蓝本，见存于世的应以元李好文撰《长安志图》为最早，这些著述都为撰写《长安地志》提供了实证和依据。

《长安地志》中“地”的含义，不只是介绍古都长安历代地方志方面的书，它还包括全国总志、郡志、州志、舆图志，历朝史志和正史中的地理志，以及历朝会典、会要、实录等有关古都长安的各种论述，旨在研讨这一区域自然环境与社会的演变规律以及改造自然的成就，展示西安在整个中国社会发展中的地位和作用，以认识西安、研究西安、宣传西安、资政育人，推进文化传承的可持续性。

撰述的时间范围：自公元前 11 世纪西周建都丰邑开始，止于清代宣统三年（1911 年）。著述的区域范围，以西安市及西安市所辖 9 区 4 县为主要区划，而周秦时期距西安相距较远，为了详述汉唐诸代与周秦的不同，其离宫别苑和陵墓亦超出 9 区 4 县之外，故著述中多少涉及到关中各处。书中附统计对照表三种：（1）长安地方志比较表。（2）长安地方专志的对比表。（3）长安游记的对照表。可使读者参考方便，对不同朝代所反映当时长安的自然与地理环境，历朝遗留的历史遗迹之间的关系更容易分辨。

第一章

先秦时期长安

先秦时期，长安水源充盈，土地肥沃，十分利于农作物生长，周人正是选择了这块优越的环境定居繁衍，使周文化发展到一个辉煌的阶段。西周初，在长安建立国都后，周人在青铜器上铸造了简单的文字，说明西周在长安建都开始便有了零散的记述，这些大多散见于今天流传的《禹贡》《山海经》《周礼》《诗经》《国语》《吕氏春秋》与《商君书》等先秦典籍之中。《管子·度地篇》也是我国最早的水利文献，《夏本纪》也可视为早期“地理志”。这些典籍之中的许多内容反映了京都丰、镐及关中一带悠久的地域文化，对于研究长安在地方志产生之前的历史渊源弥足珍贵。

第一节　《禹贡》记雍州山川及其他

一、雍州的大致地理范围

雍州是周族的发源地，据《禹贡》记载，雍州是先秦时华夏族生息的地方之一，春秋为虢、周、召、毕、丰、郑、秦等诸国之地，战国属秦及魏之西境。《禹贡》对陕西及关中区域的记述，显得概括简略，不易辨明。经过爬梳整理，能够比较明晰地滤出雍州大致的地理范围：“黑水、西河惟雍州”。黑水、西河为雍州的地域界，即雍州地处黑水与西河之间。《禹贡》所述黑水，李长傅考订是上古时代假想的河流，上古时河流通称为水，实际并无此河，不能作为划分疆域的依据，《禹贡》记雍州的区域，实际只是春秋战国时代，带有传说色彩、一种假想以自然地理特征所划分的行政区。

后经历史变迁，据《禹贡·释地》，雍州范围“东至西河与冀州为界；南以华山秦岭界梁州；西至黑水界西戎；北界不明”。秦岭界梁州，今陕西韩城一带。黑水的范围一般不超过疏勒河。西河，“言雍州之境，西南则包黑水，而东距冀河也。冀河，龙门河也，尧都冀州，龙门河正在其西，故曰西河也”。[①] 西河即龙门之河，在冀州西，故称西河。据考，秦国的西疆只抵陇西，即今甘肃中部。说明《禹贡》所述雍州约相当于今陕西中部、北部与甘肃省的大部分区域，范围几乎涵盖了陕西与甘肃两省，实际已超出了今天所指的雍州范围。

二、早期关中的山脉、水道与泽薮

雍州范围内早期关中地区的主要几座山脉，《禹贡·导山》：“荆岐既旅，终南、惇物，至于鸟鼠。”荆山，在今陕西大荔县东；岐山，在今陕西陇县；终南，即终南山。《汉书·地理志》：“右扶风武功：太壹山，古文以为终南；垂山，古文以为惇物，皆在县东。”“惇物非山名，终南山高而广，多物产，故《禹贡》曰终南、惇物”（《雍录》）。终南山指秦岭山脉，太白为秦岭主峰，实际是秦岭山脉的一段。以上荆、岐、终南、惇物（垂山）四座山都在陕西关中。

《禹贡》导水篇记述了禹领导氏族部落，十余年治理黄河下游水灾的经历。当时关中区域河流分布的大致轮廓是：

---

① 《雍录》卷一《总叙雍》。

泾、汭水 “泾属渭汭”[①]。汭，孔安国曰：“水北曰汭”。意指泾水在渭水北岸注入渭水。

漆、沮水 “漆沮既从”。既从[②]，苏轼曰：“渭大，漆、沮小，故言从。”意指漆水出扶风漆县西，入渭与沮水汇合。《禹贡·导水》又说：“又东过漆沮，入于河。”漆、沮水，孔安国认为是洛水。“雍州，其浸渭、洛”。[③]李长傅考，今洛水一名北洛水，东南流经甘泉、洛川、澄城、大荔，至朝邑南入渭河，自明以来，或入河（如光绪年间），或入渭（如1934年）。又有漆、沮二水合为一水说。郦道元注：“自直路东南经怀德城南，分二水：一水东南出，俗谓之漆水，又谓之为漆沮水；一水东出，即沮水。”

沣、泾水 “沣水攸同”[④]。攸同，指沣、渭会同入河。“东会于沣，又东会于泾[⑤]”。沣河水以东西两岸的丰、镐二京在此建都而闻名，源头出自长安西南秦岭山中，从西向北注入渭河，是长安附近最大的河流。《汉书·地理志》说：“右扶风：沣水出东，北，过上林苑入渭。”李长傅考，今沣水出户县秦岭北麓，北流至咸阳东三里入渭河。沣水自秦渡镇以下，古今变化很大。周朝时沣河，宋敏求《长安志》说：“其源阔一十五步，其下阔六十步，水深三尺。”沣河西岸的水流量大而且迅猛，经常闹水灾，周人经常受到沣河泛滥的威胁，至今沣河水流已变得很细小。

泾河在今西安市西北面，是渭河的支流。《汉书·地理志》：“安定郡泾阳……《禹贡》泾水所出，东南至阳陵入渭。”泾河源头出自宁夏，东南流经甘肃平凉崆峒山，又名薄落谷，到陕西高陵县境入渭河。“泾水出安定郡泾阳县西迁头山，东南至

①②③④⑤《禹贡·导水》。

冯翊阳陵县入渭过郡三行千六十里”[1]。阳陵县，今高陵县。郡三，指安定、扶风、京兆三郡。

渭水 “导渭自鸟鼠同穴”[2]。渭水源出甘肃渭源县西鸟鼠山，东流经天水入陕西境内。宋毛晃《禹贡指南》说：“渭水出首阳县，首阳山，渭首亭南谷山。”渭源县原名首阳县，首阳山因县得名。渭水从陇西首阳山西南流出，至京兆北船司空县入河。“渭水至长安东北入河，河始大自渭而下，巨舟重载皆可以达冀州。”[3] 渭河是长安八水中最大的一条河，是黄河的最大支流，源头出自甘肃鸟鼠山，东北、西南流向，长 787 公里，横贯关中平原，滋养着八百里秦川。春秋时，渭水下游本是周人肇兴之地，当周人始居于豳时，就已在渭水行船，当时渭水的水域且深又很宽阔。

上古时代关中区域的泽薮，据《禹贡》载，关中渭水流域有弦蒲（今陕西陇县西）和阳纡（今陕西华阴附近）两处，但两汉以后，北方的泽薮逐渐湮没，弦蒲和阳纡也早已不存在。

第二节 《山海经·山经》记述春秋、战国时期的关中

一、华夏族最早的居住之地

在《山海经·山经》所记 26 山系中，《西山经之首》《中山经之首》《中次五经》和《中次六经》均以陕西华山为中心，华山山系为首例。华、夏古字音同，这片地区是夏族，也就是

① ［清］朱鹤龄：《禹贡长笺》卷六。

② 《周礼·职方》。

③ 宋陈经：《尚书详解》卷六。

华夏族最早集中居住的地方。据张步天《山海经解》，周人称秦岭为华山，此处所指华山为山脉名，此名始自西周。周人以距京畿之地较近之处的山名曰华山，与华夏一词有关，有以华夏正统自居之意。《山海经·西山经首经》说：“华山之首，曰钱来之山，其上多松，其下多洗石。”夏人聚居的华山地区，松和洗石很多，说明自然生态环境非常优美。《山海经·山经》中的《西山经》记有77座山，包括周镐京、关中、陕北区域的山脉，涉及今华山以西我国西北的广大地区。《山海经·山经》还对渭南、渭北、汉中、陕北都有较详细的记述，说明《山海经》重视对今天陕西全境的记述，可以说，研究关中古方志的雏形著作应从《山海经·山经》开始。

二、西周京畿之地——镐京及周围的自然环境

《西山经》第一系列山系的首尾共计19山，其中10处叙述关中，即西周京畿地区一带的山川地理。《西山经》是《山经》中最早的首篇原始经文，与周人崇尚周王故地，把西周京畿之区视为首要之地相符。名为西山，一是指周公东征后建成丰、镐二京，关中之山因在东都洛邑之西，故称关中之山为“西山”。二是《西山经》虽出自西周的调查记录，却整理于东周迁都洛邑之后，因而称关中各山为“西山”。

《西山经》说：“又西七十里，曰羭次之山，漆水出焉，北流注于渭。”据载，羭次山在今西安市西南，即周镐京以南。漆、沮二水均为古川名，此经漆水在渭水之南。“漆水出扶风杜阳县俞山东，北入于渭”①。正与此经“羭次之山，漆水出焉，北流注于渭”相符合。《西山经》又说：“又西百五十里，曰时山，无草木，逐水出焉，北流注于渭。”时山，今周至县

① 《水经》卷十六。

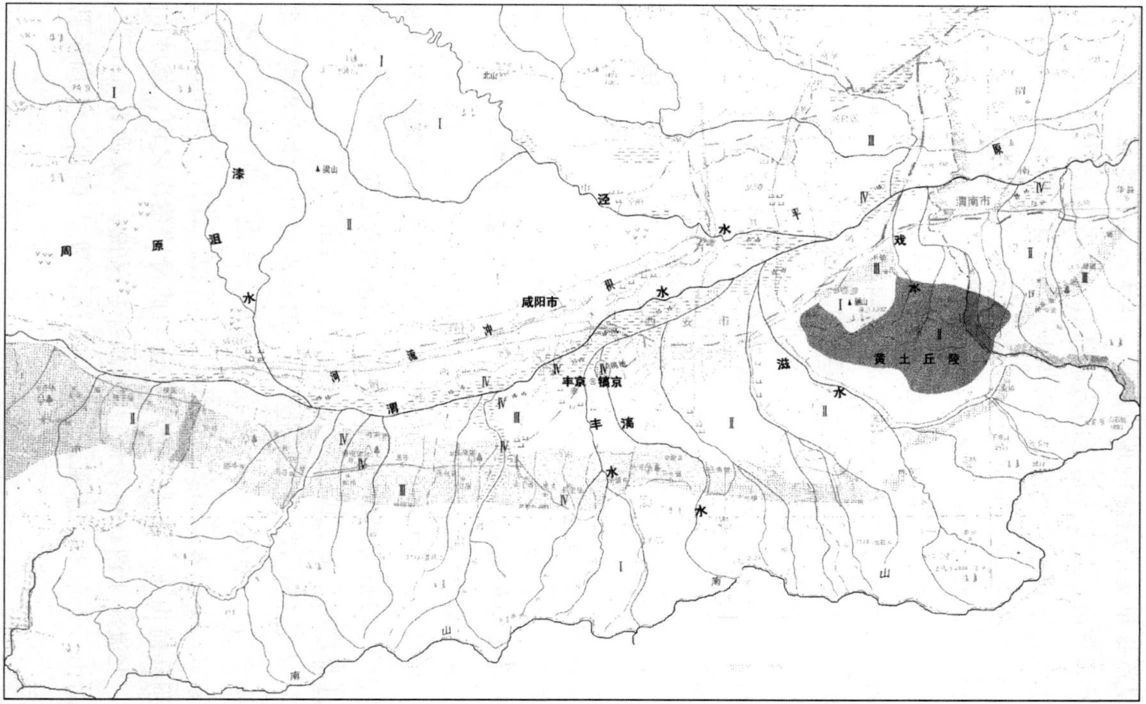

西周自然环境图

南；时，即畤，古时祭天地之处。逐水，逐，一作遂。张步天引《释名·释水篇》："潏，術（术）也。"引《左传》文公十二年"秦伯使术来聘"。引《公羊传》术，作遂，说明古时潏、术、遂三字相通。张氏又引吴承志上述遂水即潏，潏、泬古时相通。此句应为潏水从畤山发源，向北流入渭水。《西山经》说："又西百七十里，曰南山，上多丹粟。丹水出焉，北流注于渭。"南山即终南山，西周时指秦岭之太白山一段。丹粟，指像粟粒般大小的丹沙，丹水从终南山发源，向北流入渭水。《西山经》又说："又西百二十里，曰浮山。"《水经·渭水注》记有曰浮山，即浮山，位于骊山南并相连，在临潼以南。

三、蓝田县周围的自然水脉

《西山经·首经》说："又西八十里，曰符禺之山，其阳多铜，其阴多铁。……符禺之水出焉，而北流注于渭。"符禺山，张步天引吴承志《山海经地理今释》称，即今渭南市西南蓝田县北的分水岭。符禺水从此山发源，向北流入渭水。《水经·渭水注》："渭水又东合沙渠水，水即符禺之水也，南出符石，又经符禺之山。"此后诸地志也载有此水名。"又西六十里，曰石脆之山，……灌水出焉，而北流注于渭水。其中有流赭，以涂牛马无病"[①]。灌水自石脆山发源，石脆山也见《水经注》，灌、浐二字形近易讹，说灌水即浐水。又据《说文·水部》："水出京兆蓝田谷入灞，从水，产声。"说明今浐水确为北注渭水。流赭即硫磺，这是我国陆地水含硫磺最古的记载。《初学记·地部下》骊山汤条记此段文字，灌水距骊山温泉近，说明《西山经》所记属实。《西山经·首经》又说："又西五十二里，曰竹山，其上多乔木，其阴多铁。……竹水出焉，北流注于

① 《水经注》卷十九《渭水》。

渭，其阳多竹箭，多苍玉。丹水出焉，东南流注于洛水。”竹水与丹水均发源于此山，此山为何山？据张步天引吴承志与谭其骧《中国历史地图集》，此山在蓝田县东北至蓝关。《尚书大传·梓材》说：“南山之阳有木名乔。”南山即终南山，说明竹水与丹水均发源于一山，应是终南山及其余脉，即竹山。又说：“又西百八十里，曰大时之山，……涝水出焉，北流注于渭。”时为畤，张步天注，黄帝立畤于雍，雍即今凤翔县，此山位其南。此山则在今宝鸡南，与雍地之南合，其地今名观音山。涝水即《水经·渭水注》所称蟠溪水。《西山经·首经》记述的这一带山脉自西向东，河流北流于渭，完全符合关中的地理形势。

四、周人的发祥地——岐山及其附近

《西山经·西次二经》主要是对关中渭水以北，渭水北岸岐山及附近周人的发祥地的记述。在记述的17座山中，陕西关中地区有5处，即钤山、泰冒山、数历山、女床山、龙首山。自钤山起，有莘、芮、梁、程、邰、吕、西虢、密、秦等诸侯方国，河湟一带则是西胡小月氏之地，与周人的接触颇为密切，夹渭河，西至河湟直达青海湖东北，东起晋、陕间黄河西侧的钤山，大致与渭水平行。《西次二经》与《首经》的记载，说明古丝绸之路开辟很早，殷周时已见其端倪。

女床山，“西南三百里，曰女床之山”。[①] 女床山，即岐山。据谭其骧《中国历史地图集》西周图，地在陕西岐山县。岐山是周人的发祥地，女床山在周人心目中地位很高。陇山，“又西二百里，曰龙首之山，……苕水出焉，东南流注于泾水，

① 《西山经·西次二经》。

其中多美玉”[1]。龙即陇山，即今陕西陇县与甘肃华亭县之间。徐显之称此山即甘宁边境的青龙山，有待考证。泾水即今泾水，东注泾水河流有数条，苕水是其中之一。上述《西山经·西次二经》所记述的山水，包括了陕西渭北直至西边延伸到宁夏南部甘肃东部一带。

第三节 《周礼》《诗经》《国语》对长安的记述

一、《周礼》设计的西周国都制度

《周礼》设计的西周国都制度，“匠人营国，方九里，旁三门。国中九经九纬，经涂九轨。左祖右社，面朝后市”[2]。西周丰、镐两京就是按照这种国都制度布局帝王都城的。按照各九里正方形的城郭设置面积，四面城郭各开三个城门，城内有经纬交错的道路各九条，经路可容九辆车并行。王宫建于“地中”，即中央。以王城为中心，“由近及远又有郊、甸、稍、县、都的区划，形成方千里的王畿。再以王畿为中心，由近及远又有九畿的划分”[3]。《周礼》设计的西周国都制度，实际是对未来国家政体的一个构拟规划的设想，这种整齐划一的都城规划及广大的疆域范围，以周代的经济基础和国力是不可能做到的，但这种设想的西周国都制度却为后世封建王朝所采用。

① 《西山经·西次二经》。

② 《周礼·考工记》。

③ 彭林：《〈周礼〉主体思想与成书年代研究》，中国社会科学出版社，1991 年。

二、《诗经》所述西周之关中

1. 周族、周人与周原

《诗·大雅·生民》："诞后稷之穑，有相有道。茀厥丰草，种之黄茂"。周人的祖先后稷（弃），传说是叫姜的女子在野外踩上了上帝足迹而怀孕所生。弃被舜封在邰（今陕西武功），故被称为有邰氏，他的封地近姬水，又有姬氏之称，因他主要管理种植黍稷，又称他为"后稷"。后稷教民除治杂草，种黍稷，对周族农业的发展做出了贡献，并开创了以谷物祭祀上帝的传统，带领周人进入农耕文明时代，从此，周族进入父系氏族社会。

《诗·大雅·公刘》："笃公刘，既溥既长，既景乃冈，相其阴阳，观其流泉，其军三单。度其隰原，彻田为粮。度其夕阳，豳居允荒。笃公刘，于豳斯馆。涉渭为乱，取厉取锻，止基乃理。爰众爰有，夹其皇涧，溯其过涧。"公刘是后稷的曾孙，他继承并恢复了后稷重视农业发展的好传统，带领部落的人自邰迁到隔梁相望的豳地（今陕西彬县、旬邑一带）。豳地有泾河水，有百泉流入泾水，即"流泉"。土地肥沃，有山有水，是适宜农作物生长的富庶地区。周人在以豳为活动中心的时候，似乎已经相当富庶，到文王的祖父古公亶父时，又把活动中心由泾河流域迁到了岐山之南的周原一带。

《诗·大雅·绵》："古公亶父。……自西徂东，周爰执事。乃召司空，乃召司徒，俾立室家。其绳则直，缩版以载，作庙翼翼"。古公亶父带领周人从豳地迁到周原（今陕西岐山县一带）。古公初到此地时荆棘丛生、野兽出没，人迹罕至，但周原一带北靠岐山，南临渭水，很适宜农作物生长。经过辛勤努力，建起了宗庙与宫殿，修建了坚固的城墙，设置了司徒、司马、司空、司士、司寇五官有司，直到文王迁丰以前，这里一直是西周早期的政治、经济和文化中心——岐邑的所在地。

2．**丰、镐双子城与郊外风光**

《诗·大雅·文王有声》:“文王受命，有此武功。既伐于崇，作邑于丰。考卜维王，宅是镐京。维龟正之，武王成之。”武功指伐四国及崇之功。约公元前11世纪中期，周文王（姬昌）在今西安城西南长安区沣水中游西岸营建丰京。周文王接受了古公亶父之命，征服了西北和西南诸小国，沿渭河东进，讨伐沣河一带的崇国。崇国是故嵩山崇族的分支，在今长安东。文王晚年灭崇之后，曾在沣河西岸作“丰邑”，以便东征。清方玉润按，丰即崇国之地，在今户县杜陵西南。其子周武王（姬发）在沣河东岸又营建了镐京，后又大会诸侯，推翻了商朝，建立了西周王朝。丰、镐二京在沣河的东西两岸，直到平王东迁（前770年）以前，丰、镐双子城一直是西周的都城。

《诗·大雅·灵台》:“经始灵台，经之营之；庶民攻之，不日成之；经始勿亟，庶民子来；牣王在灵囿，麀鹿攸伏；麀鹿濯濯，白鸟翯翯；王在灵沼，于牣鱼跃。”沣水东岸的镐京宫城旁，灵囿中有高台、池沼及伏卧的母鹿，是供周王玩赏游乐的场所。据载，文王的灵囿方七十里，养有麋鹿、白鹤等动物，沼内有鱼、鳖和飞鸟等。《雍录》载，灵台、灵沼、灵囿均在户县杜陵西南一带，但已不可考。《诗·小雅·鹿鸣》:“呦呦鹿鸣，食野之苹；呦呦鹿鸣，食野之蒿；呦呦鹿鸣，食野之芩。”《诗·小雅·白华》:“滮池北流，浸彼稻田。”都是对丰、镐二京周围广阔的郊外自然风光的真实描写。今西安城西南三十里的沣水东岸，即为周镐京故址。

3．**终南山及大川**

《诗·秦风·终南》说：“终南何有？有条有梅，终南何有？有纪有堂。”终南即终南山。清方玉润按，以其干属天下之中为中，势距镐京之南为南，合起来称中南，即终南。条即山楸树，梅即樟楠木，多产自江南。西周时，终南山是周国的都地，山上林木葱郁，种类繁多，不可胜数，山上有桑、杞、栲、枸、楸、梅，还有苞栎（栎树）和苞棣（棠棣）。所产楸、樟楠、杞、柘等植物，已成为历代志书记录终南山的特有物产。

西周时的沣水、泾水、渭水是有名的大川。《诗·大雅·文王有声》："沣水东注，维禹之绩。"此处有沣水东流作两经枢纽之意。尧时沣水也泛滥为害，曾得到大禹的治理，使其入渭，是大禹的功绩。丰京周围有沣水灌溉，更宜于农业的发展，大禹治水能在这里施工，可见沣水当时水域很宽阔，现在沣水北流入渭，和古代"沣水东流"的流向不同。据载，沣水北流，约在汉时就已如此，当时北流稍偏西。《诗·邶风·谷风》说："泾以渭浊，湜湜其沚。"先秦时的泾河水清澈见底，是因泾水流经区域森林众多，草原宽广，没有受到任何污染，今天沣水河床已变得很细小，甚至可以徒跣涉越。

三、《国语·周语》对周国城郊道路与环境的记述

《国语·周语》卷三，记述了周穆王至周敬王（约公元前?～公元前 476 年）时期，周王室从西周至东周兴衰重大政治事件的全过程，其中有一段对周国城郊道路与环境保护颇有价值的叙述。"周制有之曰：'列树以表道，立鄙食以守路。国有郊牧，疆有寓望，薮有圃草，囿有林池，所以御宰也。其余无非谷土，民无悬耜，野无奥草。不夺民时，不灭民功。有优无匮，有逸无罢。国有班事，县有序民。'"（《国语·周语》）从迄今所见到的少数几部先秦典籍中，可看出资料难得，也说明周国当时对道路的重视。周国规定，在道路两旁种植树木是为了指明道路，在郊外路旁设立房舍守卫道路。周国郊外有牧场，边境上有客栈和接待的人，沼泽地有茂盛的草，园囿中有林木和水池，都是为了防御灾害，其余地方有庄稼，百姓农具无闲

置，田野无杂草，城里人工作有序，郊外百姓在劳作，这些规定与周《秩官》所述内容相符，说明周国不仅重视城郊道路，还建立了较完善的环境保护制度。《诗经》中对周国的道路也有记述，“踧踧周道”（《诗·小雅·小弁》），周国的王畿大道很平坦。《孟子》记“周道如砥”就是孟子对周国道路修建得很好、非常平坦的评价。周都丰镐一带气候温和，河流密集，东边广袤的白鹿原下，是流淌的浐河，南倚秦岭，北面是宽广平坦的渭河川地，周国郊外的牧场，繁茂的绿草，以及为防御灾害的林木和水池，使周国城郊山水与田园景色浑然一体，成为得天独厚的自然环境区域。

《国语·周语》又说，“故先王之教曰：‘雨毕而除道，水涸而成梁，草木节解而备藏，陨霜而冬裘具，清风至而修城郭宫室。’故《夏令》曰：‘九月除道，十月成梁。’”。雨过后修路，于枯水期在河流上建桥梁，草木凋敝时储藏粮食，寒霜降临时就备好冬衣，凉风吹过就整修城郭宫室，周人充分利用一年四季气候变化的自然规律进行各种修整和建设，这与《夏令》所说的经验是一致的，也是周人根据季节变化总结出来的经验。

四、其他先秦史料对关中的记述

除了上述之外，《吕氏春秋》一书产生于秦国，《上农》《任地》《审时》和《辨土》等保存了先秦关中地区农业的精耕细作和施肥等早期记录。《任地》篇详细记录了土地的合理利用，以及农耕中农田的畎亩措施，根据丘陵、山间道路、平原低洼处等不同的地理条件，决定播种五谷的种类等。《商君书·徕民篇》是商鞅鼓励秦国发展农业生产的论述。《徕民篇》说：“今秦之地，方千里者五，而谷土不能处二，田数不满百万，其薮泽、谿谷、名山、大川之材物货宝，又不尽为用。”秦国物产资源丰富，却有大片的土地尚待开垦，劳动力十分缺乏，而韩、魏等邻国则地少人口稠密，耕地不足，商鞅采用给予田宅、免除三世徭役等办法，奖励邻国农民来秦国垦荒，这一措施对促进秦国农业生产，增强国家实力起了重大的作用。当时铁制农具的改革又有了很大提高，使秦国经济实力和生产力水平大大超过了东方六国，并逐步强大起来，为日后的统一奠定了基础。

第四节　先秦典籍对后世长安地志著述的影响

在我国众多先秦地理著作中，《禹贡》是我国具有重要影响的、最古老的一部“地理志”，保存在《尚书》里的《夏书》中，著者与著作年代都没有记载，后人考证得出，应产生在战国时期。

至今诠解研究《禹贡》的著作已达到20余部，其中《禹贡》所述雍州地理亦是众多先秦地理著作中时间最早的一部。《禹贡》记雍州以今西安为中心的关中地域，其所论述的山川、水道以及土壤、周围居住的少数民族等地理特点，对后世长安地方志的著述都有很大的影响。例如《禹贡》所述“始置雍州”，此指兼及周文、武王的丰、镐二都，以及其周围的土壤、颜色等级、物产等内容均始自《禹贡·雍州》，以后地方志都列有物产类。“原隰底绩，至于猪野”（《禹贡·雍州》），史念海《河山集》第3集《周原的历史地理与周原考古》，以翔实的考证，详细阐述了这句话的深刻含义。豬（猪）野，在今甘肃武威县东北民勤县境，在雍州西部，此即指雍州由东到西有原隰，隰指原下湿润的土地。原在古时的概念有多大，《禹贡》没有详细解释。史念海先生对此解释为，西周和春秋战国时期，黄土高原上的原都是十分广袤的原。古公亶父居住的周原，其范围相当凤翔、岐山、扶风、武功四县的大部分，兼有宝鸡、眉县、乾县、永寿四县的小部分。当时范围十分辽阔的原，后来陆续缩小，周原至今已剩下岐山和扶风两县间的一小块面积了。这些说明几千年来周原地貌已发生了巨大的变化。

雍州为周族的发源地，这块自然区域，孕育了周族人的繁衍生息。《禹贡》早期对九州，包括雍州这种假想的州制，对以后雍州行政区划的建立，提供了可贵的依据。《禹贡·九州》为夏代制度，《尔雅·九州》为殷代制度，《周礼·九州》为周代制度。不言而喻，《尔雅》与《周礼》正是因循《禹贡》对雍州的自然区划，又以各自时代的不同发展与变化加以论述的。《禹贡·九州》的雍州地理位置"黑水、西河惟雍州"，战国时的《周礼·职方》进一步说："正西曰雍州。"此后，有战国末著作《吕氏春秋·始览》："西方为雍州，秦也。"又有汉初学者缀辑著作《尔雅·释地》："河西曰雍州。"上述三种对雍州区划范围的记述虽有所不同，但其原则是一致的，即上述区划是自然区划，不是行政区划。此后，雍州为春秋虢、周、秦等诸国之地，战国属秦及魏的西境，汉朝正是在秦设置的内史、上郡、北地等诸郡基础上，在关中设置了京兆尹、左冯翊、右扶风，唐代这一区域属关中道、陇右道，宋属陕西路，元属陕西、甘肃行中书省，明属陕西布政使司，清属陕西省的凤翔、延安、榆林府、西安府一部分与甘肃省的兰州等诸州府及巩昌府部分。《禹贡》雍州起源及命名之后，为历朝雍州之地行政区划的设置产生了深远影响，正如范文澜所说，"这种理想在我国古代人民中形成了这样的信念：中国自古就是统一的，疆域自古就是辽阔的国家。这对中华民族统一大国的形成与巩固，具有深远的政治意义"①。

---

① 范文澜：《中国通史简编》第一编，中华书局 1983 年。

《汉书·地理志》上卷的前半部分，基本是将《尚书·禹贡》与《周礼·职方》的内容照搬过来。《汉书·地理志》后半部分，在秉承《禹贡》论述关中区域的内容上，又有了新的拓展，尤其是对关中先秦时期山川河道的论述更显系统与完善，如《禹贡》的梁、岐二山名。《汉书·地理志》说："左冯翊，夏阳，《禹贡》梁山在西北。"又说："右扶风，美阳，《禹贡》岐山在西北。"夏阳，在今陕西韩城西南。美阳，在今陕西扶风西南。《禹贡·导水》论述关中诸名川说："泾属渭汭。"《周礼·职方》也记有："雍州，其川泾、汭。"之后，《汉书·地理志》又进一步论述，"右扶风，汧，汭水出西北，东入泾"。汧即今陇县。《禹贡·导水》说："导渭自鸟鼠同穴。"这在汉以后的文献记载中，都提到鸟鼠同穴山的记载。《汉书·地理志》亦说："陇西郡首阳，《禹贡》鸟鼠同穴山在西南，渭水所出，东至船司空入河。"首阳，即渭源东北，船司空，即华阴东北。宋毛晃《禹贡指南》说："渭水出首阳县，首阳山，渭首亭南谷山。"《元和郡县志》亦说："鸟鼠山，今名青雀山。"《禹贡》又说："东会于沣，又东会于泾。"《汉书·地理志》亦说："右扶风：沣水出东，北，过上林苑入渭。""安定郡泾阳：……《禹贡》泾水所出，东南至阳陵入渭。"之后的清朱鹤龄《禹贡长笺》卷六："泾水出安定郡泾阳县西迁头山，东南至冯翊阳陵县入渭过郡三行千六十里。"考据大家胡渭根据前人的著述，在《禹贡锥指》卷十中正确指出了古汭水的流程，"汭水源出凤翔府陇州西四十里弦蒲薮，东流过长武县南，而东注于泾"。至清代，毕沅《关中胜迹图志》卷二十七，邠州大川黑水河条下说："在邠州西四十里，与长武接界，其流入泾。"该志与其他志书的大量佐证，证实古汭水一直指今黑水河，明汭水名称它移，有今黑水河之称。又如《禹贡》和《周官》的记载虽涉及到地理，所记却仅限于当世，未载前代。其后，《汉书·地理志》正是在这一点上作了明显的改变，它不仅兼记前代，而且还追溯到远古。班固还介绍已成为儒家经典著作的《禹贡》和《职方》，反映出汉代制度具有深远的渊源。史念海先生说："班固和后来相当长久时期的学者一样，都认为《禹贡》作为《尚书》的一篇，乃是大禹治水之后撰著的鸿文，而且所记载的就是夏时的典章制度和夏时的地理。"①

秦未统一之前，地理书如《禹贡》或《五藏山经》，都以山川为框架记载地理现象。宋敏求《长安志》受到先秦诸种文献的影响也很大。例如《禹贡》所述雍州是作为《长安志》开篇的总叙，兼及周文武王的丰、镐二都，长安土贡由《禹贡》说起，以及分野、土产、都城、宫室类也都如此，并对已有明确行政区划的雍州，从历史角度的诸多方面加以"解经"（文字解释）和"释地"（考证地理）这一传统，皆因循《禹贡》之说。如县一级的设置上述到秦时，又上溯到《周礼》一书的记载，"贡道"即交通道路，后世方志也都写有交通类。

先秦时期是一个充满神话和传说的时代，《山海经》就是我国先秦时期第一部特具神话传说的先秦典籍。《山海经·山经》所反映关中一带的历史地理情况，对后世长安地方志著述产生了深远的影响。例如《山海经·中次六经》："其北有林焉，名曰桃林。"晋郭璞注，桃林在弘农湖县阌乡南谷中。《后汉书·地理志》进一步解说，弘农郡弘农有桃林聚，故桃林也。其地在今陕西潼关以东，河南灵宝县以西。《寰宇记》："自灵宝以西至潼关，皆桃林也。"之后据《资治通鉴》梁武帝大同三年注《三秦记》，桃林塞在长安东四百里，若有军马经过，则放牧华山，休息林下。此外又有张澍辑《三秦记》，记桃林塞，

---

① 史念海：《班固对于历史地理学的创建性贡献》，中国历史地理论丛 1989 年 第 3 期。

内容与上雷同。汉辛氏《三秦记》的许多著述内容，也是源自《山海经》。例如骊山始皇祠，骊山温泉的神话传说，位于关中的狗枷堡等，这些都与《山海经》的某些记述略同，还有《元和郡县志·河南道》与《水经·渭水注》也辑有上述内容。从这些佚文辑录看，后世长安地方志在祠庙、碑碣、仙事、异闻等类也多有记录，且与《山海经》的撰著风格很相似。之后，北魏郦道元《水经注》反映关中地区水道的记述中，就有80多处引用《山海经》的内容，其中三分之一是记述长安及关中一带。例如《水经·渭水注》："渭水又东合沙渠水，水即符禺之水也。"郦道元根据《山海经·西山经》"符禺之水出焉，而北流注于渭"及考察结果，得出位于蓝田县北符禺山的符禺水北流入渭的记载，此后诸地志也载有此水名。《水经·渭水注》："小赤水即《山海经》之灌水也，水出石脆之山。"灌水，即今华县、渭南间的赤水镇，为古地名。《说文·水部》："水出京兆蓝田谷入灞，从水，产声。"说明《水经·渭水注》所指今浐水确为北注渭水。还有《西山经·首经》记华山即今陕西华山。太华山，即今华山主峰。小华山，今少华山一称小华山，在陕西华县东南。南山，即今终南山。

商周是中国历史上延续时间最长久的王朝，这个时代奠定了中国政治制度的基础，它创立的礼乐制度成为中国传统文化的核心。《诗经》中的《大雅》《小雅》《豳风·七月》和《秦风》《终南》等篇，反映了渭河平原以丰、镐二京王畿为中心，扩展到泾渭河洛及关中平原地区人民的劳作、耕种及狩猎等，均为周兴起之初的政治制度和生产情况的重要篇章。例如《诗经》中《公刘》所记公刘率族由邰迁邠这一重要的历史事件，之后在《史记·周本纪》《史记·刘敬列传》《史记·匈奴列传》都有记载。《雍录·豳》还对《公刘》作了详细分析，"所叙取材、治屋、积食、除戎以立久计者，皆此邠也"。又进一步考证说：

"公刘自庆州徙都于邠，邠州新平县即其地也，在唐都西北三百里。"《孟子·梁惠王下》也有对古公亶父详细的记述：

> "昔者大王居邠，狄人侵之。事之以皮币，不得免焉。乃属其耆老而告知曰：'狄人之所欲者，吾土地也。吾闻之也，君子不以其所养人者害人。二三子何患乎无君？我将去之。'去，梁山，邑于岐山之下居焉。邠人曰：'仁人也，不可失也。'从之者如归市。"

此段即源自于《诗经·绵》所记古公亶父迁岐的史迹，在《史记》之《周本纪》《刘敬列传》《匈奴列传》等均有这一段记述。《诗经》的"节彼南山"，其后有《三秦记》："秦岭东起商洛，西尽汧陇，东西八百里。"《汉书·东方朔传》："南山，天下之阻也，南有江、淮，北有河、渭，其地从汧陇以东，商洛以西。"均因受到《诗经》的影响。还有《豳风·七月》记载了三千多年前周人七个月中以农桑为主的农事活动，也是我国最早的物候记载。《小雅·十月之交》是丰、镐一带地震引起山崩及地壳变动现象最早的记录。《诗经·终南》等篇中的楸、梅、檀、柘等，在后来方志植物类都记载了周朝终南山的这些植物。

《国语》也是一部具有很高史料价值的著作。司马迁作《史记》，如《十二诸侯年表》和不少《世家》材料，都直接取自《国语》，可见前人对《国语》的重视。《国语·周语》受《诗经》重视农业的影响，《周语》说："故《颂》曰：'思文后稷，克配彼天。'《大雅》曰：'陈锡载周。'"《周语》引用《诗经》中《颂》与《大雅》诗篇，均可见这些先秦典籍对后世长安著述产生的影响。

第二章

秦汉、魏晋南北朝时期长安

秦、西汉（前221—8年）先后将国都建于咸阳和长安，秦一统全国，开创了中央集权制，汉代是我国封建社会第一个高峰时代，汉代长安于封建社会初期具有极其重要的历史地位，尤其是西汉王朝二百余年的政治中心就建在长安，许多新的措施都孕育、萌生或发轫于这一时期。魏晋南北朝（221—589）时期，长安虽非统一全国的国都所在，但作为东汉末、西晋末与前赵、前秦、后秦、西魏、北周等政权的都城，仍显示出其巨大的文化作用。鉴于上述历史背景，自东汉发明了造纸术后，藏于宫中笨重的竹简由于各种古抄本的出现而得以流传，对长安及其他各地的考察，开始有了初步的认识并有了记述，各种地理著作逐渐增多，出现了汉代最初记述长安区域的地方志——地记。

第一节　长安地记所述长安

一、长安地记的产生背景

秦、西汉两朝建都于咸阳与长安，长安是政治中心，又具备优越的地理环境，这为撰述“地记”提供了良好的条件。著名地理学家仓修良也说：“西汉后期，地方经济得到迅速发展，豪族地主势力不断壮大，这就为产生地方性著作提供了温床。从这个时候开始，各地先后产生了许多地方性的人物传记和专记一方风土的地方性地理著作，经过两者发展汇合，从而形成了方志的初期形式——地记。”[①] 他又进一步指明，这种观点是著名的历史地理学家谭其骧先生和史念海先生都持有的看法。这些论述说明，地方志有一个漫长的发展过程，“地记”是它刚刚开始发展的雏形时期。从秦汉到隋唐，地记的形式一直相沿，魏晋南北朝时期尤为明显。

二、秦、汉郡书所述长安

秦国统一后崇尚西周文化，大量吸收并继承周文化，秦国位居周地，突现出西周的文明遗风。秦始皇力主各项改革，“分天下以为三十六郡”[②]。郡县制是由春秋、战国到秦代逐渐形成的地方政权组织。秦统一中国，分为36郡，随着边境的开发，郡治的调整，后增加到40多郡，下设县，郡县长官均由中央政府任免，成为专制主义中央集权政权组织的一部分。正是这种以“郡”为区域单位的体制为“地记”的产生提供了基础，正如《秦始皇本纪》载，在诸多史料记载的“郡书”“郡国之书”或“郡国地志”中，就是以各郡为区划向上呈递该地方的文献记录，这便是长安地志的前身。

西汉建立，秦设置的郡县制度继续得到推行，秦从事各地修撰的所谓“郡国地志”“郡书”得以保存下来。刘邦入关，萧何收集秦朝律令和图籍存藏于石渠阁。据《隋书·经籍志》记：“武帝时，计书既上太史，郡国地志固亦在焉。”所谓“计

① 仓修良著：《再论方志的起源》，《史家、史籍、史学》，山东教育出版社2000年。

② 《史记》卷六《秦始皇本纪》。

书”就是记簿，是指记载各郡国贡赋之类的文书。据《汉书·武帝纪》，汉武帝就曾经在甘泉宫亲自受计，每年一次，每年郡国所上计书为太史所藏，其中有的流传于外，说明当时计书的撰述已很普遍，即使边远地区也不能偶尔或缺，可知撰述郡国地志不仅为当时一项要政，而且具有一定的历史渊源。计书，实际上就是地记的一种记载形式，是各个郡国的地方志书。

西汉后期，豪族地主占有土地采用庄园的经营方式。东汉末，庄园经济自给自足发展规模更大，豪族地主为了宣扬显赫家世需要地方著作来为其服务，一时在东汉蔚然成风。其中诸长安史料所记的“先贤传”“耆旧传”“风俗传”之类的传记著作的出现就是例证，这些以人物、地域传记为主的史书主要在东汉、三国之后发展很快。这些进一步说明，记载一个区域和地域传记的史书是地记主要的记载形式。

地记和成形的地方志还有一个明显的区别是：地记记载一个区域的疆域、山川、古迹、人物、风土等情况，其中神话传说较多，而尚未涉及政治、经济、军事、艺文等类目，内容较为简略，体例尚不完备，一般还处在地方志的初期阶段。从现今仅存的地记书目看，有西汉王褒《云阳记》、应劭《十三州记》等6种地记，今仅存其名，书均亡佚。

三、魏晋南北朝“地记”的兴盛

两汉至魏晋南北朝时期地记著述盛极一时。魏晋南北朝时，门阀制度盛行，世家大族为了标榜门第郡望，为自己著书立说，地记就成为当时地方志书的主要形式。根据张国淦《中国古方志考》与汉魏六朝时期人物传记和地记发展的数字统计，可看出当时地记发展的速度。东汉：人物传记9部，地记6部。三国：人物传记9部，地记14部。两晋：人物传记14

部，地记达到43部。南北朝：人物传记8部，地记增到50部。从以上数字可看出地记增加的速度很快。

晋朝涉及到长安及关中的地记，如曹魏时雍州辖有京兆、冯翊、扶风等郡，此三郡实即两汉的三辅，三辅虽已不为京畿的首选之地，而轶闻掌故仍被称道，部分未被毁坏遗留下来的城池宫殿，许多撰述都作了详细记载。晋人对长安及关中地区地记的撰著有：裴秀《雍州记》、潘岳《关中记》、阮籍《秦记》、葛洪《关中记》、韦氏《三辅旧事》，又有不著撰人姓名的《三辅旧事》《三辅故事》《京兆旧事》等。以上举出的这些以地记形式记述的郡国地志，大都早已亡佚，幸赖以一些著述之中的注释或征引，或其他书中的轶文残篇的记录，才得以些许保存，这些珍贵的典籍对于研究长安地方志初期发展具有重要的参考价值。

第二节　长安地记的存佚情况

一、长安地记史料的辑佚

秦汉、魏晋南北朝时诸多长安地记史料亡佚，传世几乎很少，至今能看到的，是根据史书中引文辑佚。刘纬毅《汉唐方志辑佚》一书的部分内容，记述魏晋南北朝时的古长安。其中辑佚有：魏阮籍《秦记》、约魏晋时所作《关中图》、晋裴秀《雍州记》、晋戴延之《西京记》、晋潘岳《关中记》、佚名《长安记》、北魏崔鸿《西京记》、北周薛寘《西京记》等。值得提出的是，这些零星辑录的长安史料中，书名多冠以“记”字，说明上述多以地记内容为主。

从刘纬毅《汉唐方志辑佚》内容看，其一，多以秦汉自然地理环境为主，如晋潘岳《关中记》与同时代的西晋裴秀所撰

《雍州记》这两部书都已佚失。潘岳字安仁，中牟（今河南）人，曾官为长安令，累官给事黄门侍郎。裴秀，字季彦，河东闻喜（今山西）人，官尚书令、司空。《太平御览》和《太平寰宇记·凤翔府》都征引过裴秀《雍州记》，《水经注》和《文选·注》又都征引过《关中记》。从诸书的征引可大略看出两书的梗概是：西晋雍州辖境虽远达于六盘山下，而作为最西一关的萧关也在六盘山下，可知当时雍州的范围和今天关中的区划大体相同，而裴、潘两书所说的是同一地区，两书的体例也很近似。其二，该书对长安其他地记史料的辑佚。如《寰宇记》昭应县："鸿门在始皇陵北十里。"《御览》原条："周文王葬于毕，长安东南有原，名毕原。"《路史国名记·周氏》："高陵北有毕原，毕陌南北数十里，东西二三百里。"《水经·渭水注》："阿房殿，在长安西南二十里。殿东西千步，南北三百步，庭中受十万人。""秦始皇陵，在骊山之北。高数十丈，周回六七里，在今阴盘界。此陵虽高大，不足以销六十万人积年之功也。其用功力隐而不见者。骊山泉本北流者，皆陂障使西流。又此无大石，运取于渭北诸山。故其歌曰：'运石甘泉口，渭水为不流，千人一唱，万人相钧。'"[①] 这些记载都属实，是记述秦、西汉及晋长安十分难得的地记史料。

至今已佚失的长安及关中区域的秦汉、魏晋南北朝地记，有辛氏《三秦记》佚，汉《三辅宫殿名》佚，后汉《三辅耆旧传》《关辅古语》《京兆耆旧传》佚，晋《雍州图》《雍州记》《关中图》《关中记》（潘岳、葛洪各1卷）佚，梁《西京新记》60卷，佚，北周《西京记》3卷，佚。这些反映长安及关中地记的珍贵资料，几乎已全部散佚不存。

① 《御览》卷五十五《冢墓》。

一、辛氏《三秦记》对长安的记述

《三秦记》汉辛氏撰。辛氏，曾是汉时陇西大姓之一，作者亦其族人，由陇西至长安必经过陇坂（今陕西陇县西北），行旅十分艰辛，记载中可看出作者历尽艰辛。撰著时间，据清人王谟辑《汉唐地理书钞》考证，此书“并不及魏晋，必出于汉人之手，不能迟至晋时”。说明此书撰著的时间应为汉代。

辛氏《三秦记》是迄今最具典型、最有影响的一部反映长安及关中地记形式的著作。原书于宋时已佚失，据杜佑《三秦记·序》：“此书在李唐时尚未亡。”内容包括秦汉时期长安及关中的山川、都邑、宫室故事等，是研究秦汉长安区域地理环境、风俗人情等的第一手资料，至今流传的都是出自前人书中所引的部分内容，而所引者又都是各取所需，已无法见其全貌，更显得弥足珍贵。

为了便于读者了解《三秦记》，现以张澍辑佚《三秦记》为主，对主要反映长安的部分内容摘引如下：

秦都咸阳，咸阳，秦所都也。在九嵕山南、渭水北，山水俱阳，故名咸阳。胡亥时，阎乐为咸阳令。

长安，地皆黑壤。城中今赤如火，坚如石。父老所传，尽凿龙首山为城；长安城北，有平原，广数百里。民井汲巢居，井深五十尺。

未央宫即紫宫。未央宫渐台西有桂宫，中有明光殿，皆金玉珠玑。张澍按，明光殿在甘泉宫中。

建章宫，武帝太初元年（前104年）作建章宫，度为千门万户，前殿度高未央，其东则凤阙高二十余丈；其西则商中数十里，虎圈其北，治大池；渐台高二十余丈，名曰太液池，中有蓬莱、方丈、瀛洲、壶梁，像海中神山。

龙首山，长六十里。头入渭水，尾达樊川。头高二十丈，尾渐下高五六丈，土赤不毛。昔有黑龙从山出，饮渭水，其行道因成土山。今长安城，即疏山为台殿，基址不假筑。其含元殿，即龙首山之东麓，高敞为京城之最。阶高于平地三十余尺。南去丹凤门四百余步，中无间隔，左右宽平，东西广百步。

长池，秦始皇作长池，引渭水东西二百里，南北二十里。筑土为蓬莱山，刻石为鲸鱼，长二百丈（亦曰兰池陂）。秦又有兰池、镐池，即明天子璧池。张澍辑，兰池陂即古之兰池，在咸阳县界。

刘纬毅《汉唐方志辑佚》、张国淦《中国古方志考》、曹学佺《大明一统名胜志》和张澍辑佚《三秦记》所反映古长安的内容共计 29 条（诸多条目在此省略），其中记地 12 条，记人 10 条，宫殿、河流、汤池 10 条，说明自然地理与人物是当时主要的记载内容，这些稀见的史料价值可归纳为如下四点：

1. 咸阳——最早的记载

对秦都咸阳早期的记载，如《三秦记》述咸阳名称的由来，“在九嵕山南、渭水北，山水俱阳，故名咸阳”。“咸阳”其名于毕沅校《三辅黄图·咸阳故城》未见记载，说明这一名称最早源自于《三秦记》。该书又说：“胡亥时，阎乐为咸阳令。”阎乐，其人在相关文献中均未见记载，据《史记·秦始皇本纪》，阎乐为乃阴的女婿，乃阴与郎中令赵高于秦二世胡亥时过往甚密，常共同谋划秦国之事，可知乃阴也是秦二世胡亥身边的一位近臣，这就不难看出阎乐之所以成为权重一时的咸阳令，是依靠其岳丈强大的政治背景。

2. 秦兰池、阁道

《三秦记》说：“秦始皇作长池。”长池，又称兰池陂，张澍注，即古之兰池。有关兰池的记述，《三辅黄图·咸阳故城》兰池宫条下，仅简略地说：“兰池，注渭城县，有兰池宫。”而《三秦记》却对秦代兰池的规模、池中的景致以及刻石鲸鱼的长度等都作了较详细的记述，使之加深了对秦都咸阳城兰池景色的认识。又如《三辅黄图》只记“始皇二十七年，治驰道”，而《三秦记》“秦始皇作阁道，至骊山八十里。人行桥上，车行桥下”的记述，无疑是对秦代史料的补充。又如《三秦记》始皇陵条，记墓内夜光珠、修建始皇陵搬运大石于渭北作甘泉歌等。墓内夜光珠，《史记·秦始皇本纪》说：“秦皇初即位，穿治骊山……穿三泉，下铜而致椁，宫观百官奇器珍怪徙藏满之。……以人鱼膏为烛，度不灭者久之。”这一段记述较《三秦记》更详细，而作甘泉歌，“运石甘泉口，渭水不敢流。千人唱，万人讴，金陵余石大如坵”。却是民间百姓对此事不满的真实反映，这段话无疑是对《史记·秦始皇本纪》始皇陵条内容的增补。

3. **桂宫**

张澍辑《三秦记》：“未央宫渐台西有桂宫，中有明光殿。”桂宫，《三辅黄图》卷二桂宫条：“桂宫，汉武帝造，周回十余里。”桂宫建于汉武帝太初四年（前101年），是汉武帝时的后妃之宫，以紫房复道北通未央宫，又从明光殿以飞阁跨城西连建章宫神明台，位于长安城西未央宫以北。《三辅黄图》又引《三秦记》：“未央宫渐台西有桂宫，中有明光殿，皆金玉珠玑为帘箔，处处明月珠、金陛玉阶，昼夜光明。”说明桂宫之中有明光殿的记述，与刘纬毅、张澍所记相同。张澍又按：“明光殿在甘泉宫中。”甘泉宫也有明光殿？张澍未说明是秦，还是汉甘泉宫。辑佚《三秦记》说：“桂宫，一名甘泉。作迎风台以避暑。”据载，汉长安城桂宫可能是秦甘泉宫旧址，张澍所指如果是秦甘泉宫，应符合历史记载，因汉甘泉宫又称云阳

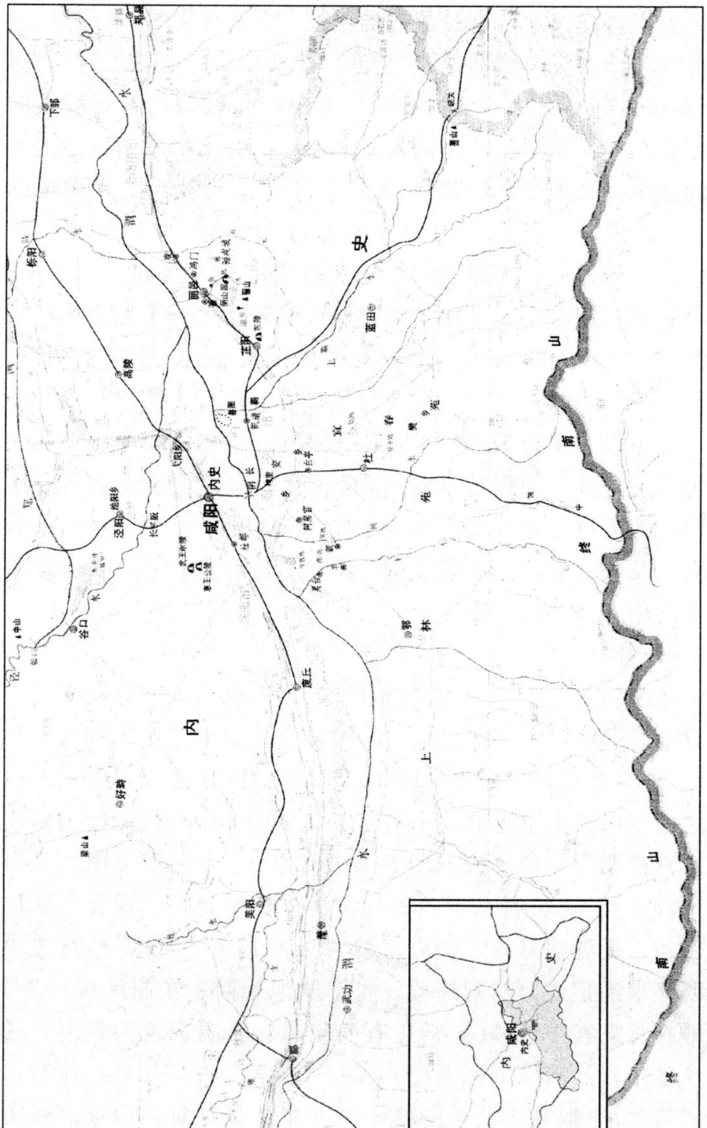

秦内史图

宫，但汉甘泉明光宫与秦甘泉宫明光殿名同地异，汉甘泉明光宫是汉武帝为求仙而建，显然地址、用途与《三秦记》所述完全不同。

4. **长安九市**

张澍辑《三秦记》："长安市有九，各方二百六十六步。六市在道西，三市在道东。凡四里为一市，致九州之人在突门，夹横桥大道。市楼皆重屋，旗亭楼在杜门大道南。"又有"当市楼有令署，以察商贾货财、贸易之事，三辅都尉掌之。直市，在富平县西南二十五里，即秦文公所创。物无二价，故以直市为名。"张衡《西京赋》云："郭开九市，通阛带阓，旗亭五重，俯察百隧是也。"西汉九市的资料均为陈直先生在《三辅黄图校证》所引用。据张澍辑录、陈直校证本，今市名可考者，有交门市、李里市、交道亭市、细柳仓、柳市、东市、西市、当市、直市9个市名的记载。又如，张澍辑《三秦记》对汉上林苑15池名称的记述，有承露池、昆灵池、菱天泉池、戟子池、龙池、鱼池、牟首池、蒯池、菌鹤池、西陂池、当路池、东陂池、太一池、牛首池、积草池、糜池、舍利池、百子池。张澍不仅辑录了他书所不载的"有池十五所"，并且又增添成18所，这对于研究西汉上林苑的设置，提供了难得的资料。

辑佚本《三秦记》出现唐代记载。清人王谟辑《汉唐地理书钞》著录有《辛氏三秦记》，王氏说该书"所记山川、都邑、宫室，皆秦汉时地理故事，并不及魏晋"。说明该书的撰著时间应在汉或三国时，但确记有唐代著名的大明宫"含元殿，即龙首山之东麓，高敞为京城之最"。显然已夹杂了应为中唐时期颜注增补的内容。又如"长安，地皆黑壤"，这与《禹贡》所说的"黄壤"完全不同，很有可能是唐代末年，长安城被朱温烧毁殆尽，一片焦土的真实记载，这说明辑佚本《三秦记》

的撰著时间已在唐宋之际，是后人对古长安城发生重大变化的叙写。

书中确有神话传说、涉及怪异及“灵怪之说”的描述，因远古时期纂修方志，很难有适当文献记载，所涉及的地区并非纂修者所能遍历其地，往往难免有一些虚构之词。但一些地理的记载还堪称翔实，如“龙首山，长六十里。头入渭水，尾达樊川。头高二十丈，尾渐下高五六丈”。若非亲历该地，是不会有此实际的记述。

第三节　《史记》《汉书》等对长安的记述

一、陵邑——汉长安独特的行政区划

西汉设置有一种很独特的行政区划——陵邑（或称陵县），陵邑是专门设置在皇帝陵墓附近的县。在关中平原上，西汉共设置有 11 个陵邑（县），其中属于长安附近的有万年、霸陵、杜陵、南陵、奉明 5 个陵邑。

万年县（邑）：在汉太上皇万年陵附近，开始设置于汉高祖刘邦时。城址为长方形，东西 2500 米，南北 1600 米，宫殿分布在城址中部，手工业作坊分布在城东北与东南。其与汉栎阳城实为一城两名[①]。这是长安附近最大的一个陵县，遗址在今临潼武屯乡境内。

霸陵县（邑）：在汉文帝刘恒霸陵附近。《史记·孝文帝本纪》：“帝……治霸陵，皆以瓦器，不得以金银铜锡为饰。不治坟，欲为省，毋烦民。”三国王粲《七哀诗》：“南登霸陵岸，

① 黄留珠、周天游：《陕西通史·秦汉卷》第五章《从昭宣中兴到光武中兴》。

回首望长安。”即指此地。遗址在今西安市北10里，灞河东岸田王村一带[①]。

杜陵县（邑）：在汉宣帝刘询杜陵附近。《汉书·宣帝本纪》：“元康元年，以杜东原上为初陵，更名杜县为杜陵，徙丞相、将军、列侯、吏二千石、訾百万者杜陵。”宣帝更名为杜伯国。遗址在今西安市雁塔区西北杜陵原上。

附东园：即孝宣王皇后合葬杜陵。《汉书·外戚传》：“孝宣王皇后……太后凡立四十九年，年七十余。永始元年（前16年）崩，合葬杜陵，称东园。师古注：虽同茔兆而别为坟，王后陵次宣帝陵东，故曰东园。这属于一种特殊原因，即未与先帝合葬的皇帝之母的陵区设置。

南陵县（邑）：在汉高祖薄姬南陵附近，遗址在今西安市灞桥区狄寨乡大康村附近。

奉明县（邑）：在汉宣帝父皇孙刘进及夫人的奉明园附近，东汉时已废。遗址在今西安市西郊仪表厂及电缆厂北，陇海路南。陵邑设置于汉宣帝刘询（前73年—前49年）以前。

长陵县（邑）：《文献通考》记长陵邑有一段详细的叙述：“汉兴，立都长安，徙齐田、楚昭、屈、景及诸功臣家于长陵。后世徙吏二千石、高赀富人及豪杰兼并之家于诸陵。长陵邑万户。奉常属官有诸庙寝园令、长、丞。东园匠令、丞，主作陵内器物。又有园郎、寝郎。故事，近臣皆随陵为园郎。园中各有寝、便殿。日祭于寝，月祭于庙，时祭于便殿。寝日四上。丞相以四时行园。”《汉书·地理志》说：“长陵陵邑有五万零五十七户，茂陵有六万一千零八十七户。”长陵县（邑）成了人口最稠密的区域之一，是达官显贵和社会名流最集中，经济发

① （日）足立喜六著、王双怀等译《长安事迹研究》认为，在白鹿原东北凤凰嘴。

达、人员文化素质最高的地区，形成了“因以汉都，长安诸陵，四方辐凑并至而会，地小人众，故其民益玩巧而事末也”。可看出汉代对陵园内人口身份与地位、数量、陵园的寝园、东园的职官等都有严格的专人管理。

汉代每营建一座皇帝寿陵时，就要在陵墓附近设置一个陵邑，目的是守护或祭祀陵园。汉陵邑的特点是：陵邑内有众多人口及一套完善的守护陵墓的管理机构，包括职官及俸禄、陵墓保护、陵内器物维修、四时礼仪等。

除了上述之外，陵县（邑）的设置还有为巩固中央集权，消除不安定因素的目的，还成为荐举选拔官员的特殊区域。汉以后，这种行政区划的设置已不存在。

二、汉长安区域的自然灾害

《汉书·五行志》是详细记录我国古代自然变异现象的开始。据统计，《汉书·五行志》对致使京都长安一带人及物造成灾害、或重大灾难的自然变异现象大致有40余次记录，主要有火、大水、大雨、大风、冰雹、地震、渭水赤、山体滑坡、山与井水溢、蝗虫、牛瘟等。其中连续两年在长安南北郊连下一月多罕见大雨，造成约4000余人死亡，83000余所民舍被毁坏（前30年，148—149年）；因连绵大雨导致长安北宫中井泉涌出水，向南流。蓝田山中涌出大水，淹死300余人，毁坏民房8000余所（前31年）；长安及城郊一带连续刮六级以上大风6次，其中一次大风将城郊道路十围以上的大树连根拔起100余棵（前19年—169年间）。西周时有两次地震，其中一次“九鼎震”，毁坏最严重，汉长安及其他地方连续12年发生23次地震，造成房屋毁坏、压死人不计其数（周公元前403年，前780年，汉122年—165年间）。以上发生在长安的自然变异现象，是研究与了解秦汉时期长安自然灾害难得的史料。

第四节　《汉书·地理志》对长安的记述

一、秦汉州县政区的设置

《汉书·地理志》记事始于汉平帝元始二年（2年），记述了秦汉州县政区的设置、沿革及汉与域外一些国家的往来。在行政区划分级上，郡国一级除行政区的设置沿革外，还包括户口、所辖县邑、道或侯国；县一级包括设置沿革、物产、官祠、山川、泽薮、古迹水利、关塞等。"凡郡国一百三，县邑一千三百一十四，道三十二，侯国二百四十一"。西汉全国政区103个郡国所属1587个县邑、道、侯国，作为纲领，叙述全国历史地理状况。该志记述山川较简单，据统计，记山134座，水258条，湖20处，池7个，其他江河29条，只简要记述山川名称及流经之地，如京兆尹蓝田条下，简记"山出美玉"等，正如赵荣所说，"它还不能算作一部自然地理著作"，而是"我国最早的一部以'地理'命名的著作"①，开创了以疆域政区记述当代地理情况的体例。"汉兴，因秦制度，崇恩德，行简易，以抚海内。至武帝攘却胡、越，开地斥境，南置交址，北置朔方之州，兼徐、梁、幽，并夏，周之制，改雍曰凉，改梁曰益，凡十三部，置刺史"。强调西汉的兴盛，与继承秦的典章制度具有接替的重要意义。

二、秦迁都与都城

《汉书·地理志》右扶风雍县下："秦惠公都之。"提到秦国

---

① 赵荣：《中国秦汉地理思考》，《地理学思想文纲》，陕西科技出版社1995年。

初期的迁都。秦人和周人一样，最初都活动在关中西部，逐渐向东发展。《史记·秦本纪》载，秦人最早生活在今甘肃南部一带，大概是羌族。秦人的祖先大费曾“与禹平水土”；费昌曾为汤驭车“败桀于鸣条”，说明秦人在关中西部活动之前，已和中原文化有了接触。平王东迁后，为了向东发展，德公时迁都雍，实现了秦文公在汧渭交汇一带建都的计划。《史记·秦本纪》说：“德公元年初居雍城大郑宫。”即从公元前 677 年直到公元前 207 年秦朝灭亡近 500 年间，雍城始终居于重要地位。雍城在秦穆公时代（前 659—前 621 年）是秦人在关中的第一个都城，是西北最有名的城市，这里土壤肥沃，生产发达，开发较早，在古代是一个重要的交通要道，对秦的发展很有利。据载，到秦武公时，秦国地跨陕甘两省，全部拥有西周王朝京畿内的八百里秦川。

《汉书·地理志》左冯翊栎阳县下：“秦献公自雍徙。”栎阳为秦都共 34 年（前 383—前 350 年），是秦初都城之一，也是渭河北岸交通大路上一个有名的城市。秦献公二年（前 383 年）将都城自雍城迁至栎阳，刘邦初年营都栎阳，于公元前 200 年修成未央宫后，才迁都长安。栎阳历史上的一件大事，是公元前 356 年商鞅在此主持变法，秦孝公采纳了商鞅“变法修刑，内务耕稼，外劝战死之赏罚”[①] 的建议。从此，秦国终于由一个落后的弱国变为一个强国，商鞅变法是中国进入封建社会的重大社会改革。《史记·货殖列传》说：“栎邑北却戎翟，东通三晋，亦多大贾。”难以想象现今这个普通的村镇，曾经是昔日秦人繁华的大都市。秦孝公十三年（前 349 年）将都城由此迁至咸阳。《汉书·地理志》在右扶风渭城县下却只说：“故咸阳”，却未说秦孝公自栎阳迁徙。咸阳是秦国建立的中国

① 《史记》卷六十八《商君列传》。

第一个中央集权制的统一王朝的都城，始建于孝公十二年（前350年）。秦统一全国后，对咸阳进行大规模的扩建，成为号令全国的政治中心。《史记·秦本纪》说：“(孝公）十二年，作为咸阳，筑冀阙，秦徙都之”。《史记·商君列传》说：“作为筑冀阙宫廷于咸阳。”《三辅黄图·序》说：“惠文王初都咸阳，取岐雍巨材，新作宫室，南临渭，北踰泾。”扩大的咸阳城多在渭水以北，到秦昭王时代，咸阳城逐渐扩展到了渭水以南。

三、雍州与秦地界

《汉书·地理志》对秦地的界定是，秦地，其界自弘农故关以西，京兆、扶风、冯翊、北地、上郡、西河……。魏地，其界自高陵以东……。弘农故关即故函谷关，在今河南灵宝县东北涧河（弘农河）左岸王垛村。京兆尹、右扶风、左冯翊于汉时称为三辅，治所皆在长安城中。上郡治所在今陕西榆林县南，西河郡治所在陕西府谷县西北。汉高陵县今仍为陕西高陵县，当时划为战国时的魏地。

《汉书·地理志》又说：“正西曰雍州：其山曰岳，薮曰弦蒲，川曰泾、汭，其浸曰渭、洛。”弦蒲在汧（今作千）县，汧县为秦置县，在今陕西陇县南。汭在豳地，豳同邠，在今陕西旬邑县西。洛，师古曰：即漆、沮，在冯翊。可看出汉代的雍州，北界旬邑，南临终南山，东至渭南，西至千阳，是一片面积十分广袤的地域。

四、“三秦”的最早记载

“三秦”的名称最早出现在《汉书·地理志》。秦亡以后，项羽入关，三分秦故地关中，是为了遏制刘邦势力的膨胀，故封秦三个降将：章邯为雍王，领有今陕西中部咸阳以西和甘肃东部地区；司马欣为塞王，领有今陕西咸阳以东地区；董翳为翟王，领有今陕西北部地区，他们的封地合称为三秦，后来泛称关中、陕南及陕北为三秦。《汉书·地理志》对三秦的郡县划分是：

京兆尹：故秦内史，高帝元年（前206年）属塞国，二年更为渭南郡，九年（前198年）罢，复为内史。武帝建元六年（前135年）分为右内史，太初元年（前104年）更为京兆尹。辖县12，长安、新丰、船司空、蓝田、华阴、郑、湖、下邽、南陵、奉明、霸陵、杜陵。

左冯翊：故秦内史，高帝元年属塞国，二年更名河上郡，九年罢，复为内史。武帝建元六年分为右内史，太初元年更为左冯翊。辖县24，即高陵、栎阳、翟道、池阳、夏阳、衙、粟邑、谷口、莲勺、鄜、频阳、临晋、重泉、合阳、祋祤、武城、沈阳、褱德、徵、云陵、万年、长陵、阳陵、云阳。

右扶风：故秦内史，高帝元年属雍国，二年更为中地郡，九年罢，复为内史。武帝建元六年分为左内史，太初元年更名主爵都尉为右扶风。辖县21，即渭城、槐里、鄠、盩厔、斄、郁夷、美阳、眉、雍、漆、旬邑、隃麋、陈仓、杜阳、汧、好畤、虢、安陵、茂陵、平陵、武功。斄，古邑名，即邰，今陕西武功西南，传周族始居于此。到了汉代，高帝时三秦更名渭南郡、河上郡、中地郡，汉武帝时分三秦为左右内史，太初元年又更名为京兆尹、左冯翊、右扶风，共辖57县，地域范围主要在关中八百里秦川之内，较项羽分三秦之地已缩小了许多。

五、秦地于汉代的发展

秦时把疆域开辟到巴蜀广汉以南区域，这里土地肥美，物产丰富，秦划为本国的郡地。《汉书·地理志》说："巴蜀广汉本南夷，秦并以为郡，土地肥美，有江山沃野，山林竹木蔬食果实之饶。南贾滇、僰僮，西晋邛莋马牦牛，民食稻鱼，亡无凶年忧。”“武都地杂氐、羌及犍为、牂柯、越隽，皆西南外夷，武帝初开置。民俗略与巴、蜀同。而武都近天水，俗颇似焉。”（《汉书·地理志》）当时的秦地“人众不过什三，然量其富居什六。吴札观（周）乐，为之歌秦曰：此之谓夏声。夫能夏则大，大之至也，其周旧乎？”甘肃东南靠近四川武都，是汉武帝初开辟此地并置县的地方，这里气候温暖，物产富足，经过秦、汉两朝对秦地疆域的扩展，秦地由四川巴蜀广汉以南扩展到甘肃东南、东北广大地区。《汉书·地理志》记述的秦国，远溯至秦的先祖柏（伯）益。“孝王曰：‘昔伯益知禽兽，子孙不绝。’乃封为附庸，邑之于秦，今陇西秦亭秦谷是也。”秦的先祖养育草木鸟兽，至非子时受封为周的附庸，以秦为国号，其地在汉的陇西秦亭秦谷。到庄公时，破西戎，扩大了疆土，其地在今长安西北灵台乡丰水上。至襄公时，“幽王为犬戎所败，平王东迁洛邑。”（《汉书·地理志》）襄公的将兵救国有功，赐受岐、丰之地，并得以列为诸侯。穆公时，秦地以东至河为境。孝公时，重用商鞅，开垦土地，至惠公时，得上郡，西河。昭王开辟巴蜀之地，灭周，至秦始皇时逐并六国，统一天下。秦国自受封于周时陇西的秦亭秦谷为附庸之后，逐步开拓疆土，“故秦地于《禹贡》时跨雍、梁二州，《诗·风》兼秦、豳两国。昔后稷封邰，公刘处豳，大王徙岐，文王作酆，武王治镐，其民有先王遗风，好稼穑，务本业，故《豳诗》言农桑衣食之本甚备”。酆，今长安西北灵台乡沣水上。滈，昆明池北滈陂。从后稷到武王，秦的都城虽不断迁徙，却未离开过后来的秦国疆土。

第五节　最早的长安郡志——《三辅黄图》

一、《三辅黄图》刊本时间与增补内容

《三辅黄图》与县邑志书都兼有记人和记地的特点，无疑是一部“郡国的志书”①。黄图，据陈直考证，两汉中期瓦当文字已见“黄图”一词，可惜其图已经佚失，现有《三辅黄图》的各种校本都仅以文字记载。

《三辅黄图》6 卷，不署作者姓名。初本名《西京黄图》，最早著录于《隋书·经籍志》，仅称 1 卷，晁公武作 3 卷，陈振孙作 2 卷，今本为 6 卷。此志的成书时间，西北大学著名的秦汉史专家陈直老师在撰著《三辅黄图校正·序言》中考证说，原本写于三国曹魏初期，原书应成于东汉末，今本乃中唐以后人所作。

1．最早专述秦汉长安

《三辅黄图》是一部最早专述秦汉都城长安的郡志。它以汉都长安为主，对长安城及其周围的宫殿、苑囿、馆阁、台榭、府库、仓廪、池沼、桥梁、文化设施、礼制建筑等的布局作了详尽清晰的综合叙述，尤其是汉都长安及京郊一带的宫苑建筑大多毁于王莽之乱，此书便成为考证古代都城，研究秦汉长安至为重要的历史文献。

该书原附以插图，可惜至今的六卷本仅能看到其文，原图早已不存。卷首简述西周以前宫室建筑的演变过程。秦都咸阳城被项羽焚毁，汉长安宫城经过新建、扩建，组成了西汉一代新的宫苑规模。卷 1 记述了三辅——京兆、冯翊、扶风的建

---

① 史念海、曹尔琴：《方志刍议》，浙江人民出版社 1986 年。

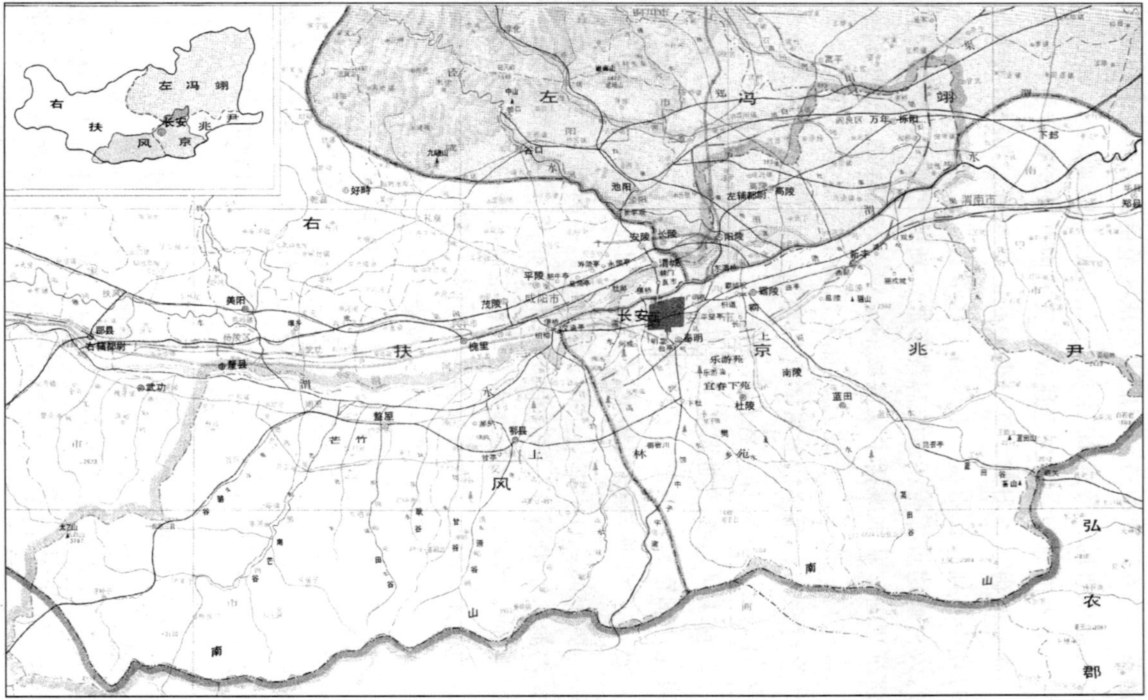
左冯翊
右扶风
京兆尹
长安
弘农郡
南山
好畤
美阳
郿县
右辅都尉
武功
漦县
槐里
茂陵
平陵
咸阳市
安陵
长陵
阳陵
池阳
谷口
九嵕山
左辅都尉
高陵
栎阳
万年
下邽
郑县
渭南市
新丰
霸陵
芷阳
乐游苑
宜春下苑
杜陵
南陵
蓝田
鄠县
盩厔
上林苑
渭
水
芒竹

西汉三辅图

置沿革。王莽设置的新莽六尉郡的辖区范围，秦都咸阳与汉都长安的总体布局，秦宫20余所，汉都城门12座与秦汉风俗，可视为全书的总纲。卷2记述汉长安城内九市与香室街、夕阴街、尚冠前街、华阳街、章台街、藁街等八街，九陌与城中闾里的具体名称及长乐宫、未央宫、建章宫、桂宫、北宫、甘泉宫六大宫殿建筑，与新建的宫观形成了新的宫殿群，营建时间与建筑范围，基本概括了汉都城的全貌。卷3详细描述了长乐宫、未央宫、建章宫、北宫、甘泉宫等各宫殿群中每一个殿室、名称来历，并穿插大量的宫闱秘闻。其中汉未央宫详记各殿室31处，甘泉宫详记各宫殿台35处，未央、甘泉二宫记述最详。卷4对遍布三辅大地的文王灵囿、周灵囿、汉上林苑、甘泉苑、御宿苑、思贤苑、博望苑、西郊苑、三十六苑、乐游苑、梨园等11座苑囿及周灵沼、汉昆明池、镐池、沧池、太液池、唐中池、百子池、十池、飞外池、秦酒池、影娥池、琳池、鹤池、冰池等14个池沼一一作以介绍。又对离宫别馆、苑囿中的珍禽异兽、名贵花木及各朝帝后的游乐踪迹都有详细生动的记述。卷5详加考证并记述周秦两汉周灵台、汉灵台、柏梁台、渐台（水中）等台榭、辟雍、明堂、圜丘、太学、宗庙、南北郊社稷、楼观等建筑遗址。台榭详记周灵台、汉灵台、柏梁台、渐台、神明台、通天台、凉风台、鱼池台、酒池台、著室台、斗鸡台、走狗台、坛台、韩信射台、果台、东西山台、钓台、通灵台、望鹄台、眺蟾台、桂台、商台、避风台、长杨榭共25处；宗庙详记诸帝王庙14处；又记诸观、楼、馆27处，即豫章、飞廉、属玉、青梧、射熊、石阙、峰峦、白杨、长平、龙台、涿沐、细柳、成山、仙人、霸昌、兰池、安台、沧沮、禁观、董贤、苍龙、当市、旗亭楼、马伯骞楼、麒麟馆、朱雀馆、龙兴馆、含章馆。卷6遍载西汉长安的阁、署、库、仓、厩、圈、桥等各类都城重要设施与西汉帝后陵墓。卷末以记述关中八水两千年来的流经与变化作为结束，卷尾附以杂录。

2. **补遗部分**

据统计，《三辅黄图》补遗部分有2549字、82个条目，辑自《水经注》《隋书》《史记》《汉书》《初学记》《艺文类聚》等12种史籍之中，主要是对建章、未央、甘泉诸宫及上林苑内的建置、槐市、集市、辟雍等具体设施的补充。例如：市，“去城七里东为常满仓，仓之北为槐市，列槐树数百行为□。无墙屋，诸生朔望会且市，各持其郡所出货物，及经传书记，笙磬乐器，相与买卖，雍容揖让，论议槐下”。这段话应为“各持其郡所出货物及经书、传记、笙磬、乐器，相与买卖，雍容揖让，或论议槐下”。高寝，引如淳注引《三辅黄图》，高祖衣冠藏在高寝。据毕沅乾隆四十九年《三辅黄图》校正本与何清谷校注本，其卷末均附有补遗部分。陈直《三辅黄图校证·序言》说：“清代孙星衍、庄逵吉等人或有校本及佚文辑本，本书仅就今本作校证，他书故未论及。”他明确的表示，他只对“今本作校证”，对于原本之后的补遗部分未在校证之列。

二、汉长安城的创置与规模

1. 汉长安城的建置

《三辅黄图·汉长安故城》说：“高祖七年方修长安宫城，自栎阳徙居此城，本秦离宫也。初置长安城，本狭小，至惠帝更筑之……，高三丈五尺，下阔一丈五尺，上阔九尺，雉高三坂，周回六十五里。南为南斗形，北为北斗形。至今人呼汉京城为‘斗城’是也。”汉高帝六年（前201年）五月，刘邦击败项羽，迁都于栎阳，第二年又将都城由栎阳正式迁都于长安。汉长安城在渭水南岸，和秦咸阳隔水相望。汉长安城墙周长、面积与形状，文献记载与《三辅黄图》各不相同。汉卫宏撰《汉旧仪》所记“城方六十里，经纬各一十五里”[1]。《史记》卷九引文为“城方六十三里，经纬各十二里”。《后汉书·郡国志》“长安城方六十三里，经纬各长十五里”等，以及其他文献记载均各有差异。汉长安城位于今西安市西北部，龙首原北麓，是一个略呈方形的都城，几乎是今西安城内面积的三倍。由于兴建宫殿在前，修筑城墙在后，北部受渭河河道的限制，因此形成西、南、北三面墙有曲折，东墙平直的形状，由于汉长安城“斗”状的不等四边形所致，城“南为南斗形，北为北斗形”，故又有“斗城”之称。

汉长安城是先营建宫室，后筑城墙。“按惠帝元年正月，初城长安城。三年春，发长安六百里内男女十四万六千人，三十日罢”[2]。汉惠帝时，两次大规模征用劳力 30 余万人开始修建城墙，因工程浩大，前后用了两年（前 194—前 192 年）时间，工程主要在冬春农闲时，每次 30 天左右。汉长安城墙的范围，《后汉书·郡国志》京兆尹引《汉旧仪》：“长安城方六十三里，经纬各长十五里，十二城门，九百七十三顷。”周长六十三里，与《三辅黄图》卷一引文：“长安城中经纬各长三十二里十八步”所载基本一致。

长安城中“八街九陌，三宫九府，三庙，十二门，九市，十六桥”[3]。汉长安城是在秦咸阳城渭水之南部分遗址的基础上营建的，但并未沿袭秦都，而是按照《考工记》“匠人营国，方九里，旁三门。国中九经九纬、经塗（涂）九轨，左祖右社，面朝后市”的成规而建。据考古探测和文献记载，汉长安城中有大小十条街道，其中最长的安门大街长达 5000 米左右，

① 《汉宫六种》，中华书局 1990 年。

② 《三辅黄图》卷一《汉长安故城》。

③ 《三辅黄图》引《汉旧仪》。

宽度都在45米左右，每一大街都分成三条并行的道路，中央是皇帝专用的驰道，宽20米，太子也不准逾越，两侧路宽20米左右，供官吏和百姓使用。汉时三庙和社稷都在长安城南，三庙在东，社稷在三庙西南，当时是在汉长安城南，都建在城外，符合左祖右社之说。“长安市有九……六市在道西，三市在道东……夹横桥大道”[①]。九市，最初为大市，稍后又立起西市。初期有四个市，后来发展到九个，其中有六市在道西，三市在道东。可考的市名有交门市、李里市、交道亭市、细柳仓市。横桥就是横门外渭水上的桥，横桥大道就在横门之内，正南为未央宫，未央宫和东市、西市南北相望，有“面朝后市”之说。

2. **城门**

“长安城，面三门，四面十二门皆通达九逵，以相经纬，衢路平正，可并列车轨”[②]。汉长安城12座城门，每面3门。12城门是宣平门（东都门）、清明门（籍田门）、霸城门（青门）、复盎门（杜端门）、安门（鼎路门）、西安门（平门）、章城门（光华门）、直城门（直门）、雍门（西城门）、横门（便门）、厨城门、洛城门（高门）。城门大小不一，但都有3个门道，宽8米左右。城周围总长65里（汉里，约合26公里）。但是，汉长安城的12座城门并不对称，史念海先生说：“汉长安城十二座城门的设置，是和《考工记》所规定的旁三门相符合的。由于地形的限制，东西和南北的各三门都不相对称，因而就难得九经、九纬、经涂九规了。”[③]说明汉长安城门不对称

① 陈直：《三辅黄图校证》引《庙记》。

② 陈直：《三辅黄图校证》卷一《都城十二门》引《三辅决录》。

③ 史念海：《汉代长安城的营建规模》三《汉长安城的布局及其内外设施》，《中国历史地理论丛》，1998年第2期。

是因地势所致。而《考工记》只说到城，没有说到郭，古代都城一般都有郭，汉长安城不仅有郭，也应有郭门，见于记载的有宣平门和横门的郭门。史念海《汉代长安城的营建规模》认为，宣平门即民间说的东都门，郭门也就是东都门。横门外的郭门，有棘门、通门和亥门。依此来说，所谓郭的范围，应在横门和宣平门外，范围不很大，郭墙之内有人居住，但居住的人口很少，而城内的人口多于城外郭的人口。王莽改制后，长安城门的名称也有更改，王莽更改的城门名称都附亭名。例如，宣平门更为春王门正月亭，亭名就是郭门的名称。汉长安城的 12 座城门应有 12 条大街，因复盎门、西安门、章城门分别通向长乐宫和未央宫，而没有形成大街，其余 8 座城门都通入城内。

3. 街道与闾里

据陈直《三辅黄图校证》，8 条大街是香室街、夕阴街、尚冠前街、华阳街、章台街、藁街、城门街、太常街。据载，八条大街较有名的是章台街和藁街。章台街，是一条几乎通贯全城的大街，其北段西有北宫等，藁街有蛮夷邸，为外国人、或更多的是西域人的居住之处。《雍录》卷八藁街条说："陈汤斩郅支单于，上疏乞垂之藁街蛮夷邸间，诸家无言藁街之在何地者。唐都亭驿即蛮夷邸矣，在朱雀街西与鸿胪寺近。"说明藁街大致位于朱雀街西一带。"长安闾里一百六十，室居栉比，门巷修直，有宣明、建阳、昌阴、尚冠、修城、黄棘、北焕、南平、大昌、戚里"[①]。据载，汉宣帝少时曾居于尚冠里，一说在京兆尹治所附近。汉时近宫殿的街道两旁有民居，汉长安城闾里有 160 处。潘岳撰《西征赋》所记汉长安城的闾里，也仅举出这几个名称，如北焕，其他上述闾里是曾有名于当

① 《三辅黄图》卷二。

时的。

二、秦汉诸宫

1. 咸阳宫

《三辅黄图》卷一记萯阳宫、棫阳宫、西垂宫、平阳封宫、橐泉宫、步高宫、步寿宫、虢宫、长杨宫、蕲年宫、梁山宫、信宫、兴乐宫、朝宫、阿房宫、兰池宫、钟宫、望夷宫、林光宫19处宫殿，其中却未见咸阳宫名。咸阳宫是秦统一之前，在秦都咸阳扩充修建的一组规模庞大的宫群。“始皇穷极奢侈，筑咸阳宫，因北陵营殿，端门四达，以则紫宫，象帝居。渭水贯都，以象天汉；横桥南渡，以法牵牛”[①]。咸阳宫于秦昭王时已有此宫名，张澍辑《三辅旧事》说：“秦于渭南有舆宫，渭北有咸阳宫，秦昭王欲通二宫之间，造横桥。”秦始皇时对咸阳宫进行了大规模的扩建，修建后的咸阳宫群北依咸阳原，宫殿由诸王举行朝仪的朝堂、寝宫、后妃居住的宫室及府库等附属性建筑组成，大宫套小宫，宫观楼阁相连，阵势宏大壮观。渭水引入都城中间流过，在渭水上架设横桥，如同天上牛郎、织女二星相对，这使秦昭王的想法得以实现。咸阳宫成为秦统一前后举行一些重大政治活动的重要场所，直到秦始皇晚年时，“听事，群臣受决事，悉于咸阳宫”[②]。

2. 阿房宫

《三辅黄图》阿房宫条：“阿房宫，亦曰阿城。惠文王造，宫未成而亡。始皇广其宫，规恢三百余里。离宫别馆，弥山跨谷，辇道相属，阁道通骊山八十余里。表南山之颠以为阙，络樊川以为池。”阿城，陈直引《括地志》按，“宫在上林苑中，

① 《三辅黄图》卷一《咸阳故城》。

② 《史记》卷六《秦始皇本纪》。

雍州郭城西南面，即阿房宫城东面也”。又《长安志》说：“(阿城）西北三面有墙，南面无墙，周五里一百四十步，崇八尺，上阔四尺五寸，下阔一丈五尺，今悉为民田。”秦始皇统一全国后，大规模地修建离宫别馆。阿房宫是秦继咸阳宫之后，在渭河以南秦上林苑中营建的一个规模更大的宫殿群，它不同于其他秦宫的显著特点是，有高大的宫城墙，更显秦初宫苑的恢弘壮观。“未为屋先为城，城成而人呼名阿城也”①。阿房宫始建于秦始皇三十五年（前 212 年）。秦始皇统一六国之后，“以为咸阳人多，先王之宫廷小”，设想修建阿房宫，是把政治中心由咸阳原转移到交通便利、环境更加开阔的丰镐附近，计划“先作前殿阿房，东西五百步，南北五十丈，上可以坐万人，下可以建五丈旗。周驰为阁道，自殿下直抵南山”②。可知阿房宫前殿规模恢弘庞大，它象征着秦朝强盛的国力。秦始皇曾设想以阿房宫为中心，把咸阳及其周围的离宫别馆用辇道连接起来，构成一个“规恢三百余里”，抵达南山的壮丽帝都。正如唐朝诗人杜牧《阿房宫赋》：“覆压三百余里，隔离天日。……五步一楼，十步一阁。廊腰缦回，檐压高啄。各抱地势，钩心斗角。……长桥卧波，未云何龙。复道行空，不霁何虹。”因阿房宫仅建成前殿，杜牧所述是一种夸张，但他对前殿高台、高台上下、周围殿楼覆盖、空中复道延伸的描述，说明秦始皇在建造阿房宫群时极尽奢侈豪华。

阿房宫和骊山陵同时修建，因工程过于浩大，用人过多，甚至包括孩子，导致了秦朝加快走向覆亡。据说阿房宫是项羽入关（前 206 年）烧毁了仅建成的阿房宫前殿，但据阿房宫遗址的考古勘探记载，没有发现一处当时被大火烧过的痕迹，而

---

① 《雍录》卷一《阿房宫》。

② 《史记》卷六《秦始皇本纪》。

传说中阿房宫被项羽放火焚烧事件，在《史记》中也没有记载。与此相反，《史记》中却有项羽火烧秦都咸阳宫殿建筑的记载。据秦都咸阳第一、第二、第三号宫殿建筑考古发掘，发现有宫殿建筑遗址被大火焚烧的痕迹。由此看来，项羽当时焚烧的应是秦都咸阳宫或其他秦宫室。

3. **未央宫**

未央宫建于汉初，是西汉皇帝听政和住宿的地方。“周回二十八里，前殿东西五十丈，深十五丈，高三十五丈。营未央宫因龙首山以制前殿”（《三辅黄图》）。此宫是大正朝会处，即《考工记》所说的朝，宫前殿是当时帝王受诸侯群臣朝拜之处，萧何营建此宫，并特立了东阙、西阙和前殿。“阙在两门旁，中央阙然为道也。门阙，天子号令赏罚所由出也。未央宫殿虽南向，而上书奏事谒见之徒，皆在北阙焉。是则以北阙为正门，而又有东阙东门。至于西南两面，无门阙矣。盖萧何立未央宫，以厌胜之术理然乎？”（《三辅黄图》征引刘熙《释名》）萧何是否以厌胜之术造未央宫，据史念海《汉代长安城的营建规模》记，当时建未央宫于龙首原，还削凿过龙首原，未央宫和削凿过的龙首原之间，还筑有一道城墙，因而未央宫在阻隔的地方，就不可能再另建南阙和西阙。《西京杂记》载，未央宫周匝二十二里九十五步，其中有殿台观阁等建筑 70 多个。汉惠帝时又对此宫进行了扩建，宫群周长 32 里，街道 17 里，有 32 个台榭，12 个池沼，还有 4 座假山，81 个宫门及 14 个掖门，建造得十分壮观。从惠帝开始，西汉诸帝王移居未央宫听政，它就成为西汉的主要政治中心。

《三辅黄图》载，未央宫前殿建筑高达 35 丈，约合 80 余米。从未央宫前殿遗址看，它是一座南北长 400 米，东西宽 200 米，残高 15 米的巨大殿基台，从下到上明显看出分为三层。台上两侧各有一自然形成平面的大石，是未央宫前殿大门柱础。城的西南，称西宫，城的东面是长乐宫，站在殿基台的最高处，高畅的龙首原四周的远景一览无余，北原上的汉陵，刘邦墓（长陵）、石渠阁、桂宫等高大的土丘一字排开；西面可依稀看到咸阳桥的桥柱；东面远望是骊山苍翠的轮廓；南面向下俯瞰便是古老的西安城。汉未央宫前殿遗址与唐含元殿遗址相比，其明显不同之处是，未央宫前殿基台遗址处在一个地势十分开阔、高敞的坡地之上，这正符合《三辅黄图》所说“因龙首山以制前殿”。它是依龙首山高昂的地势而建成的未央宫前殿，气势轩昂，站在此高点，可以目击很远的地方，可想当年汉代帝王至高无上天子之尊的威严。

4. 长乐宫与建章宫

《三辅黄图》长乐宫条：“前殿东西四十九丈七尺，深十二丈。”即南北宽12丈。长乐宫初建于秦时，宫群是刘邦在迁都长安时所建，在长安城的东南部，周围20余里，由14个宫殿群组成。《三辅黄图》记长乐宫除东西长和南北深之外，还特别指出：“两杼中三十五丈，深十二丈。”两杼，清谷注，即除去两面夹室而留下的堂，可知此堂非常宽广，刘邦曾在此召宴群臣，其后长乐宫改为皇太后吕氏之所，至惠帝时，移居未央宫。

《三辅黄图》建章宫条：“武帝太初元年，柏梁殿灾。粤巫勇之曰：粤俗有火灾，即复起大屋以压之。帝于是作建章宫，度为千门万户，宫在未央宫西长安城外。”汉武帝在长安城外修建的建章宫是诸宫殿群之中最大的一处，并在城西开辟了上林苑，开凿了昆明池，宫北部又凿太液池，在南庭建承露盘，此为“武帝造，祭仙人处，上有承露盘，有铜仙人，舒掌捧铜盘玉杯”[①]。据载，在未央、建章两宫之间，辇道飞阁连为一

① 《三辅黄图》卷三《建章宫》神明台引《庙记》。

体，越过城郭，就连行人往来，也是足不踩地。

三、上林苑兴衰

1. 秦上林苑

秦上林苑，“诸庙及章台，上林皆在渭南”[①]。渭南，指与渭水北岸的秦都相对的渭水南岸地区，有秦宫殿、诸庙及上林苑。《三辅黄图》说：“始皇廿六年……诸庙及台苑，皆在渭南。”秦始皇统一前在渭南的诸庙，如昭王庙等大多不知其处。台，指秦章台宫；苑，指秦上林苑。秦上林苑的具体范围，《史记·秦始皇本纪》载，始皇“营作朝宫渭南上林苑中，先作前殿阿房”。上林苑在离咸阳最近的渭河以南，西边以沣水为界。张澍辑《三辅故事》说：“秦始皇上林苑中作离宫别馆一百四十六所。”说明秦上林苑的修建也颇具规模。《长安志》：“秦王上林苑有牛首池，在苑西头。”《括地志》载，牛首池则“在雍州长安县西北三十八里”，约在阿房宫西北，在苑西头，说明上林苑西界没有越过沣河。《雍录·苑囿》引《水经》宜春观说：“此秦上林故地也。”宜春观，“作朝宫渭南上林苑中，先作阿房前殿”（《史记·秦始皇本纪》），说明宜春观、阿房宫均为秦上林苑故地。《史记·秦始皇本纪》又载，秦始皇三十六年（前211年），“使者从关东夜过华阴平舒道，有人持璧遮使者曰：‘为吾遗镐池君。’”说明镐池可以随便游览，不属于上林苑的范围。秦咸阳城渭河南岸，东北则有兴乐、章台、甘泉、极庙等建置，这些宫殿建筑与行政区划限定了秦上林苑不可能再向外扩展。“始皇既并天下，志得意广，则遂陋隘先王之宫廷，而大加创治，东既极河，西又抵汧，终南之北，九嵕

① 《史记·秦始皇本纪》。

之阳，数百里间，宫观二百七十，复道、甬道相连”[1]。《辞源》注汧，即汧水，今名千河，渭河支流，东南流经陇县千阳注入渭河。九嵕，在礼泉县东北，此山南麓，即咸阳北坂。以上说明秦上林苑的范围在秦始皇时十分广大，但秦上林苑于秦亡后几乎荒废。

2. 汉上林苑“三百里”确切范围

自秦上林苑废弃后，汉武帝于建元三年（前138年）又在“秦之旧苑”的基础上重新兴建汉上林苑。“武帝建元三年开上林苑，东南至蓝田宜春、鼎湖、御宿、昆吾，旁南山而西，至长杨、五柞，北绕黄山，濒渭水而东，周袤三百里”[2]。有关汉苑“周袤三百里”的确切范围，众说不一，归纳有以下三种不同观点：一种认为汉上林苑不仅包括渭北的黄山宫，而且还包括远在今淳化县一带的甘泉宫；第二种则认为汉上林苑只包括渭南部分，而渭北的黄山宫乃属渭北的甘泉苑；第三种认为上林苑不仅不包括渭北的黄山宫，甚至连位于今蓝田县的鼎湖宫、位于今周至县境内的长杨宫、射熊观也不在其中。究竟哪一种观点较符合实际？据王社教引《汉书·东方朔传》，对当时重起上林苑的一段记述：“乃使太中大夫吾丘寿王与待诏能用算者二人，举籍阿城以南，周至以东，宜春以西，提封顷亩，及其贾直，欲除以为上林苑，属之南山。又诏中尉，左右内史表属县草田，欲以偿户杜之民。”汉上林苑的扩建范围，在周至以东和宜春以西。宜春在今曲江池畔，当时属于杜县。但《三辅黄图》说“东南至蓝田宜春”，说明上林苑已经临界宜春旁的蓝田。《汉书·东方朔传》又说：“建元三年，微行始出，

---

① 《雍录》卷九《上林赋一》。此与《秦苑囿杂考》所述西界沣河，东至西安市劳动公园，北起渭河，南临镐京的说法相去甚远。

② 《三辅黄图》卷四《苑囿》。

北至池阳，西至黄山，南猎长杨，东游宜春。”建元三年（前138年），既是汉武帝始开上林苑的时间，也是他微行之时，并规划出上林苑的范围。《雍录·苑囿》上林疆境条：“以汉、唐郡县言之则周至一县不尽入苑，而鄠、杜两县悉归包并矣。”这正如《汉书·东方朔传》所说“举籍阿城以南”，而阿城以北不包括在内，其疆境至渭水南岸而极。

上林苑“周袤三百里”的范围，王社教《西汉的上林苑范围及相关问题》认为，应是周至县治，位于今周至县终南镇西南，从阿城东南至宜春宫，再南至南山脚下，西至周至县长杨、五柞，再绕周至东至阿城，大约300公里。另有一种完全不同于上述三种观点的看法认为，汉上林苑范围大致包括今户县、周至、长安三县，周长约四、五百里[①]，这与上述汉上林苑300公里的范围略有差异，但所述三县的范围应更符合历史事实。

上林苑内有漫无边际的森林，移植的奇花异草，“苑中养百兽，天子秋冬射猎取之”。“养白鹦鹉、紫鸳鸯、牦牛、青兕”等珍禽异兽。据陈直引，帝初修上林苑，群臣远方，各献名果异卉三千余种植其中。建成后的上林苑中苑池的数目，张澍辑《三秦记》载“有池十五所。承露池、昆灵池，池中有倒披莲，莲钱荇浮浪根。菱天泉池，上有莲楼阁道，中有紫宫、戟子池、龙池、鱼池、牟首池、蒯池、菌鹤池、西陂池、当路池、东陂池、太一池、牛首池、积草池、糜池、舍利池、百子池。”苑中原有池15所，而张澍记有18所。其间“积沙为洲屿，激水为波涛，致江鸥海鹤孕雏产彀，延漫淋池”（《三辅黄图》卷四），以及楼亭相连，成为一座规模十分宏大的皇家林苑。建成后的上林苑范围太大，《雍录》载，汉高帝二年（前

① 武伯纶：《西安历史述略》（增订本），陕西人民出版社1984年。

205年），诏令秦苑囿园池划为民田，上林苑也在所划民田之中，汉上林苑的扩建与隳废对于西汉国势的盛衰都产生着直接影响。

3. **上林苑宫观数目**

上林苑有“离宫七十所，皆容千乘万骑”（《三辅黄图校证》卷四）。班固《西都赋》说，上林苑“离宫别馆，三十六所”。章怀注引《三辅黄图》：“上林有建章，承光等一十一宫，平乐、茧馆等二十五，凡三十六所。”《三辅黄图》卷四载，上林苑有昆明、茧、平乐、远望、燕升、观象、便门、白鹿、三爵、阳禄、阴德、鼎郊、樛木、椒唐、鱼鸟、元华、走马、柘、上兰、郎池、当路21观，皆在上林苑。陈直《三辅黄图校证》引《关中记》，总叙上林苑宫观，记上林苑宫12处，实有建章宫、承光宫、储元宫、包阳宫、池（尸）阳宫、望远宫、犬台宫、宣曲宫、昭台宫、蒲陶10宫；观25所，即茧、平乐、博望、益乐、便门、众鹿、樛木、三爵、阳禄、阳德、鼎郊、椒唐、当路、则阳、走马、虎圈、上兰、昆池、豫章、郎池、华光，实数为21观，以上实数为10宫21观在上林苑中，与《三辅黄图》卷四所述一致。陈直又按，在京兆属县的有：鼎湖宫、步高宫、步寿宫、存神宫、集灵宫、望仙观5宫1观。冯翊有：栎阳宫、甘棨宫、师德宫、池阳宫、谷口宫、长平宫、扶荔宫、白渠观7宫1观。扶风有：首阳宫、望仙宫、长杨宫、礼阳宫、羽阳宫、山桀宫、藁池宫、用取宫、虢宫、回中宫、宜春观、射熊观10宫2观。在长安城外有：长门宫、钩弋宫、渭桥宫、仙人观、霸昌观、安台观、沧沮观3宫4观，总计京兆属县、冯翊、扶风三地共有25宫8观。

上述《三辅黄图校证》、征引等对上林苑中宫观数目的记载各不相同，具体数目也存在差异。按照上林苑有“离宫七十所”的记载，其中在京兆属县、冯翊、扶风以及长安城外的

25宫不计算在内，把各家所言涉及的宫观数目加以归总，其中宫25座，观56座，宫观共计81座，这与文献对照显然多有失实之处。据王社教《西汉上林苑的范围及相关问题》，指出汉上林苑范围内的宫观数目应在60座以内，其余多出的20余座，一是有重复计算，如射熊观，既长杨宫之门名。二是将同一宫观因称呼有异而作了重复计算，或传写错误而当成另外的宫观。如博望观与远望观为同一观，阳德观与阴德观为一观。三是将一些上林苑以外的宫观也计算在内，如扶荔宫。

4. **西郊苑**

“西郊苑，汉西郊有苑囿，林麓薮泽连亘，缭以周垣四百余里，离宫别馆三百余所。”（《三辅黄图·苑囿》）宋敏求《长安志·宫室·建章宫》载，汉长安城西郊为建章宫处，宫周回就有20余里，所占面积十分宽广，班固《西都赋》说：“西郊则有上囿禁苑，林麓薮泽，陂池连乎蜀汉，缭以周墙，四百余里。离宫别馆，三十六所。”汉长安西郊是上林苑的中心区域，是上林苑的一部分，怎么会再容一个宏大的西郊苑？所谓“离宫别馆三百余所。”既不是上林苑的“三十六所”，又不是汉“内外宫馆一百四十五所”，何清谷《三辅黄图校注》认为，《三辅黄图》所说可能是从早期版本中传抄下来，以讹传讹，《三辅黄图》所说的西郊苑由此而来。

四、秦汉长安交通道路

驰道是秦始皇时的道路名称。《三辅黄图》驰道条：“‘始皇二十七年治驰道。’注曰：‘驰道天子道也。’蔡邕曰：‘驰道，天子所行道也，若今之中道然。’《雍录》引《三辅黄图》说：“三涂（途）洞开”，班固《西都赋》：“披三条之广路”，张衡《西京赋》：“城郭之别，旁开三门，参（叁）涂（途）夷庭，方轨十二，街衢相经。”上述说明早在秦统一六国以前，咸阳等地已有直通的古道，只是名称不同。衢路有三条，为三涂（途），正中一条为驰道，即天子之道，有禁令，两旁道路无禁令。

秦修驰道，始于秦始皇统一后的第二年（前220年）。修建的目的，一是为秦始皇巡行36个郡县，二是为防御北方匈奴南下侵扰。《雍录》龙楼驰道条说："秦人驰道之丽，贾山尝刺其奢。"说明秦人修筑的驰道，道路宽阔笔直，坚实耐用。《三辅黄图》驰道条又说："秦为驰道于天下，东穷燕齐，南极吴楚，江湖之上，滨海之观毕至。道广五十步，三丈而树，厚筑其外，隐以金椎，树以青松。"驰道修自咸阳，终止最西的边郡九原全长1 800里，是通往全国的交通干线。咸阳毁灭之后，长安相继又成为驰道的中心之地，其作用远超过秦咸阳驰道。

秦直道是一条有别于驰道而又非常重要的道路，始皇"三十五年，除道，道九原，抵云阳，堑山堙谷，直通之"[①]。秦始皇为抵御外患，巩固扩大秦国疆域，于公元前212年派大将军蒙恬和太子扶苏，率20万大军镇守边关，同时承担修筑直道的任务。秦直道是始于汉甘泉宫，向北经榆林、内蒙古东胜西，直抵今包头市西的九原县的一条特殊路段。"汉甘泉去长安三百里，而驰道亦绵亘其间也"（《雍录》）。此说"三百里"，据载，直道横跨陕甘两省，穿越14县，全长700多公里，道宽一般为30米，最宽处达60米左右，成为长安与北方游牧区域间最主要的交通干线。秦直道巨大的工程与规模，可以说是世界上最早的高速公路。

西汉长安的交通道路基本继承了秦制。《三辅黄图·秦宫》驰道条说："汉令，诸侯有制，得行驰道中者行旁道，无得行

① 《史记·秦始皇本纪》。

中央三丈也。不如《令》，没入其车马。”按照西汉人规定：“中央三丈”是专供皇帝通行的御道，两边是普通人行走的旁道。“道广五十步，三丈而树”并发展为水、陆两种交通方式。陆路交通主要以长安以东的滨、渭南岸的函谷道，东南的武关道及东渡黄河的蒲关道为主要道路。这三条道路连通了西汉以东，长安南与西南子午道和傥骆道贯穿秦岭，西面有“渭北道”沿渭河北岸和沣河，至雍县（今凤翔县附近）向西北和西南分为两支。西汉驰道与秦驰道不同之处是，仅限于都城内及近郊通行，并有严格的管理制度。道两旁有排水沟，为陶制半圆形，能及时排除路上的雨水，陶制排水管道的设计和制作，较之秦代更进了一步。

第六节 《史记·河渠书》《汉书·沟洫志》与《水经注》记长安及关中河渠

一、郑国渠、白渠与漕渠

《史记·河渠书》依据《禹贡》中大禹治水的功绩，以治理黄河为重点，叙述了当时黄河决溢堵塞和水利的兴修，并兼记前代黄河的变迁。司马迁曾经游历各地，观察山川形势，并且亲自参加过当时河渠的修堰工程。《史记·河渠书》主要篇章记述了长安周围河渠的修筑，如郑国渠、漕渠和龙首渠开凿渠道，灌溉农田等情况，为两汉农业生产的发展提供了许多翔实可靠的资料。《汉书》中的《沟洫志》前部分的三分之一，基本上是照抄《史记·河渠书》。《汉书·沟洫志》新添的内容，记述长安附近引泾增修六辅渠和白渠的由来和过程。当时长安近郊著名的水利工程，就是郑国渠、白渠和漕渠。

郑国渠是秦始皇在关中兴修的一处大型人工水利灌溉工

程。据《史记·河渠书》，郑国渠兴建的起因，则是缘于韩国的一个阴谋。秦王嬴政元年（前 246 年），紧邻秦地的韩国由于军事上的无能，便想出了一个“疲秦”之计，即派水工郑国去秦国说服秦王修建一条引泾水的渠道，目的是为了牵制秦国的大量人力物力，不被秦国所灭掉。“凿泾水自中山西邸瓠口为渠，并北山东注洛三百余里，欲以溉田”（《史记·河渠书》）。郑国渠开凿后，准备直接引泾河水却“中作而觉”，虽然这一阴谋后来被秦国识破，但兴修水利也正符合秦国经济发展的需要，反而得到了秦国的认可和支持。经过十年的艰苦努力，终于修成了这条连通泾水和洛水、长达 300 多里（约 126 公里）的灌溉渠道，后以郑国的名字称为“郑国渠”。

郑国渠修成后，《史记·河渠书》说：“用注填阏之水，溉泽卤之地四万余顷。”灌溉面积达到四万多顷（约合今 280 余万亩），农作物的收获量为每亩收获一钟（六斛四斗），出现了“关中为沃野，无凶年，秦以富强，卒并诸侯”[①] 的好势头。“填阏之水”，以挟带大量泥沙的浑浊河水，灌溉土地，冲刷盐碱，改变了土质，原来“泽卤之地”从此成为“亩收皆一钟”的沃壤，推动了长安及关中地区农业的大发展，为秦国统一天下的大业奠定了经济基础。

白渠是汉武帝时再次兴修的引泾灌溉工程。《汉书·沟洫志》载，太始二年（前 95 年），汉武帝接受赵中大夫白公的建议，再次“穿渠引泾水，首起谷口，尾入栎阳注渭中，袤二百里，溉田四千五百余顷，因名曰白渠”。白渠建成后，灌溉面积达到二百多华里，灌区为泾阳、高陵、三原和临潼四个县，很快成为长安附近最富饶之地，喜获粮食高产的大丰收。当时

① 滨川荣：《关于郑国渠的灌溉效果及其评价问题》，《汉唐长安与关中平原》，中国历史地理论丛 1999 年增刊。

流行的歌谣，“田于何所？池阳谷口。郑国在前，白渠在后。举锸为云，决渠为雨。泾水一石，其泥数斗。且溉且粪，长我禾黍。衣食京师，亿万人口”[①]。此渠的线路比郑国渠短，并纠正了郑国渠只注重规模大的不足，尤其是在避免淤塞方面采取了更为得力的措施，不仅灌溉了泾阳、高陵、三原和临潼四县的农田，而且成为供应京都长安数十万人口生活用水的重要来源。

漕渠“引渭穿渠起长安，并南山下，至河三百余里，径，易漕，度可令三月罢；而渠下民田万余顷，又可得以溉田，此损漕省卒，而盖肥关中之地，得谷”[②]。汉武帝时长安人口增多，需将关东漕粮运往长安京都，却因长安渭水河道多弯曲，其间竟长达900余里，转运困难很大。汉元光元年（前129年），在水工徐伯领导下，征用万余民工，开凿了与渭河平行的漕渠。漕渠自长安城西昆明池东北起，沿渭河东行，流经临潼、渭南等地，沿途纳入浐、灞等河水，直到潼关附近注入黄河。为了缩短渭水河道的距离，开凿长安渭河以南的漕渠，转运粮食的运程减少为300余里，缩短了三分之二的距离，既解决了漕运粮米的问题，也灌溉了沿岸土地万余顷。

二、长安河流与生态环境

《水经注》是南北朝时期系统研究河渠水道及河渠源流的一部地理专著。此前有一部最早写河流的著作《水经》，早已佚失。郦氏在撰写方式上是以《水经》内容为纲，以列出单句注释为主，在具体记述内容上，注文以水道为纲，详述河流的发源、流经、汇入，兼记河流的水文变迁，以及大量地貌、植

①② 《汉书》卷二十九《沟洫志》。

被、土壤、物产、人口、交通、风俗、政区沿革、历史掌故、民间歌谣、金石碑刻、神话传说等丰富的内容。可以说，《水经注》不仅是一部记述水道的地理名著，而且还是一部包容自然地理、人文地理、历史地理等的综合性地理著作。

1. **长安八水**

泾、渭、浐、灞、沣、滈、潏、涝号称长安八水，八水的说法早在西汉就有了。现将《水经注》记载的长安八水历史源流分述如下：

渭水《水经注》记渭水资料最丰富，几乎占全书十分之一。卷十六记漆水、浐水，卷十七至卷十九记渭水，补沣、泾、汭水。《水经·渭水注上》注："鸟鼠同穴山在西南，渭水所出，东至船司空，入河过郡四，行千八百七十里。"渭水发源于甘肃渭源县鸟鼠山，入陕西境内，横贯关中平原。由于渭河河床比较靠近南山，因此北岸河流源远流长，水量都比较大；南岸河流都比较短、大河少。"渭水又东经长安城北"，渭水在汉代是紧靠长安城北城墙流过，以后河床北移，至今已距汉长安城遗址有五公里左右。

泾河"泾水所出东南，至阳陵入渭，过郡三，行千六十里"（《水经注·泾水》）。泾河是渭河的最大支流，发源于宁夏回族自治区六盘山下，东流，经甘肃平凉市和泾川县进入陕西，再经长武、彬县、永寿、淳化、礼泉、泾阳，入长安，至高陵县入渭河。泾河虽距长安较远，但从《汉书·沟洫志》的白渠谣："衣食京师，亿万人口"一句，说明泾河在经济上和长安关系的密切。

灞水"灞水以显霸功，水出蓝田县、蓝田谷"（《水经注》）。秦岭山谷很多，蓝田谷在何处，没有定论。《水经注》灞水条说：灞水出蓝田谷后，"西北有铜谷水，次东有辋谷水，二水合而西注，又西流入泥水"。灞水原名滋水，位于浐河之东，与浐河并行，距今西安市十公里，发源于蓝田县东南的秦岭山中。春秋秦穆公称霸当世，为了表现霸功，遂改滋水为灞水，灞水还有一些支流，主要在蓝田县的南方和东南，都是从秦岭北坡流下，这些支流如上面所征引。蓝田县北，灞河西侧，高处是白鹿原，原上无水，灞水东侧，是逐渐高起的漫坡，坡上流下许多小水，作为灞水的支流，最大的为白马河和白牛河，白马河还绕到蓝田县城南流入灞水。

浐水 “浐水出京兆蓝田谷”（《水经注》）。浐水是灞水最大的支流，位于今西安市东郊五公里处。一说蓝田谷流出的沂水有误，实际是浐水。《水经注》又说：“灞水又左合浐水，历白鹿原东。”灞水合浐水之后，再流经白鹿原东。浐河位于白鹿原与少陵原之间。浐河距长安城最近、最密切，汉代的浐河为荆溪，与狗枷川水所合，《水经注》灞水条又说：“灞水又北，长水注之，水出杜县白鹿原，其水西北流渭之荆溪，又西北左合狗枷川水。”浐水又叫狗枷川河，此与《三秦记》“骊山西有白鹿原，原上有狗枷堡”，所述应为一地，因而以此为水名。

沣水 “丰（沣）水出东南，北过上林入渭”（《水经注·沣水》）。沣、滈、潏、涝四水中，沣水是一条最大的河流。沣河源出终南山的丰谷，合高冠谷、太平谷二水，自户县流入长安县境，至咸阳入渭河。《禹贡》“漆沮既从，丰水攸同”。是说当时沣水是流入渭水的一条大河。《水经注》沣水条又说：“丰（沣）水出丰溪。”现在沣水出于丰谷，即丰溪之名，山谷深奥，改变不大。沣水与渭水会合处在短阴山内，长安与关中平原如何会有山丘，还是在山内与渭水相会合？《水经注》说：“水会无它高山异峦，所有惟原阜石激而已。”短阴山在今咸阳市西南，就是原阜石激也难得见到了。现在沣水入渭处已改在咸阳市东，《诗·大雅·文王有声》：“丰（沣）水东注，惟禹之绩。”沣水都是北流，而禹所治理的沣水却是东注。近年考古发掘和卫星照片，证明确有这样一条古河道。沣水是什么时候改道北流的？班固《汉书·地理志》说：“丰水出东南，又有潏，皆北过上林苑入渭。”说明沣水在汉时已经北流入渭了。

滈水“镐（滈，下同）水上乘镐池于昆明池北，周武王之所都也”，“镐水又北流，西北注与滮池合，水出镐池西，西北流入于镐”（《水经注·滈水》。滈河在今西安市西南约20公里。滈水源头在何处，一直是探讨的问题。武伯纶《西安的自然环境》，认为滈水的源头是交水，又称福水。《水经注》说：“交水西至石偒。汉武帝元狩三年穿昆明池所造。”西汉中叶，汉武帝修筑昆明池，把滈水拦腰截断，实际上昆明池就是滈水汇集而成。

潏水“泬水上承皇子陂于樊川，又西北迳下杜城……又北流注渭，亦渭是水为潏水也”（《水经注·泬水》）。潏水就是泬河，皇子陂在长安县东南，是古时储水的池泊，源出秦岭大峪河，先后会合小峪河等诸水，不再经长安东南皇子陂故地，而是由瓜州村在浐河（漕河）之南向西北流去，潏河在牛头寺附近分为二支，一北流入浐河，西流入于滈河，合流为交水。

涝水“水出南山涝谷，北迳（径）汉宜春观东，又北迳户县故城西……北出合美陂水…… 涝水北注甘水而乱流入于渭”（《水经注·涝水》）。涝河在沣河以西，出南山涝谷，流经鄠县故城西，北流入渭河。鄠县故城就在今户县北一里，现在涝河仍流经户县城西，和《水经注》记载的完全相同，没有大的改变。

上述长安八水正如汉司马相如《上林赋》所述，“终始浐灞，出入泾渭，丰（沣）镐（滈）潦（涝）潏，纡馀委蛇。……潏经其内，泾渭绕其后，灞浐界其左，沣潦（涝）合其右”。汉时丰盈的八条河水前后左右环绕于长安古城周围，其水势“荡荡乎八川分流，相背而异态”。呈现出汉长安城周围得天独厚的美丽自然环境。

2. **长安池陂、泉泽与南山生态环境**

长安城南依终南山，北临渭河，南城墙紧依洈河，城外的护城河环绕流荡。《水经注》对长安周围每一条河流的状况都作了详尽全面的记述，其中对于长安城四周渭水河流的诸多池陂、泉水、沼泽和发源于泉水的小河，以及一些天然河流渠道等水体及自然环境，也作了颇为详尽的记述，为研究长安地区水文环境提供了难得的文献资料。

“芒水出南山芒谷……芒水又北迳（径）周至县之竹圃中，分为二水……一水东北为枝（支）流，一水北流注入渭也”(《水经注》)。周至县芒水北流入渭水，而向东北流的支流也流入渭水。《水经注》说：“渭水……又东与芒水支流合，水受芒水于竹圃。”就水，“水出南山就谷……就水历竹圃北，与黑水合。水上承三泉，就水之右，三泉奇发，言归一渎，北流，左注就水。就水又北流注于渭。”芒水与就水都出自南山，就水又与黑水合，这三条河流“言归一渎”都流注于渭。三条河流所流经的竹圃也应是同一处，当时竹圃应是一片面积很大的水域，这与长安附近的地下水条件较好有一定关系。

“漏水出南山赤谷，东北流迳（径，下同）长杨宫东，漏水又北历苇圃西，亦谓之仙泽。又北迳望仙宫，又东北，耿谷水注之，水发南山耿谷，北流与柳泉合。东北迳五柞宫西，其水北迳仙泽东，又北，迳望仙宫东”(《水经注·渭水》)。漏水、耿谷水均出自南山，苇圃应是一个很大的沼泽，五柞、长杨二宫相距很近。

“水出南山涝谷，北迳汉宜春观东，又北迳户县故城西，涝水际城北出，合美陂水，水出宜春观北，东北流注涝水。涝水北流，甘水而乱流入于渭，即上林故地也”（《水经注·渭水》)。涝水、美陂水也出自终南山，终南山附近的汉长杨宫东，有涝水与美陂水及泉与池陂，构成了优美的自然环境[①]。

"丰（沣）水出丰溪，西北流，分为二水：一水东北流为枝（支）津，一水西北流，又北，交（洨）水自东入焉，又北，昆明池水注之……渭水又东北与鄗（，下同）水合，水上承鄗池与昆明池北。鄗水又北流，西北注，与滮池合，水出鄗池西，而北流入于鄗……鄗水又北注于渭"(《水经注·沣水》)。滈池是周武王建都之地，镐京因滈池而得名，汉武帝时在此修建昆明池。据载，滮池当时是丰镐地区的大池，是镐京的重要水源。

《水经注》长安县条："渭水又东与泬水枝（支）津合，水上承泬水，东北流迳邓艾祠南，又东分为二水，一水东入逍遥园，注藕池；其一水北流注于渭。渭水又东迳长安城北，渭水东合昆明故渠，渠上承昆明池东口，东迳河池陂北，亦曰女观陂。"《水经注》所述藕池、河池陂，均未见于《三辅黄图》等著作，昆明故渠或是昆明故池的一个支渠，有待考证。

上述《水经注》所述长安诸多池陂、小河，几乎都与终南山有密切的联系。例如，上述芒水、就水、黑水、漏水、耿谷水、涝水、美陂水、甘水、渭水、沣水、洨水、滈水等河道的源头几乎都源自终南山，说明在郦道元时，长安地区河流密布，土肥水足，水文与地理环境很优越。竹圃、苇圃、镐池、滮池、昆明池、藕池、仓池、河池陂等自然池陂水圃（部分池陂省略），说明长安一带还有水域面积大小不等的沼泽与水池。"陈、夏千亩漆、齐、鲁千亩桑麻；渭川千亩竹"(《史记·货殖列传》)，其"渭川千亩竹"从一个侧面描绘出汉长安郊区竹林

① 参见王守春据《水经注疏》(杨守敬、熊会贞疏，段熙仲点校，陈桥驿复校，江苏古籍出版社 1987 年)。

繁茂，稻田纵横，城东南有楸林一片，构成了长安城郊一带水源充盈，空气清新湿润，优越的自然生态环境。

第七节　《晋书》《魏书》记晋十六国、南北朝时的长安

一、长安的范围与行政区划变更

西晋初年仍于长安置雍州，统7郡国、39县。三辅政区变化较大，京兆郡范围缩小，仅领9县，所属杜县则更名为杜城。武帝太康二年（281年），今西安市区范围内涉及雍州之京兆、始平2郡国。京兆郡，治长安，领9县，8县在今西安市区，即长安、霸城、杜城、新丰、阴槃、蓝田、高陆和万年。

前赵因袭晋制，行政区划无大变化，仍实行州、郡、县三级制。苻坚在长安即位后建立前秦，改京兆郡为京兆尹，建元六年（370年）分京兆置咸阳郡。京兆尹，治长安，领10县，8县在今西安市区，与西晋初京兆郡所领8县相同，鄠县属始平郡，盩厔县属扶风郡。姚苌建立后秦，曾改长安为常安，京兆尹为京兆郡。其子姚兴即位，又依前秦旧制，改京兆郡为京兆尹，并增设山北县。

北魏时期，孝文帝太和二十一年（497年），今西安市区范围内涉及雍州的京兆、冯翊、扶风3郡和岐州武功郡。京兆郡，徙治霸城，领8县，即霸城、长安、杜县、鄠县、山北、新丰、阴槃、蓝田都属于今西安市的区划。西魏时期行政区划变化不大，京兆郡治又从霸城迁回长安。

北周立都长安，政区更改频繁。曾于明帝二年（558年）"改京兆郡为京兆尹"，又于武帝天和三年（568年），建德二年（573年）多次更改，武帝建德元年（572年），今西安市区

范围内涉及以雍州之京兆尹及冯翊、蓝田、周南3郡。京兆尹，治长安，领有长安、万年、霸城、新丰、阴槃、杜县和鄠县，皆在今西安市区。

二、晋、南北朝时以长安为都

西晋曾经两次以长安为都，即晋惠帝与晋愍帝时。《晋书·孝惠帝》载，元康九年（299年）济河张方“请帝谒庙，因劫帝幸长安，方以所乘东入殿中，帝驰避后园竹中，方逼帝升车……后宫分手府藏，魏晋以来之积扫地无遗矣。行次新安寒甚，帝堕马伤足……河间王颙帅官属步骑三万迎于霸上，颙前拜谒帝下车止之，以征西府为宫”。晋惠帝被济河张方和河间王颙所挟，在西迁长安以征西将军府为宫时的窘态。晋愍帝以长安为都时，《晋书·孝愍帝》说：“天下崩离，长安城中户不盈百，墙宇颓毁，蒿棘成林，朝廷无车马章服，唯桑版署号而已。众唯一旅，公私有车四乘，器械多阙，运馈不继。”永嘉之乱，长安因洛阳的失陷而遭受毁灭性的破坏。

十六国时期的前赵、前秦和后秦曾以长安为都城，西晋以后，前赵、前秦和后秦以长安为都，南北朝后期，西魏和北周也曾以长安为都城，直到隋代另建长安新都。十六国时期，争战连绵不绝。《魏书·地形志上》说：“孝昌之际，乱离尤甚，恒代而北，尽为邱墟，崤潼已西，烟火断绝。”北魏后期，曾经为都城的长安时常成为争夺中心，难免遭受破坏。汉长安城唯一幸免的是阿房宫、未央宫和长乐宫。因为阿房宫于汉时摒于长安城外，不是处理政务之处，偶尔还能被稍加修治。长乐宫和未央宫在十六国初仍保存尚好。《晋书·刘曜》载，刘曜曾于长乐宫东立大学，于未央宫西立小学，其中受教育者千五百人。“长安发雍、洛、秦、并州十六万人，城长安未央宫”[①]。均说明长乐、未央二宫未遭受毁坏。西魏以后，未央、长乐宫都曾重修过。汉以后，长安城内也有所建置。南北朝后期，长安城内仍有小城和皇城的设置。《晋书·苻健》载，前秦时建小城，北周时建皇城。长乐宫毁于隋初，《隋书·文帝纪》说，隋文帝以长安故城，“凋残殊甚，水皆咸卤，不适居”为由，于龙首原南另建新都，未央宫因为凿龙首原建置得地势高，幸免于残毁。

三、东汉时的长安

东汉初，长安虽已废不为都，因有光武和明、章诸帝的时常临幸，旧日宫殿台榭也及时修整，长安城变化不大。汉长安城遭到较大破坏是在东汉中期之后，“赤眉入长安，更始奔高陵”，“赤眉焚西京宫室，发掘园陵，寇掠关中”[②]。这些破坏中，“唯有高庙、京兆府舍”[③]，未遭到破坏。汉长安经过王莽篡权之后，更始帝和赤眉也相继在此建都，只是改长安为“常安”，其他皆依长安旧规。

据《后汉书·王允传》，东汉中叶，长安城上自宫殿，下至闾里，三辅民庶炽盛，兵谷富实，如同西汉当年，也没有较大的破坏。但东汉末年，“董卓为相国”，逼迫献帝“迁都长安，董卓驱徙京师百姓悉西入关”[④]。长安城开始遭受到摧毁性的破坏。“李傕胁帝幸其营，焚宫室”[⑤]。之后献帝被逼东归，行到今临潼东，“幸新丰……郭汜使其将伍习夜烧所幸学舍，逼胁乘舆”[⑥]。远离长安的新丰尚且如此，长安城内破坏就更为

① 《晋书》卷一〇六《石季龙》。

②③《后汉书》卷一上《光武帝纪》。

④⑤⑥《后汉书》卷九《孝献帝纪》。

惨重。“尽徙洛阳人数百万口于长安，步骑驱蹙，更相蹈籍，饥饿寇掠，积尸盈路……悉烧宫庙官府居家，二百里内无复孑遗”①。两年间，长安城中宣明、建阳、昌阴、尚冠、修成、黄棘、北焕、南平、大昌及北燠等闾里名称难于辨清所在地，街巷、宫殿已残缺不全，“皆夷漫涤荡”②，原来的建置设施已遭受严重的破坏。潘岳撰《西征赋》记汉长安城“阶长乐，登未央，汎太液，凌建章，萦萦驳娑而款骀，荡辆、枍诣而轹承光”。还有柏梁，太液，这些宫殿、台榭及池沼，他都去看过，或划过船，而所看到的是，野鸡在殿台鸣叫，狐狸野兔在殿旁掘穴。钟也摆在毁坏的庙前，弃置无用，秦代的金人迁到灞川去了，皇宫内长满了茅草③。东汉时的长安，到处是一片残破、衰败的景象。

第八节 秦汉魏晋南北朝典籍对后世长安地志著述的影响

秦至南北朝800余年，是长安“地记”向长安地方志逐步缓慢转变过程中的雏形发展阶段。其间经历了长安地记专著、长安郡国地记专著、以长安为主要或首要内容的全国水道山川著述的三个阶段。这三个阶段正是长安地方志由“记”到尚待萌芽状态之中的“志”的转变过程，这一时期流传下来的长安地记、地志，在长安、乃至全国地方志中均产生了极其深远的影响。

《史记》不但是我国史学史上的重要标志，在地理学史上也有突出的成就，千百年来对《史记》的研究者不下数百家。

①② 《后汉书》卷七十二《董卓列传》。

③ 武伯纶：《西安历史述略》，陕西人民出版社1984年。

《汉书》的体例就是在《史记》基础上发展起来的，它全面系统地记述了西汉的史实，并补充了《史记》中先秦历史不足的部分，开拓了新的史学领域，对后世长安著述产生了深远的影响。

《史记》与《汉书》对后世长安著述所产生深远影响的重要一点，就是对被誉为“陆海”天府之国——长安及关中区域独具优势的自然地理条件的记述，充分论证了此地建置城郭，作为全国政治中心的重大意义。《史记》与《汉书》对长安地志著述所产生的影响还体现在：在秦汉魏晋正史中，有大量反映长安的历史地理的记述，如《史记·大宛列传》等优秀的地理篇章。在《史记》《汉书》，以及《晋书》《魏书》中，都穿插以诸多反映长安零散的地理资料，体现出历史性专著中连带地理专篇或分散各书中的地理资料的显著作用，奠定了以后历代编撰断代史的基础。如引渭水开漕渠运粮的记载，《汉书·武帝纪》，汉武帝元光六年（前129年）开漕渠运粮，“引渭穿渠起长安，并南山下，至河三百余里”的记述，《旧唐书·李石传》记述唐中期复开漕渠，说：“旧漕在咸阳西十八里……自秦汉以来疏凿，其后湮废。”《新唐书·韦坚传》说：“汉有运渠，起关门西抵长安，引山东租赋，讫隋常治之，坚为使，乃占咸阳，壅渭为堰。”隋唐多次重开漕渠，都是借鉴了《史记》《汉书》的内容，而《新唐书》引渠从山东漕运，堰引渭水等详细的记述及历史经过，确较《史记》《汉书》有了新的发展。

上述已提到《史记》中的《货殖列传》，是司马迁地理学内容的优秀卷帙之一，对长安也有较多的记载，为后世长安地志的著述也产生了重要的影响。司马迁在《货殖列传》中对关中地理的论述，吴宏岐在《司马迁的地理学思想及其历史地位》一文指出，从司马迁对关中地理的论述可以看出，作为西汉最发达的经济区的关中，经历了相当长时间的发展过程，先有周人的农业经营，后经秦、汉的多层次开发，才跃居全国诸多经济发达区的首位。司马迁进一步阐明，关中经济区的形成，确实得益于“沃野千里”的优越地理条件，但立都于关中的各个朝代，对交通开发和商业贸易的重视，更应引起充分的关注。如果进一步挖掘，如对关中长安“天府之国”的赞美，还会发现长安及关中地区更有价值的地理学资料。

《史记·河渠书》应是我国第一部水利专著，篇幅很短，仅用了1653字，但对汉长安的记述却占有较多的篇幅。王成组在《中国地理学史》中，辟有专节论述了《史记·河渠书》中的主要内容，及其对《汉书·沟洫志》的影响。吴宏岐在《司马迁的地理学思想及其历史地位》一文，指出了这种专记川流水道的《河渠书》属历史人文地理范畴，是正史中历史地理的另一重要组成部分。在本章的第四节《史记·河渠书》与《汉书·沟洫志》中对长安一带河渠的记述，可以看出自战国到西汉，长安水利学从理论到实践所取得的进步。

《汉书·地理志》是我国最早产生的第一部地理志，对以后长安地志的著述具有十分重要的影响。如记述秦国，远溯至秦的先祖柏（伯）益。秦始有国土，是在非子时，《汉书·地理志》说：“孝王曰：‘昔伯益知禽兽，子孙不绝。’乃封为附庸，邑之于秦，今陇西秦亭秦谷是也。”秦的先祖养育草木鸟兽，子孙不绝，至非子时，非子受封为周的附庸。以秦为国号自班固《汉书·地理志》以后，舆地学家先后辈出，所涉及的内容包括：邦国志书、都城宫阙、山川物产、游踪行迹、城外方国等等。正如崔振鹤所说，中国的行政区划“起源于春秋，成熟于战国，定型于秦代，成书于汉代，自此之后，以郡县制为政区体制沿袭两千年没有大的改变”[①]。除《史记》之外，三国、

① 崔振鹤：《不妨读读历代正史地理志》，《文史知识》1995年第8期。

南北朝之后约100多年没有地理志，此后历朝一直相沿不衰。据统计，后世对此书的注本有数十家之多，所记全国水文地理资料，使得后人不但复原出西汉的水文地理面貌，而且还可作为上溯先秦水文地理的基础。继《禹贡》《汉书·地理志》之后，出现了许多校注、补正本，例如清代全祖望、戴震、赵一清等关于《水经注》的研究，其中长安及关中区划的河流部分，与《汉志》《唐书》作以比较，便会发现变迁的痕迹。宋敏求《长安志》就是受到《汉书·地理志》的影响，这从一个侧面说明，汉代地理学专篇对后世长安地志著述的影响。

自《汉书·艺文志》以后，《隋书·经籍志》概括了《汉书》以后学术发展的趋势，是对古代著述的第二次总结，是一部目录学权威性的著作，对后来长安书目的学术发展影响很大。其《汉书·艺文志》中的长安典籍有：《周考》（76篇），《周书》（71篇），《周官传》（4篇），《司马迁赋》（8篇），《秦时杂赋》（9篇），《京兆尹秦歌诗》（5篇），《左冯翊秦歌诗》（3篇），《周歌诗》（2篇），《神农教田相图耕种》14卷等计9种。《隋书·经籍志》中的长安典籍有：《司马迁集》、《周载》8卷，《神雀赋》、《秦战斗》1卷，《史记音义》12卷，《史记要集》2卷，《东观汉记》143卷，《记前汉事》1卷，《汉疏》4卷，《汉书钞》30卷，《秦书》8卷，《秦记》11卷，《秦纪》10卷，《汉武帝故事》2卷，《西京杂记》2卷，《秦汉以来旧事》10卷、《汉旧仪》4卷，《汉名臣奏事》30卷，《三辅决录》7卷，《汉武内传》3卷，《黄图》（记三辅宫观陵庙明堂辟雍郊畤等）1卷，《三辅故事》2卷，《西京记》3卷，《京兆韦氏谱》2卷等共计23种。《汉书·艺文志》与《隋书·经籍志》辑录的长安史籍据不完全统计，约32种。《汉书·艺文志》多辑录为周、秦长安的诗赋篇章，却几乎全部佚亡。《隋书·经籍志》辑秦、汉长安旧仪故事、秦汉遗迹及书抄等，除了部分流传之外，部分卷帙今已不存。今天能够看到的长安著述书目，也同样弥足珍贵。如《三辅旧事》洛女陂，横桥（便门桥），秦造横桥，汉承秦制，桥广六丈，南北三百八十步，置都水令以掌之，号为“石柱桥”，桥南属京兆，以北属扶风。《三辅故事》昆明池盖地三百二十顷……《封禅书》秦都咸阳灞、浐水皆非大川，以近咸阳，尽得祠之。《庙记》柏梁台，汉武帝造在北阙等。

《三秦记》原书早在唐代已佚失，但至今出自前人书中所引的残存部分，仍然是迄今最有影响的、反映秦汉长安地记形式最具典型的史料。可以说，许多撰写长安地志的著述内容无不源自《三秦记》。例如桃林塞，张澍《三秦记》记桃林塞，“在长安东四百里”。《后汉书·地理志》注明：“弘农郡弘农有桃林聚，故桃林也。”之后《太平寰宇记》也为此补充说：“自灵宝以西至潼关，皆桃林也。”其地在今河南灵宝县以西，陕西潼关以东。骆天骧《类编长安志》卷七又作以解释，“春秋时晋詹嘉处桃林之塞”，此地是虢之阌乡，长安县东南十里有桃源，古之桃林，此处为周武王放牛之地。经过历朝文献记述，终于清楚了桃林塞之地的来历，此处位居长安以东，潼关至灵宝这条重要交通干道上，曾经是古代一处著名的地方。又如《三秦记》载：“秦始皇作阁道，至骊山八十里。”《史记》正是受《三秦记》的影响，对秦国修驰道作了更详尽的说明。张澍辑《三秦记》载，西汉九市“市楼皆重屋，旗亭楼在杜门大道南。又有当市楼有令署，以察商贾货财、贸易之事，三辅都尉掌之”。《后汉书》承袭《三秦记》最早见于记载的是白鹿原之说。《后汉书》卷一〇九引《三秦记》说，白鹿原，周平王时有白鹿出，并说白鹿原在新丰县西。《后汉书》卷一〇九又引《关中图》说，新丰县南有新丰原，白鹿原在霸陵。《水经·渭水注》为此说得更为详细，范围更广大，“霸（灞）水又北，长水注之，水出杜县白鹿原……川东亦曰白鹿原也”。《水经·渭水注》又引《述征记》说："长安东则骊山，西则白鹿原，北望云阳，悉见山阜之形，而恒若云雾之中。"这是《述征记》作者的亲眼目睹，当时汉长安城西就是一片相当广袤的白鹿原，这里所说的白鹿原不仅在川东，川西因少陵原得名较晚，在汉时尚无少陵原，说明川西也属于白鹿原，新丰县西和新丰县南均为白鹿原之地。

《三辅黄图》对后世长安地志的重要影响体现在两个方面：其一，《三辅黄图》不仅因为它是最早论述秦汉长安都城及宫室苑囿的一部专著，从秦汉长安地志所产生的时代和形式上看，它又是继《三秦记》之后的第二部以记地现象为主的地记著作。《三辅黄图》初名《西京黄图》，仅一卷。根据原本写于三国曹魏初期的时间看，此书即早期的图记无疑，遗憾其图与原本早已亡佚，倘若试以《三秦记》部分史料的辑佚内容与《三辅黄图》作以对照，尽管其中已夹杂了中唐时期颜注增补的内容，但不难看出，《三辅黄图》几乎每一条目记述秦汉长安都城的内容，都能够从《三秦记》的辑佚史料中找到，这正是在《三秦记》原始记录的基础上，依据各次之补缀，又采用了《史记》《汉书》《西京赋》《西都赋》及六朝人有关长安的著述，最终将汉长安遗迹详加逐条补充并归纳完成的六卷。之后，《雍录》首先就是以《三辅黄图》作为考订古雍州——关中地区古迹的资料。其二，《三辅黄图》对宋敏求《长安志》的撰著也产生了十分重要的影响。例如，《三辅黄图·苑囿》载，博望苑则在汉长安城南，杜门外五里处。《长安志》卷十《唐京城四》作以详细的说明，博望苑在杜门外漕渠之北，于唐长安城，则在朱雀大街西第四街金城坊内，也在唐长安县的治所以北五里。《三辅黄图·秦宫》说："长杨宫，本秦旧宫……门曰射熊观，秦汉游猎之所。"《长安志》引《汉宫殿疏》："秦故虎圈，周匝三十五步，长十步，西去长安十五里。"对秦汉游猎之处详细注解。《三辅黄图·秦宫》阿房宫条，陈直引《括地志》按，“宫在上林苑中，雍州郭城西南面，即阿房宫城东面也”。《长安志》又说，阿城“西北三面有墙，南面无墙，周五里一百四十步，崇八尺，上阔四尺五寸，下阔一丈五尺，今悉为民田”。阿房宫不同于其他秦宫的轮廓是经过几代史籍的记述，其高大的宫城墙，以及惠文王计划中高大宏阔的阿房前殿，才逐步被一点点勾画出来，还原于当时历史真实的。

《水经注》一经问世，给中国后来的地理学和史学发展所带来的深刻影响，被明清之际著名学者顾炎武誉为“三百年来一部书”，对后世水利著述也产生了重要影响。在对长安地志著述的影响方面，如《水道提纲》是清代齐召南撰著的一部系统论述乾隆中叶我国水道源流脉络的专书，是自北魏郦道元《水经注》后，又一部全国水道著作，《水道提纲》卷六入河巨川类，对陕西长安一带的渭水、泾水、洛水等有专门记述，体例是仿照《水经注》，《水经注》继《禹贡》之后，又提出漆、沮二水合为一水说。《通典》：“漆沮之水，今京兆府华原富平县界。”《太平寰宇记》：“沮水自邠州入县界，合漆水入富平石川河。”今沮水一名宜君水，东南会漆水，名石川河，经富平至交口入渭，自《水经注》之后，漆沮水的这些具体记载，虽然水道名称不同，但可明确看出历史的变迁。又如对沣水的记载，渭南诸川以沣水最大。《水经注》“沣水出东，北过上林入渭”是根据《汉书·地理志》的记载，详细记其河道源流及考证。此后，诸多文献对沣水都有详细记载。汉以后，唐引渭为漕渠后，水脉混乱。乾隆《清一统志》也说：“沣西之涝，沣东之滈、潏、灞、浐，禹时悉合沣以入渭，故沣水得成其大。禹导渭东会于沣，当在汉霸陵县北，浐水入渭处也。”源自《水经注》“八水绕长安”之说的记载，至今《陕西实业考察团报告》说：“今则河道仅存，即最有名之灞、浐、业已干涸矣。"《水经注》除了是一部水道源流的专著之外，注文中历史地理资料也很丰富。主要包括对周、秦、汉、魏等在长安故都的规模和著名建筑，宫阙、苑囿、官署、仓储，城市街道的布局，秦汉长安城一带帝王陵墓的记述等，也是其他诸多记述年代较早的史料。有关长安城附近水道的开渠引水，发展农田灌溉，或是疏通粮运及沿线修渠经过几番兴废等也有具体记载，并为后世长安地志著述所沿袭。

第三章

隋唐时期长安

隋唐三百年间，以长安都城作为全国的政治中心，各地经济文化的繁荣昌盛，促进了长安地志新的发展。由汉代形成的“图经”，即绘有区域图又有文字的叙述，成为隋唐时期反映长安地志特殊的载体形式。隋唐在继承的基础上，又发展为志图合一，同时，以“志”“记”等为名的长安志书也兼有发展，并有所创新。如唐韦述《两京新记》中的《西京记》，唐代全国地理总志、李吉甫《元和郡县图志》中的关内道等，均为至今研究传世的隋唐长安地志的主要文献内容。

第一节　隋唐长安“图经”

一、长安图经的起源

长安图经最初是以图志、图记的形式出现。早自春秋战国时起，就有了“版图”“土地图”等早期图经的出现。1978 年在河北平山县发现的距今已有 2200 多年，战国时中山国“兆域图”，就是现存最早的地图。《周礼·遂人》说：“以土地之图经田野，造县鄙形体之法。”《十三经注疏》说，经，形体，皆谓制分界[①]。这证实了《周礼》所说专门设置官吏分管各类地图，是符合历史事实的。从秦汉时起，各种地图都有流传记载，东汉《巴郡图经》是目前所知道的最早的一部图经，到了魏晋南北朝时期仍有图经出现，可见图经与前一章所述“地记”一样，自东汉以来，已经在社会上流传，但未得到普遍发展。隋唐时期，尤其是唐代各地普遍编修图经，边远州县也不例外，由于图经在隋唐时期广为需要，便蓬勃发展起来。汉与隋唐图经两者的区别是，秦汉地图只是地理图，其作用：一是秦汉统治者在分封诸侯时需要使用地图。如：《史记·三王世家》：“奏未央宫。太仆臣贺行御史大夫事昧死言，太常臣充言，四月二十八日乙巳，可立诸侯王。臣昧死奏舆地图，请所立国名。”《后汉书·光武帝纪》：“（建武十五年）初，巴蜀既平……奏议曰……臣请大司空上舆地图，太常择吉日，具礼仪。”以上都是选择吉日，按照舆地图分封的事例，说明舆地图就是地理图。二是秦汉诸侯王和大将使用舆地图用以军事。如《汉书·淮南王传》：“日夜与左吴等按舆地图，部署兵所从入。”《后汉书·马援传》：“援又为书与嚣将杨广，使晓劝于嚣曰……前披舆地图，见天下郡国百有六所，奈何欲以区区二邦，以当诸夏百有四乎。”上述诸侯王和大将使用地图是为了部署兵力，便于掌握各郡国的分布状况，而隋唐图经则是以详细的文字说明，为统治者提供各地的贡赋、物产等情况的地域图，两者有明显的区别。

隋唐五代，虽然图经得以蓬勃的发展，而隋唐图经却没有一部完整的原作流传下来，究竟它是一种什么著述形式的文献？王成组说：“常见提到的是所谓图经、图记之类的发展，

① 《十三经注疏》整理本《周礼注疏》，北京大学出版社 1999 年。

其中既有一定地区的地图，又有比较详细的叙述。”[①] 仓修良《方志学概述》认为，图经仍是著作的一种形式，即在卷首绘制各类图形，诸如疆界区划图、城邑图、山脉河流图、物产分布图等等，主要还是以文字说明[②]。清人章学诚也说：“按天官司会所掌书契、版图。注版谓户籍，图谓土地形象，田地广狭，即后世图经所由仿也。”[③] 土地之图，即郡国舆地图，汉萧何收秦图籍，而知天下厄塞广远，之后，汉才有司空地图。隋唐对地域的记述不仅有图，而且按“所管州县，先各进图经一本……地理山川、土地所宜、风俗所尚，皆须备载”(《五仪会要·职方》)。这些说明，图经是记载各郡县具体内容的，并且是有具体数据的早期方志。

隋唐两朝都以长安作为国都，应有许多记述长安的图经，可惜当时各种图经只是手抄本，仅有一份，流通数量十分有限，这些早期的手抄作品一部也未能保留下来，至今仅辑有绘制编纂长安及关中地区图经书目十余种，从中仅能窥见长安自秦汉以来地域志书逐渐发展形成的雪泥鸿爪。

二、长安图经的佚存情况

根据张国淦《中国古方志考》，秦汉隋唐长安图经，有《秦地图》(佚)，汉《长安图》(汉佚)；汉《西京黄图》(汉佚)；后汉《西京黄图》，后汉扬修纂（后汉佚)；汉《雍州图》(汉佚)；隋《雍州图经》（隋佚)；唐《长安四年十道图》13卷（唐佚)；唐《开元三年十道图》10卷（唐佚)；唐李吉甫

① 王成组：《中国地理学史》的《隋唐间制图的发展》，商务印书馆1988年。

② 仓修良：《史家、史籍、史学》，山东教育出版社2000年。

③ 《章氏遗书》方志略例一《为张吉甫司马撰大名县志序》。

纂《十道图》10 卷（唐佚）；唐《海内华夷图》1 轴，唐贾耽编绘（唐佚）；唐《京西京北图经》4 卷（唐佚）；唐元稹纂唐《长安图》（唐佚）；唐（长安）《旧图经》（唐佚）。以上仅辑有13 种书目，长安及关中区域图经均已佚亡。

图经是以秦汉长安图肇始，又经过逐渐发展形成的。其发展的主要形式是：(1) 以简单文字记述汉长安的地图。如《秦地图》先是王谟在《汉唐地理书抄》中收录了两则佚文。张国淦把《秦地图》列为《中国古方志考》的开卷之首。这是刘邦西进入咸阳时，诸将争抢金帛财宝，萧何把图籍文书收藏而得，对沛公了解各地要塞户口、疆域以及人民疾苦等情况，起到了很重要的作用。该图大约亡于董卓、傕汜之乱。《秦地图》是图还是图经？王谟《汉唐地理书抄》引《史记》载："沛公至咸阳……何独先入，收秦丞相御史律令图书藏之……汉王所以具知天下厄塞、户口多少、强弱之处、民所疾苦者，以何具得秦图书也。"《秦地图》记载了天下户口、厄塞之所、郡县山水等，有图有记，说明它就是图经。(2) 绘制并简记地名变迁。例如，佚失的汉、后汉及关中的雍州地图，绘制并简记咸阳县东南 30 里的地名变迁，其中记有早期晋雍州治长安，统京兆、冯翊、扶风等七郡珍贵的记述。(3) 据载，隋唐图经对长安附近的温泉、水道及建筑均有详细记述，如临潼新丰县、蓝田县的温泉，金谷水入灞水的水道等。(4) 贾耽制图的特殊贡献。贾耽（730—805）是唐代杰出的地理学家，他注重第一手资料的搜集和利用，在当时已具有很高的水平，图中标有"京兆""终南山""沣水"等长安一带的地理名称，图中的文字说明，纠正了许多世代相沿的错误。贾耽还绘制了《关中陇右及山南九州图》等，可惜都已经佚亡，至今传世的石刻《华夷图》《禹迹图》就是宋辽人根据贾耽《海内华夷图》改绘而成。

三、隋唐图经的兴盛发展

《隋书·经籍志》记载，隋文帝杨坚于公元589年灭陈，结束了南北朝长期分裂的局面，完成了统一大业。隋朝初建，对于“州郡过多”所造成的许多不良影响需要整顿。为了巩固封建中央集权制度，隋文帝改州、郡、县三级为州县两级，又合并了一些州县，尤其是对版籍的整顿，这直接关系到国家赋税的收入、各州县的户口数、各地所收赋税数字是否准确一致等。隋王朝为了加强各行政区划户口的控制，了解各地详情，以确保赋税收入，加强中央集权制，开始大力编修图经，致使“地记的编修逐渐减少，而图经则得到普遍的发展。因为地记是适应地方政治、经济势力发展的需要而产生的，而图经则是中央集权加强的产物，是为巩固中央集权服务的”[①]。于是，隋王朝命令全国各地上报图经。

为了掌握全国各地的情况，《隋书·经籍志·地理类序》载，大业间（605—618）“普诏天下诸郡，条其风俗物产、地图，上于尚书”。王谟《汉唐地理书抄》说：“自隋文帝受周禅，至开皇三年，罢天下郡，其县乃康州而已。九年，平陈以后，四海一家。大业三年，四年大簿，凡郡国一百八十三，而图经于是乎作。”根据王谟考证得出，隋有郡国183个，均已作图经，说明图经自隋文帝时在全国范围开始兴起。

到了唐代，图经的发展更为普遍。《唐会要·职方员外郎》载，唐朝规定“请（诸）州图每三年一送职方，今改至五年一造送。如州县有创造，即不在五年之限”。命令各州每三年，后改每五年造图一次送呈中央，成为唐代造图的一项规定。

① 仓修良：《方志学概述》《史家·史籍·史学》，山东教育出版社2000年。

《新唐书·百官志》说："职方郎中员外郎各一人，掌地图、城隍、镇戍、烽侯、坊人、道路之远近及四夷归化之事。凡图经非州县增废，五年乃修，岁与版籍偕上。"唐朝专门设置掌管图经的官职，这是全国各州都要绘制图经的空前创举。贞观元年（627年）中央政府依山川形势，又根据地方造送的图绘制十道图，将全国划分为十道，即十个监察区域。长安四年(704年)，开元三年（715年)，元和年间（806—820）都绘有《十道图》，但三种《十道图》都没有具体的说明，只有《元和十道图》确定是李吉甫所编。可见五代十道图是考订俸给、户口、赋役等的重要依据。据载，传世的十道图有数卷，实际就是卷轴式的图经。

隋唐时全国性总地志也有了新的发展，见于两唐书著录的有《括地志》550卷，《元和郡县图志》40卷，《十道图》10卷等。值得指出的是，这些总地志，也多称"图经"或"图志"，反映了隋唐已经形成把地理事物用地图或配合地图加以记载说明的良好传统。

第二节　韦述《两京新记》对长安的记述

《两京新记》又称《两京记》，成书于唐开元十年（722年)，全书5卷，今仅存第三卷。两京指唐西京长安和东都洛阳，故此书又名《东西京记》，记载了隋至唐开元年间（581—722）长安、洛阳两京都城建置、废置、迁徙等情况。该书记载详尽，不少资料来源于作者的耳闻目睹，是记述唐长安唯一的、著名的区域方志，可惜大部分散佚，遗憾难得再见全貌。

韦述（？—757）唐京兆万年（今西安）人，唐贞观檀州刺史韦弘机曾孙。玄宗开元五年（717年）授栎阳县尉，开元间以出众的才学，置身于集贤学士的"十八学士"之列，受到唐玄宗的赏识。安史之乱，两京收复后，被流配渝州，因地方官薛纾困辱，绝食而死。

韦述《两京新记》版本流传情况：《两京新记·后记》载，韦述“撰《两京新记》五卷，《宋史·艺文志》注：‘于录予偶得古抄本一册，乃其第三卷，而首又阙数纸焉。’……唐代遗书传世者罕，断简剩策固在可珍”。说明此书于宋代已经佚亡，至今传世的《两京新记》于元代以前就只存第三卷。对于国内的存藏情况，辛德勇认为，《两京新记》于清初以后国内已佚，今残存第三卷是出自于日本镰仓时代（1180—1333 宋元时期）节略抄写的卷本，即日本尊经阁藏金泽文库本，此本秘藏，久不为世所知，到宽政文化时，天瀑山人林衡获写金泽文库本一册，刊入佚存丛书，才得以公之于世。日本学者足立喜六也说：“有关长安的古代文献，当首推韦述在开元年间撰写的《两京新记》，惜此书已经散佚，只有一部分为日本金泽文库所传。”金泽文库本文字多有舛讹，传写刊刻之间又增添了新的错误，但由于唐代方志现存量甚少，故《两京新记》残卷仍为学界所珍重。

1. **隋唐长安街坊及其他**

今存《两京新记》卷三《西京记》，详述隋开皇元年（581年）至唐开元十年（722 年），共 140 年间隋唐长安都城的建置情况。包括城内寺 61、观 11、坊 42，以及庙、祠堂、阁、府、台、苑、宅、廨共计 114 处，并对每一建筑的时间、方位、名称及始建或废置原因均作了详细记述。阮元《四库未收书目提要》称此卷“所载坊寺、宅观、园祠，于东西南北比次颇详”。现将朱雀街西的一段记述作以摘引，便可看出韦述所创的体例特点。

“西北隅祆祠，次南曰义宁坊，南门之东化度寺。隋

左仆射齐国公高颍 宅，开皇三年，颍舍宅奏立为寺……寺内有无尽藏院……京城施舍后渐崇盛。贞观之后，钱帛金绣积聚不可胜数，常使名僧监藏……藏内所供天下伽蓝修理，燕凉蜀赵咸来取给，每日所出亦不胜数。”

残《两京新记》中《西京记》详加叙述隋唐长安城内的祠院，以朱雀大街为中轴线，由朱雀街东、西的第一街开始，逐一叙述朱雀街两边的坊里、店肆、市署、遗址等，也是韦述所创体例的特点。现再把当时闻名中外的唐朱雀大街的具体记载摘录如下：

“朱雀街西第二街，此当皇城南面之含光门。街西从此第一曰：‘太平坊’，西南隅温国寺。朱雀街西之第三街，即皇城西之第一街，南出安化门，北出芳林门入苑。街西从北第一曰：‘循德坊’，西北隅兴福寺。朱雀街西第五街，即皇城西第三街。街西从北第一曰：‘修真坊’。”“坊内有汉灵台，汉平帝元始四年所立望云物之所，今余趾高五尺，周回一百二十步……西出通开远门，(普宁坊)坊西街有汉大学馀址，其地本长安故城南安门之外焉。”

唐朱雀街街坊的排序、名称，与今天朱雀大街遗存的部分遗址基本相符。

2. 隋唐长安的寺观

《长安志》引韦述《两京新记》说：长安城中一百八坊，其中“僧寺六十四，尼寺二十七，道士观十，女观六，波斯寺二，胡祆祠四”。共计佛寺 91 所，道观 16 所，可看出佛寺的数目远超过道观，足以说明佛教在唐长安的传播十分兴盛，而这一段记载，在今存残本中已佚。

《两京新记》卷三《西京记》所记长安各街的寺观多分布在十字街的东、南、北街，所述时间多在隋开皇时期（581—600），其次是唐武德年间（618—621）也有记载。十字街寺院共有18所，即法尼寺、明觉尼寺、慈悲寺、礼泉寺、澄空尼寺、乐善寺、波斯胡寺、功德尼寺、大觉寺、法明尼寺、西明寺、静法寺、灵化寺、崇义寺、灵安寺、真化尼寺、辨才寺、大觉寺。其次是各个里坊的南门、北门、东门寺院有13所，龙兴寺、法海寺、济法寺、懿德寺、明尼寺、定水寺、奉恩寺、永泰寺、大发寺、宣化尼寺、心尼寺、慧日寺、经行寺。以宅院立为寺院的，如明觉尼寺原是隋御史大夫裴蕴宅，法海寺原是隋江陵总管清水公贺祓华宅，宣化尼寺于隋开皇五年（585年）周昌乐公主及驸马都尉迟安宅等。十字街周围的寺院有29所，即胜光寺、纪国寺、万善尼寺、升善尼寺、会昌寺、妙胜尼寺、福林寺、崇福寺、昭成尼寺、会昌寺、兴圣尼寺、兴福寺、庄严寺、大云经寺、空观寺、崇圣寺、证果尼寺、化度寺、积善尼寺、宁观寺、光天寺、普□寺、永泰寺、哀义寺、□心尼寺、罗汉寺、总持寺、大总持寺、静乐尼寺。以上十字街，各里坊南、北、东三门及十字街周围的寺院共计有60所。其中大总持寺为隋大业元年（605年）炀帝为其父所立，初名为“禅定寺”，有木浮图，其高大与西浮图相似。除寺院外，道观还有10观：即金仙女官观、玉真观、大崇福观、王道观、三调女官观、东明观、净虚观、会圣观、秦王孝复观、龙兴观。

上述《两京新记》卷三《西京记》载隋唐长安城中寺院有60所（隋寺37，唐寺23），坊42，观11，胡祆祠1，共计114所。《长安志》引《两京新记》有113所，数目与《两京新记》卷三基本相符。其中寺院数目居多，说明中国佛教自东汉初年传入后，到隋唐时期得到普遍的发展。唐代佛、道两教的兴盛，不仅成为当时社会的一个特点，同时得到一些帝王的崇拜与信仰，给予寺观的发展提供了方便。

《两京新记》卷三述，坊之中二隅都有寺观的建置，有辅兴坊东南隅的金仙女官观和西南隅的玉真女官观，此二观是景云二年（711 年），为睿宗第八女西城公主和第九女昌宗公主出家所立。二观之南街东为皇城安福门，西出京城的开远门，是车马往来的繁华地段，二观门楼“绮榭耸对”，站在观楼上，可向远望见“西土夷夏自远而至”的情景，可见二观建造之高大，造型之华丽。《两京新记》述规模庞大的坊隅寺观，还有朱雀街西第五街最南永阳坊与和平坊的大庄严寺和大总持寺。大庄严寺和大总持寺各有坊内的一半，即大庄严寺兼有坊内东南和东北隅，而大总持寺兼有坊内西南和西北隅，两寺不仅分居永阳坊，且各自都伸入其北的和平坊，又各居和平坊的两隅，说明其规模庞大。此外，朱雀街西第三街的辅兴坊，东南隅的金仙女官观，西南隅的玉真女官观；隔一坊的布政坊，西南隅的胡袄祠；布政坊之南，中隔两坊为延康坊，东南隅有净法寺；延康坊中南隔一坊为延福坊，西南隅纪国寺；延福坊街西有崇福寺，东南隅有万善尼寺；休祥坊东南隅有开善尼寺，西南隅有会昌寺；街西第五街有普宁坊、外廓城中共有胡袄祠 4 所，辅兴坊的胡袄祠是其中之一，其他 3 所胡袄祠皆与 4 隅无关，故未多涉及。

第三节　《元和郡县志》对长安及关中的记述

《元和郡县图志》原书篇首有 47 幅方镇图，即图经的遗制，可惜图于北宋时散佚，仅存有志，故今称《元和郡县志》。该志是我国现存最早而又比较完整的一部唐代地理总志，是研究唐代历史地理的重要著作，在地方志学史上具有重要地位。

李吉甫（758—824），字弘宪，赵州赞皇（今河北赞皇）人。《元和郡县志》对长安及关中的记述，据《文渊阁四库全书》本《元和郡县志》首篇所列关内道分为5卷，与大多介绍为4卷的文献记载略有不同。关内道是唐代对陕西省全境地域的行政划分，道下总分为京兆府和凤翔府，府下分23州：雍、华、同、陇、泾、原、邠、宁、庆、鄜、坊、丹、延、灵、会、盐、夏、绥、银、新宥、麟、胜、丰州。各州又分记所属的131个县，其中府下所记首篇雍州辖有23个县，即万年、长安、昭应、三原、礼泉、奉天、奉先、富平、云阳、咸阳、渭南、蓝田、兴平、高陵、栎阳、泾阳、美原、华原、周官、鄠县、周至、武功、好畤。唐代的雍州相当于今长安及关中地区，是各州之中版图最大、辖县最多的一个州。关内道篇首的京兆府记有自禹贡、周武王建都丰镐时起始的地理沿革，始自禹贡雍州之地开始，历经周、秦、汉三朝，其地理名称由三秦、三辅到隋废京兆尹改为京兆郡，直到唐开元元年（713年）改称京兆府这一地理名称变更的记录。雍州下详细记述长安及关中地区的地理沿革、历史遗迹、宫观苑囿等，主要分述于万年、长安两县之中。现将《元和郡县志》所述万年、长安两县作以介绍：

万年县。“本汉旧县。属冯翊，在今栎阳县东北三十五里。周明帝二年分长安、霸城、山北等三县，始于长安。城中置万年县，隋开皇三年迁都，改为大兴县，治宣阳坊。武德元年，复为万年。乾封元年，分置明堂县，治永乐坊。长安三年废，天宝七年改为咸宁，乾元元年复名万年县。”

该志于上述之外，还记述了栎阳城，又名万年城的由来。栎阳本秦旧县，秦献公自雍迁徙居此，属左冯翊。项羽立司马欣为塞王，亦在此建都。汉高帝即葬太上皇于栎阳之万年陵，于是分栎阳置万年县以为陵邑，理应在栎阳城中，故栎阳城亦名万年城。

长安县。“本秦旧县，初楚怀王封项羽为长安侯，则长安久矣。非始于汉，但未详所在耳。及高帝五年入关，复置长安县，乃取旧名，以名县也。至隋开皇三年迁都长安县，移至长寿坊西南隅。乾封元年，分置乾封县，治怀真坊，长安三年废。”

万年、长安二县的地理沿革，是《元和郡县志》继秦汉以来第一次所作的详细记录。位于长安城内的县称“京县”，城外称“畿县”，万年、长安二县属于京县，以城中朱雀大街为界，东属万年县，西归长安县。两县县令为正六品，级别高于全国其他县令。唐代设立京兆府，是管理长安的行政机构，最高长官是京兆尹，秩从三品，管辖京城和京畿地区21县。据载，京师地方官权力很大，如京兆尹出行，连皇家神策军的军官也要回避，否则，京兆尹可任意处罚，甚至打死。

《元和郡县志》记长安附近山川地形特征为山、川、原、坡、道、水、池、宫、亭、关、故城、陵。叙述内容较为简略，其中宫、原引自《三辅黄图》等，内容较前面所述山川地形稍有增多。《元和郡县志》反映长安及关中的记述特点：

(1) 万年、长安二县及附近地理山川的建置，以秦汉时的川道、宫池苑囿、历史遗迹占据多数。京兆府和各州郡如前所述，都标明府境、州境和方向距离。山川方面，据史念海考，静谷脑山，可能是李吉甫所说的位于鄠县东南五十里的终南山。《元和郡县志》所指另一处终南山，在万年县南五十里。从《西安历史地图集》的《清长安县、咸宁县乡镇图》看，应在西安城南。城南于长安县境内有一段终南山脉，其西北不远处，是南五台和翠华山，作为游览西安城南的旅游胜地。但记隋唐当代地理很少，仅有太和、华清二宫的记载。(2) 唐代以长安、万年为都城，各县下的“上”“中”“下”表明户口的多少。

(3) 注重功守利害与征战内容，如说关中形势是“犹居高屋之上建瓴水也”。(4) 每一县下都简述沿革及县治迁徙，对著名古迹，如古长安，还作了一些必要的考证。如京兆府万年、长安、咸阳三县均有名叫细柳营，一地记有三处，有细柳营、细柳原与咸阳县的细柳仓三种不同的说法。《元和郡县志》万年县条说：“细柳营在县东北三十里，相传云周亚夫屯军处。今按亚夫所屯，在咸阳县西南二十里，言在此非也。”又在长安县条下载：“细柳原在县西南三十三里，别是一细柳，非亚夫屯军之所。”此处究竟是否为周亚夫屯军处，说法不一。细柳营位于万年县东北 30 里，传说为周亚夫屯军之地，此说有误。今按周亚夫屯军处在咸阳西南 20 里，为汉旧仓，即细柳仓，是亚夫军驻扎于细柳的所在地。而细柳原在县西南 33 里，是另外一处称为细柳之地，非亚夫屯军之所。(5) 对长安的记述还反映在经济地理方面，如卷一京兆府礼泉县有关郑、白渠灌溉情况的记录，卷四延州肤施县（今延安市东北）有关石油的记录等，为我们留下了珍贵的长安及陕西经济地理资料。

第四节 《隋书》述隋大兴城

隋文帝二年（582 年），龙首原上创建了一座崭新的、规模宏大的新城——大兴城。《旧唐书·地理志》说：“隋开皇二年，自汉长安故城东南移二十里置新都，今京师也……长安县领之。”这是建筑家宇文恺经过反复构思，充分利用龙首原南侧的六条岗阜，即“六坡”精心设计而建。大兴，即隋文帝在北周时封为“大兴郡公”，故名为大兴城。同时又将宫城称为大兴宫，正殿称为大兴殿，大兴殿外正门称为大兴门，万年县称为大兴县，禁苑称大兴苑，开皇三年（583 年）三月正式迁入大兴城。《隋书·地理志》说：“开皇三年，置雍州城，东西十八里一百一十五步，南北十五里一百七十五步。东面通化、春明、延兴三门，南面启夏、明德、安化三门，西面延平、金光、开远三门，北面光化一门。”初创的大兴城，宫城南有皇城，叫“子城”，东西五里一百十五步，南北三里一百四十步。中通东西五街，南北七街，台省官属均置于此。隋文帝认为，居民于宫阙官衙杂居其间于民不便，规定皇城之内不得有杂人居住，仅置台省官衙、卫府。隋大兴宫，是皇室宫殿所在地，也是皇帝寝居和处理朝政之地，包括东宫和掖庭宫在内。紧邻宫城之南是皇城，为官衙和宗庙的所在地；宗庙和社稷也分布在皇城以南的东西两侧；郭城位于宫城和皇城东西南三面，是百官庶民的居住区域，百官和庶民分别居于里坊内；寺观随里坊所建，皇城南的东西各占两坊之地，各设立一个市场，称“都会市”和“利人市”。大兴城的规模与布局是我国古代建筑史上的创举，完全改变了自汉至南北朝以来，都城之内中央官署与居民住宅杂处的布局，皇城之内是中央官署统一建筑之地，方便了管理。

一、隋大兴城的里坊数目

隋大兴城郭内有106里，利人与都会二市。《隋书·地理志》说：“开皇三年，置雍州城……里一百六，市二。”隋代的里，就是唐代的坊。《旧唐书·地理志》：“有东西两市。都内，南北十四街，东西十一街。街分一百八坊。”隋大兴城的里坊数目在诸多文献中记载不一，便出现了多种不同的论述。吕大防《长安图题记》引《两京新记》和《旧唐书·地理志一》记为：街东54坊，街西54坊，共108坊。《唐两京城坊考》与《两京新记》相同，《唐六典》工部尚书郎中员外郎条说：“凡一百一十坊。”106，108，110三种坊数，大兴城究竟有多少坊里？辛德勇得出结论，正是《唐六典》所说的110坊。但是在110坊中，城东南隅曲江池占地是一坊还是两坊之地？依据《唐两京城坊考·西京·外郭城图》占有两坊，日本学者福山敏男据程大昌《雍录》，又据考古证实，除突出城东南角部分之外，曲江池在城内仅占地尚不足一坊。因此，110坊除去这一坊还有109坊，即最初大兴城的坊里数目。至于106坊的数目，辛德勇认为，“六”是“九”字之讹，所谓108坊，是根据《长安志》卷十，长安城西南和平、永阳二坊、和平坊东半在永阳坊的大庄严寺，西半在永阳坊的大总持寺，二坊实际合而为一。但是大庄严寺本隋禅定寺，于隋仁寿三年（603年）始置，大总持寺本隋大禅定寺，大业三年（607年）始置，二坊始置时间不同，所以隋大兴城应是109坊。这种说法在《西安历史地图集》中《隋大兴城图》也记为109坊应为属实。

无疑，上述是有依据可寻的论述，但有一点值得提出的是，隋大兴城的里坊数目106与109，究竟是不是“6”和“9”的数字之讹？从时间上看，《隋书·地理志》载：“开皇三年，……里一百六。”开皇三年，即公元582年，是初建里坊的时间，《隋书》完成于唐初贞观十年（636年），其志30卷，成于显庆元年（656年）。确切说，《隋书·地理志》所记“里一百六”距隋亡（618年）之后仅隔37年。参与修纂隋史中“志”的于志宁、李淳风、李延寿等人，曾亲身经历、目睹了隋时政的变化，并搜集有以隋为主的公文档案、野史笔记，及初编国史实录等丰富翔实的第一手资料。因此，《隋书·地理志》“里一百六”应是真实的记录。而《旧唐书·地理志》“街分一百八坊”，也是唐史的修纂者令狐德棻、吴兢、韦述、柳芳、于休烈、崔龟等人，曾亲眼目睹唐时政变化，依据大量第一手原始资料而作。但不同的是，《旧唐书》编纂始于后晋天福六年（941年），完成于945年，距《隋书》的撰写时间相距300余年。很显然，106与108坊的记述，是产生于两个不同的时代。“一百八坊”，是唐长安城经过拓展后的里坊的数目。所以，其后的文献有关这一记载，都与《旧唐书·地理志》相同，是不足为怪的。日本学者足立喜六《长安事迹研究》说，隋代的里与唐代的坊数不同的是，隋朝“里的数量只有一百零六个，当时曲江附近因未开发，尚未计算在内。曲江在此城的东南隅，虽属于城内，但为城乡边界，犹未形成市民的坊巷”。由于隋朝仅存35年，大兴城遗址已难知其详，但唐长安城据隋城规模而修筑，并又对城北、城南加以拓展，是符合历史记载的。由此而论，6与9应当不存在“之讹”之说。

二、隋广通渠

《隋书·文帝纪》说：“壬子，开渠，自渭达河，以通运漕……己丑，幸霸水，观漕渠。”广通渠又称漕渠，稍后改为永通渠，也称富民渠，与汉时漕渠的功用基本相同。此渠和汉漕渠的不同之处是，汉渠的水源引昆明池水，隋渠的水源是渭水。其渠道也不相同，汉漕渠引昆明池后，东北流绕及汉长安城东南角以外，再流向东北；隋广通渠由渭滨东行，与汉渠旧迹相会合。广通渠开凿于隋初，隋文帝杨坚决定废弃汉长安城，在龙首原上另建新都，开皇二年（582年）六月，在短短几个月内，建成新都大兴城。开凿广通渠的目的，是解决大兴城人口众多的问题，运输关东的漕粮，补充关中粮食不足。《隋书·文帝纪》说，因“渭川水利大小无常，流浅沙深，即成阻阂”。为了解决生活所需，引渭河水通过三门峡流入关中，解决漕运一事，但渭河水量变化无常，且水流多弯曲，路途远，不易行船。如果开渠成功，“可使官及私家，方舟巨舫，晨昏漕运，……堪省亿万”①。为了解决这一问题，继汉漕渠

① 《隋书》卷二十四《食货志》。

之后，杨坚于开皇四年（584年）下诏，命宇文恺另开凿广通渠，“引渭水，自大兴城东至潼关三百余里，名曰广通渠。”[①]这使自大兴城引渭水到潼关的路程大大缩短，方便了漕运。广通渠不仅为隋朝带来了经济效益，也使唐朝深享其利。《西安历史地图集·后记》载，隋广通渠的路线仍是汉时漕渠的故道，距今虽已有千余年，遗迹仍未尽泯。

第五节　两《唐书》《唐六典》述唐长安城

一、唐长安城的扩建

唐长安城承袭了隋大兴城皇城与居民区分开的制度，宫城、京城以及坊里、禁苑均依隋城的规模而修筑，并在此基础上加以拓展。“自汉长安故城东南移二十里置新都，今京师是也。城东西十八里一百五十步，南北十五里一百七十五步。皇城在西北隅……有东西两市。都内，南北十四街，东西十一街。街分一百八坊。坊之广长，皆三百余步。皇城之南大街曰朱雀之街，东五十四坊，万年县领之。街西五十四坊，长安县领之”（《旧唐书·地理志》）。“皇城长千九百一十五步，广千二百步。宫城在北，长千四百四十步，广九百六十步，周四千八百六十步，其崇三丈有半。京城前直子午谷。后枕龙首山，左临灞岸，右抵沣水，其长六千六百六十五步，广五千五百七十五步，周二万四千一百二十步，其崇丈有八尺”（《新唐书·地理志》）。

大业十四年（618年）李渊建立唐朝，改隋大兴城名“长安”。唐初，长安城中的建置基本依隋都原样，城门、街巷、

① 《隋书》卷二十四《食货志》。

坊市也多袭用隋代的名称，只是将大兴宫、大兴殿、大兴门、大兴县、大兴苑的名称都改成太极宫、太极殿、太极门、万年县和禁苑。自唐太宗开始，才逐步对长安城进行修葺和扩建：太宗贞观八年（634 年），在宫城东侧增修了大明宫；高宗永徽五年（654 年）重修长安城郭，还增修了外郭城东、西、南三面 9 座城门的楼观；玄宗开元二年（714 年）修建了兴庆宫；开元十八年（730 年）再次修葺和扩建了长安城，唐长安城由外郭城、皇城和宫城、大明宫、兴庆宫等组成。唐外郭城分属于京兆府的万年、长安两县，两县在城内以朱雀街为界，各领街东、西 54 坊及东、西二市。据载，在城制的安排上，唐长安城继承了大兴城内南北排列 13 坊，象征一年有闰；皇城以南东西各 4 坊，象征一年四季；皇城以南至北 9 坊，象征《周礼》"皇城九逵"的城建设置。在城建拓展上，城的东南隅开发了隋代尚未开发的曲江一带，坊数由隋 106 坊，增为 109 坊。从上述两唐书《地理志》中可基本了解唐长安城扩建的范围。

1. **唐长安郭城门与坊里数目**

根据新、旧唐书《地理志》，宋敏求《长安志·唐京城》对唐长安整体城郭详细的记述：

> "外郭城东西一十八里一百一十五步，南北一十五里一百七十五步，周六十七里，其崇一丈八尺。南面三门：正中曰明德门，东曰启夏门，西曰安化门。东面三门：北曰通化门，中曰春明门，南曰延兴门。西面三门：北曰开远门，中曰金光门，南曰延平门。北面一门，曰光化门。皇城之东五门，皇城之西二门。当皇城西第一街曰芳林门，当皇城西第二街曰光化门。郭中南北十四街，东西十一街。其间列置诸坊，有京兆府万年、长安二县治所，寺观、邸

宅、编户错居焉。当皇城南面朱雀门有南北大街，曰朱雀门街，东西广百步。万年、长安二县以此街为界，万年领街东五十三坊及东市，长安领街西五十四坊及西市。”

《长安志》所记唐长安郭城的城门位置与坊里数目与新、旧唐书《地理志》略有差异，这在前面《隋大兴城的里坊数目》已经说到，是由于先后产生时代的变化有所不同。据史念海主编《西安历史地图集·唐长安城图》唐长安郭城的布局，贯通南北的大街分为：在皇城之南三条，即承天门街、含光门街、安上门街；由北至南，贯通东西的大街，在皇城宫城东西两侧各有四条，未记街名。由宫城承天门直抵郭城南明德门，是以朱雀门大街为轴心、左右相对排列的里坊，长安县领其西半部，万年县领其东半部；朱雀门街左右两侧的坊数，《唐六典》卷七尚书省工部尚书员外郎条记：“皇城之南东西十坊，南北九坊。皇城东西各一十二坊，两市居四坊之地，凡一百一十坊。开元十四年，又取东西两坊为兴庆宫。”又说：“（兴庆宫）即今上龙潜旧宅也。开元初，以为离宫。至十四年，又取永嘉、胜业二坊之半以置朝。”这也是在隋大兴城的基础上加以扩建的。

从《唐六典》所举坊数看，兴庆坊于开元初年（713 年）已废置，重修为兴庆宫。永嘉、胜业二坊，在开元十四年（726 年）各剩一半，虽狭小，但仍存在。长安城的实际坊数应为 108 坊，应是长安县领 55 坊，万年县领 53 坊。但此后永嘉、胜业二坊各占一半，实际应为 107 坊，从坊数上看，107 坊似乎较以前坊数减少，但却将兴庆宫的面积扩建到永嘉、胜业二坊之外，这正符合盛唐之际、开元年间时代发展。

据《新唐书·地理志》，唐长安城 4 面共有 13 座城门，东西南 3 面各有 3 座城门，东城墙由北而南是通化门、春明门、延兴门。据载，通化门应位于东郊东窑坊附近，春明门在今兴庆公园东南稍远处，今铁炉庙东南有村名延兴门，是唐延兴门故址所在，南城墙由东向西是启夏门、明德门、安化门。启夏门在今翠华路南端，与明德门遗址相望。西城墙由南到北是延平门、金光门、开远门。北城墙有 4 座城门，从西往东是光化门、景耀门、芳林门和兴安门。这些与《新唐书·地理志》所记载的完全相符。皇城东西南 3 面有城墙，北面是太极宫城，以“横街”相隔。皇城有 7 座城门：东面由北向南是延喜门、景风门，西面由北向南是安福门、顺义门，更偏西即今西安市的西门，南面由东向西为安上门、朱雀门、含光门，含光门遗址在西北大学东北城墙内，安上门遗址就是现在西安城的大南门。

2. **唐朱雀大街与两市**

唐长安城街道的总体布局是，以朱雀大街通贯皇城和外郭城，南接承天门，北到外郭城的明德门，一直连接全长安城的南北两端，是长安城最宽阔重要的街道。朱雀大街东西有南北向大街 11 条，东西向大街 14 条，25 条大街东西南北垂直分布，将外郭城划分为两市 108 坊。郭城的朱雀门街东西两侧的街道都由朱雀大街数起，每一街都有 9 坊，共 36 坊，每坊都是东西两门；皇城和宫城的东西较外郭城短，也有三条街道，皇城内又有东西向 5 条街，南北向 7 条街，这 12 条街道将皇城内又分成若干小区，各区内设置有不同官署衙门和不同建筑。不论是外郭城，还是皇城中的街道，都是宽阔平直，每坊周围都有街道相隔，自成一个单元，每坊都有自己的坊门，诸坊以所在的位置不同，所开的坊门也有区别。

《旧唐书·地理志》说：“皇城之南大街曰朱雀大街，东五十四坊，万年县领之。街西五十四坊，长安县领之。”此指朱雀大街是皇城朱雀门南从外郭城到明德门的一段。而朱雀大街北到哪里？从地理位置上看，隋唐长安城在初建时的布局，是根据龙首原六坡北高南低的地理形势，规划出：“朱雀街南北尽郭有六条高坡，象乾坤六爻。故于九二置宫殿，以当帝王之居。九三立百司，以应君之数。九五贵位，不欲常人居之，故置玄都观与兴善寺以镇其地。”① 这里说的“朱雀街南北尽郭”的地理范围，囊括了唐长安城居于龙首原上的整个规划布局。朱雀大街就置于龙首原“六爻”之地南北走向的中间，确切的位置概念，应从宫城承天门以南经朱雀门，直到外郭城明德门的范围。这一点，在《唐实录》中也有记载：“帝城东西横亘六冈。此六冈从龙首山分陇而下，东西相带，朱雀街自此而南为街所隔。”进一步说明朱雀街北边的承天门就是宫城的正门，承天门以南，紧挨着百官衙署的行政机构，而朱雀大街的北段开端，也理应由此开始。走出朱雀门，就是规划整齐，里坊井然的外郭城，与之相对的外郭城的正门便是明德门。白居易诗：“百千家似围棋局，十二街如种菜畦。”当高居龙首山，俯视如同“棋局”和“菜畦”的唐都长安城时，最醒目的就是通贯城内外南北宽阔宏伟的大道——朱雀大街，它是象征壮观的唐都长安城的一个标志，体现出以朱雀大街为中心，由北朝南的唐长安宫城、皇城、外郭城这种独具匠心的规划设计。

朱雀大街之所以一直被认为仅仅是指朱雀门以南这一段，主要原因是被人为地分成了“御道”和“京城大街”两种用途。

《长安志》卷八东市条：“南北居二坊之地。注，东西南北各六百步，四面各开二门，定四面街各广百步。北街当皇城南之大街，东出春明门，广狭不易于旧。东面及南面三街向内开，北广于旧街。市内货财二百二十行，四面立邸，四方珍奇皆所积集。”唐继隋之后，改称东、西二市，分别于皇城左右

① 《雍录》。

的两个商业区，两市位置相对称。“东出春明门，广狭不易于旧。”东市的北街，即东出春明门之街，虽为百步，但其宽度基本未改变以前四十七步。但《长安志》又说，“东面及南面三街向内开，北广于旧街。”北，指北街，即东出春明门之街，虽沿袭旧街，但又广于东南两街，说明北街已经在旧街的基础上拓宽，没有具体数目，或等同为百步左右的宽广大街。为此，足立喜六在《长安事迹研究》中，误为“东面及南面三街向内开，壮（北）广于旧街”。将“北”误为“壮”，而使其文意理解有误。

《长安志》西市条：“南北尽两坊之地。市内有西市局。注：隶太府寺，市内店肆如东市已制。长安县所领四万余户，比万年为多。浮寄流寓，不可胜计。”《长安志》东市条又说：“万年县户口减于长安。又公卿以下居址多在朱雀街东，第宅所占甚多，由是商贾所凑多归西市。西市户口少，列律宽。自此之外，繁杂稍劣于西市矣。”上述唐东、西两市制度完全相同，但东市附近多显宦人家第宅，所陈货品多高档且昂贵，市面人气不旺。西市附近人口密集，商贾多集中在西市，西市的贸易状况远较东市更为繁荣，特别是手工业、商业的发展到唐后期达到极盛时期，东、西二市成为国际贸易和文化交流的重要场所。

二、唐长安的行政区划

唐代将全国行政区划分为道，先后置贞观 10 道和开元 50 道，道以下设有府、州和县，每道置采访使，京畿采访使负责管理京师城内。关内道之得名与“关中”有关，贞观元年(627 年)，在关内道里京师的周围又划出京畿道，治所在长安。京都长安附近的行政区划和别的地方不同，属于中央行政机构直接管辖。《新唐书·地理志》载，开元元年（713 年），京畿道治京师长安城内，所属有1府4州，即京畿采访使所属为京兆府，华州（治郑，今华县）、同州（治冯翊，今大荔县）、商州（治上洛，今商洛市商州区）、凤翔府（治天兴，今凤翔县）、邠州（治新平，今彬县），在唐长安城周围，起着拱卫的作用。《旧唐书·地理志》载，商州在山南道，未列入京畿道。现将两唐书《地理志》对京兆府的记述加以对照，可看出唐代初、中期行政机构的变化。

《旧唐书·地理志》载，关内道领2府24州。京兆府武德元年（618年）改为府州，开元元年（713年）设府，置长安。京兆府即隋京兆郡，领县22，即大兴（万年）、长安、新丰、渭南、郑、华阴、蓝田、鄠、盩厔、始平、武功、上宜、礼泉、泾阳、云阳、三原、宜君、同官、华原、富平、万年、高陵22县。

《新唐书·地理志》载，关内道所领2府，27州。唐代在道以下设有府、州和县，其中京兆府开元元年（713年）为府，京兆郡领县20，即万年、长安、咸阳、兴平、云阳、泾阳、三原、渭南、昭应、高陵、同官、富平、蓝田、鄠、奉天、好畤、武功、礼泉、华原、美原20县。

从两唐书《地理志》州县设置中看出，县名与人口记载都有很大的变化。《新唐书·地理志》京兆府京兆郡领县较《旧唐书·地理志》少2县，县名也多有不同。例如咸阳、兴平、昭应、奉天、好畤、美原诸县名，于《旧唐书·地理志》所不载，而《旧唐书·地理志》的新丰、郑、华阴（即华原）、周至、始平、上宜、宜君诸县名《新唐书·地理志》也不载，《新唐书·地理志》比《旧唐书·地理志》所记人口增长近6万人。唐都长安作为京师的京畿道，中央集权制的设置至唐中叶以后被破坏。由于方镇的分立，使中央政府已难以完全指挥各地，方镇所统辖之地，基本也以道相称，因军事形势和政治原因，其与两唐书《地理志》贞观10道和开元50道完全不同，其名称和辖区也都有所变化。

三、唐长安宫苑与曲江

1. 大明宫与大明宫遗址

大明宫原称永安宫，贞观八年（634年），唐太宗李世民为其父李渊在长安城东北部营建宫殿，李渊因隋文帝死于此并未居住过，取名“永安”，李渊死后改名大明宫。“东内曰大明宫，在西内之东北，高宗龙朔二年置。正门曰丹凤，正殿曰含元，含元之后曰宣政。宣政左右，有中书、门下二省，弘文、史二馆。高宗以后，天子常居东内，别殿、亭、观三十余所”①。后唐高宗李治于龙朔三年（663年）又重新进行大规模扩建。扩建后的大明宫，《长安志》载，有21宫门、24殿、4阁、10院，还有一些楼台、堂观、池亭等，楼阁相连，飞廊相接，极为豪华瑰丽。李治迁往大明宫朝寝，此宫就成为唐朝的政治中心。

唐大明宫遗址位于今西安火车站北一公里多的龙首原上，略呈楔形。大明宫是唐长安城最大的一处皇宫，由含元殿、宣政殿、紫宸殿三大殿组成政务区。含元殿是唐代前期大明宫的第一座正殿，建成于662年至663年，位居其南，殿前东西两边配置有翔鸾阁和栖凤阁、东飞廊和西飞廊、东龙尾道和西龙尾道、东朝堂和西朝堂一组建筑群，包围着中心的正殿（含元殿），后于唐代200余年间一直使用。殿前经常举行各种国家礼仪大典以及登科及第。据徐松《登科记考》，大历九年（774年）“进士三十二人，上都试《元日望含元殿御扇开合》诗”。这一年中进士者，就有张礼《游城南记》所说的张莒，农民起

---

① 《旧唐书·地理志》。

义领袖黄巢曾在此举行即位大典。唐末，长安城又数次饱受战火，含元殿于唐僖宗光启二年（886 年）毁废。2004 年底对外开放的含元殿基台遗址是一座东西约 200 米，南北约 100 米，高约 15 米的三层大殿基台，唐人李华《含元殿赋》："含宏广大，元亨利贞……铲盘岗以为址，太阶积而三重……进而仰之，骞龙首而张凤翼；退而瞻之，岌树头而岚云末。"可想当时含元殿高踞龙首原上，整个殿基虽然已经历了漫长的岁月风蚀，仍依稀可看出昔日高大宏伟的轮廓。

丹凤门遗址。丹凤门为城门中最高等级的五门道制，即五个门洞，是中国古代建筑规格最高的"古代第一门"。丹凤门正南外郭城的明德门也是五个门洞。大明宫南面有 5 个门，"南面五门，正南曰丹凤门，东曰望仙门，次曰延政门，西曰建福门，次曰兴安门。丹凤门内正殿曰含元殿"①。丹凤门是唐大明宫的正南门，门上建有门楼，"丁丑，御丹凤楼，大赦天下，陈俳俊百戏于丹凤门内，上纵观之"②，记述了唐宪宗在丹凤楼上大赦天下的情形，它是唐代皇帝举行登基、宣布大赦和改元的重要场所。韦应物的《观早朝》说："丹殿居龙首，崔嵬对南山；寒生千门里，日照双阙间。"说明位居大明宫最前面的丹凤门楼气势高大宏伟。今保存较好的三个门道东西宽 9.4 米，残存深 23 米，隔墙宽 3 米，城门墩台东西两侧为 9 米宽的城墙，城墙北侧紧贴着长 54 米，宽 3.2 米的马道，于 2006 年 1 月发掘完成的丹凤门遗址，为唐大明宫遗址的整体保护提供了准确的依据。

麟德殿是大明宫规模最大的宫殿之一，分前、中、后三殿，殿基东西对称各有一楼——郁仪楼和结邻楼，楼前有东亭和西亭，是皇帝举行宫廷宴会，会见来使的场所。

①②《唐六典》卷十六。

2. 隋唐长安禁苑

禁苑建于隋开皇元年（589 年），称大兴苑，唐代改为禁苑。《旧唐书·地理志》说："禁苑在皇城之北，苑城二十七里，南北三十三里，东至灞水，西连故长安城，南连京城，北枕渭水。苑内离宫、亭、观二十四所。汉长安故城东西十三里，亦隶入苑中。"禁苑在灞、浐交汇处和灞桥附近的平川地带，它与西内苑、东内苑和芙蓉园并称为皇家四苑，在长安城北，东西长 27 里，南北长 33 里，是长安城四个苑囿中规模最大的一个。

禁苑不同于汉上林苑的主要特点是：四周有围墙，东南西北共设有 10 个门，即东面昭远门、光泰门；西面玄武门、延秋门；北面启远门、永泰门、饮马门；南面的芳林门、景跃门、光化门，其中南面 3 个门本应与苑北 3 门相对。据载，由于禁苑南墙就是长安城的北墙，北墙中间是宫城门，而南 3 门只能建在苑南偏西之处。禁苑内设有许多供皇室宗亲游乐活动的场所，唐代帝王还常常诏命群臣一起在禁苑游玩观赏，或在秋季的登高节，在临渭亭上登高远眺，即兴吟诗。

禁苑不仅是游乐之地，还可利用其地势保卫唐长安城的安全。据载，朱泚于唐后期曾任泾原节度使，在大明宫含元殿发动兵变，控制全城。时值唐德宗在位，仓促离长安，暂住在奉天县。李晟奉诏从河中府带兵由蒲津渡黄河，驻扎在东渭桥之北，控制东渭桥，以切断叛军部队的首尾，并从东渭桥调动部分军队到光泰门外米仓村靠近京城，天亮时直抵禁苑神麚村，终于获胜。

3. 隋唐长安曲江

曲江最初形成于汉武帝时，称曲洲，划为宜春苑。到隋代，因水池干涸，隋文帝重修后改名为"芙蓉池"。康熙《咸宁县志》卷七曲江条："池力垦而成，则多天然，而有则寡兹池者，其天然欤！循原北峙，回网北转，圆环四布……东西三里而遥，南北三里而近。当天色别卜，缭垣未绕，乃空山之泺，旷野之湫。”曲江风景尽在不言之中。《旧唐书·文宗纪》：“填龙首池为鞠场，曲江修紫云楼。”紫云楼是唐玄宗开元年间（713—741）在曲江池新修建的一处林园，园内碧水盈漫，花卉映衬，楼阁叠起，远近景色十分优雅迷人，每逢春、夏、秋三季，游人一直不断，唐玄宗常带杨贵妃从夹墙前来曲江赏花。《旧唐书·文宗纪》载，自文宗大和八年到僖宗乾符六年（834—879）间，多次“庆成节，命中人以酒铺，《仙韶乐》赐群臣宴于曲江亭”。唐玄宗还举行曲江大会，常与大臣一起在曲江游宴，做诗唱和。岸边各行业也汇集此地，繁华热闹，盛况空前。唐亡后，此处日见荒废。张礼《游城南记》所述：“依塔下瞰曲江宫殿、乐祐燕喜之地，皆为野草，不觉有黍离麦秀之感。”说明昔日列为长安八景之一的“曲江流饮”早于宋代就已湮没为一片陆地了。

曲江风景自汉至宋哲宗元祐间1200余年，曾经被长安各层人士盛誉，并作为最佳游览景区，常在此享受自然美丽风光。宋代之后，曲江风景已不存在。有关曲江的诸多探讨，至今最具代表性的问题，在长安史料及现代文献的论述中，就个人认识现作以下概述：其一，曲江池在升道坊周围的范围。《长安志》卷九升道坊下：“西北隅龙华尼寺，寺东侍中李日知宅，寺南曲江、紫云楼、彩霞亭、崖州司马杨炎家庙、贞元普济寺、太子太保郑畋宅。”其中载龙华尼寺的“寺南曲江”，在《长安志》之后，有许多文献记载了对曲江位置的考证，提供出更符合实际的新看法。徐松《唐两京城坊考》是以曲江与芙蓉园相连，指出曲江位于敦化坊南，即唐长安城的东南角，并在升道坊下又添加了其他诸条内容。辛德勇引夏承焘《据白氏长庆集考唐代长安曲江池》认为，除芙蓉园外，曲江池实际占有晋昌、青龙、曲池、敦化、立政、升道与修正诸坊的部分面积。其后郭声波又考订认为，曲江池主体仍局限在城东南隅一坊余地，而以升道等坊内的水体为其下泄支流，这种看法较夏承焘更接近于历史实际。今本《长安志》关于曲江位置与分布的记载，与《两京新记》佚文、《类编长安志》及《雍录》卷六《唐曲江》条所记内容相一致，说明升道坊下有关曲江的记载没有失实。

其二，“曲江”与“曲江池”的区别。值得提出的是，按照《长安志》及《两京新记》所载，升道坊在龙华尼寺[1]前的所谓“曲江”，仅仅是“流水屈曲”，并不是水域宽阔的池陂。《长安志》“流水屈曲”的曲江，是阳春三月祓禊节日。祓禊，是古人在春秋两季于水滨上举行的消除不祥之祭，于阴历三月三日间很流行。升道坊西侧相邻的升平坊，据《西安历史地图集》的《唐长安城图》的升平坊有汉宣帝乐游庙，即乐游原之地，位居京城最高处。每当三月上巳、九月重阳，仕女成群来此游戏，在曲江水畔盥洗祛邪疾，之后又在水滨宴饮，在水流屈曲萦回处浮杯流觞。《长安志》卷八升平坊条载，因此又有“三月曲水”或“流觞曲水”之说，正符合升道坊龙华尼寺前“流水屈曲”的记载。有关唐曲江池之说，据考古探查，唐曲江池实际只占城东南隅一坊余地。“居地三十顷，周回十七里……以罗城东南地高不便，故缺此偶（隅）头一坊余地，穿入芙蓉池以虚之”（《太平御览·天文要集》）。这段话不仅说明曲江池的具体范围，也说明升道坊周围和其他各坊中的所谓“曲江”只是曲江池的下泄水道。

其三，曲江是人工开凿，还是天然形成？一直是专家学者争论的一个焦点问题。张永禄、王双怀都认为曲江池原本应是

---

① 《西安历史地图集》中《唐长安城图》，敦化坊有龙华尼寺，升道坊无此寺。

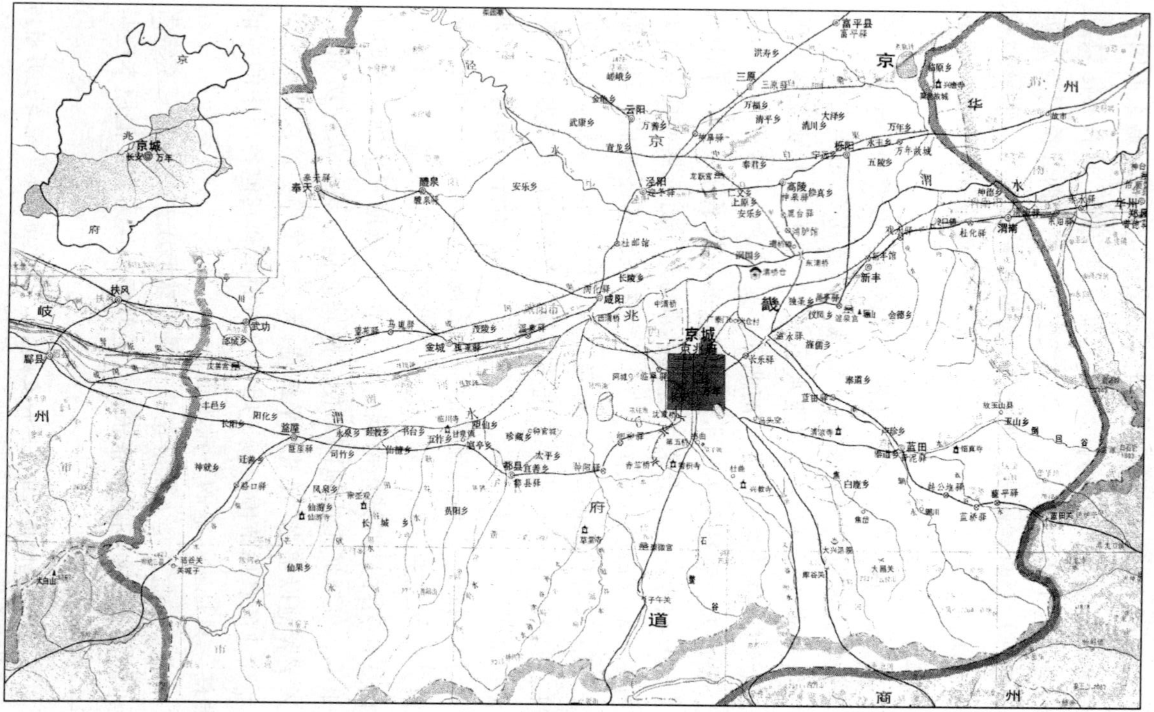
京城
咸阳
三原
云阳
泾阳
高陵
栎阳
富平县
渭南
新丰
蓝田
鄠县
盩厔
奉天
醴泉
金城
武功
扶风
郿县
华州
商州
岐州
京
兆
府
道
渭
水
大白山
蓝田关
子午关
唐京兆府图

逐渐形成的天然池沼，王双怀根据他曾亲身多次对曲江池所作的深入考察及有关文献，充分证实了曲江池最初是天然形成的池沼[①]。史念海主编《西安历史地图集》更进一步说，曲江池“是泉水形成的池沼，秦汉时期就已存在于宜春苑”。也证实曲江池早在汉代就是一个天然池沼，但在隋唐时期，曲江池是经过人工改造的。

四、唐长安道路

唐朝也很重视对长安及关中附近道路的修筑，特别是对保护道路的“街树”，还颁布了许多诏令。“两京道路并种果树”（《唐会要·道路》）。广德元年（763年）敕：“旧路不得辄有耕种，并所在桥路亦令随要修葺。”[②]唐代的道路是土筑路，其三令五申禁止占道耕种，说明唐朝对道路管理有严格规定。又如大历八年（773年）七月敕：“诸道官路不得令有耕种及砍伐树木。”[③]贞元元年（785年）又敕：“京兆府与金吾计会，取城内诸街枯死槐树充修灞浐等桥板木等用，仍栽新树充替。”[④]这些都表明唐代已经很注重栽种树木对道路的保护。又如对铺有沙子的路面的记载，“天宝三载五月，京兆尹萧炅奏请于要道筑甬道，载沙实之，至于朝堂，从之。九月，又奏广之”（《唐会要·道路》）。初铺沙路嫌窄，九月后又加宽，说明用沙子铺路面的事实记载，于唐天宝三年（744年）就已经使用，甚至更早。

五、唐代“独柳树”

“独柳树”原指唐长安城西南角的一棵柳树，但于《旧唐

① 王双怀：《唐代曲江风景区的变迁》，《汉唐长安与关中平原》，中国历史地理论丛1999年增刊。

②③④《唐会要》卷八十六《道路》。

书》与《新唐书》及其文献中，记述了这一地名的特殊含义，即指唐代专门处死政治要犯之处。这一地点，据两《唐书》及其他文献记载如下：

《旧唐书·肃宗纪》至德二年（757年）十二月庚午日记："斩达奚珣等于子城西南隅独柳树。"《旧唐书·崔器传》说："达奚珣斩于独柳树下。"两处都指明达奚珣曾犯重罪，被判斩于独柳树下。

《新唐书·刑法志》说："乃以河南尹达奚珣等三十九人为重罪，斩于独柳树者十一人。"《资治通鉴》卷二二〇肃宗至德二年十二月："斩达奚珣等十八人于城西南独柳树下。"上述均为处斩达奚珣于独柳树下的记述。达奚珣是何许人？《旧唐书》卷十说："上皇遣高力士再三尉譬而止。受贼伪署左相陈希烈、达奚珣等二百余人并禁于杨国忠宅鞫问。"《旧唐书·肃宗纪》又说："达奚珣等或受任台辅，位极人臣；或累叶宠荣，姻联戚里；或历践台阁，或职通中外。夫以犬马微贱之畜，犹知恋主；龟蛇蠢动之类，皆能报恩。岂曰人臣，曾无感激？自逆胡作乱，倾覆邦家，凡在黎元，皆含怨愤，杀身殉国者，不可胜数。此等黔首，犹不背国恩。受任于枭獍之间，咨谋于豺虺之辈，静言此情，何可放宥。达奚珣等一十八人，并宜处斩；陈希烈等七人，并赐自尽；前大理卿张均特宜免死，配流合浦郡。是日斩达奚珣等于子城西南隅独柳树。"《旧唐书·崔器传》说："唯陈希烈、达奚珣斩于独柳树下。"这件事发生在唐肃宗至德二年（757年），郭子仪刚刚平定安禄山之乱后，达奚珣等"自逆胡作乱，倾覆邦家，凡在黎元，皆含怨愤，杀身殉国者，不可胜数"①。可知达奚珣等是犯有颠覆国家重罪的政治要犯，在这些罪犯中，有的人免死，有的赐自尽，唯达奚珣判的最重，不仅

① 《旧唐书》卷一一五《崔器传》。

处斩，还要文武百官前来观看，并且是在独柳树下。

唐代尚属此例的还有，如《旧唐书·德宗纪》载，贞元十五年（799年）二月：“乙未，裴肃奏于台州擒粟锽以献，斩于独柳树。”又《旧唐书·王播传》说：“斩（王）播于独柳树……”又《旧唐书·宪宗纪》元和元年（806年）九月：“斩刘劈并子（刘）超郎等九人于独柳树下。”诸如此类记载，可知独柳树不仅是一个刑场，而且是对那些大案、要案的政治案犯专门设置的。唐朝处斩犯人，在刑法上有明文规定，按照《唐六典·尚书刑部》说：“凡决大辟罪皆于市。”大辟罪即死刑，进一步说明独柳树这个地方绝非一般的刑场。

第六节　两《唐书》及其他史籍述长安河渠桥驿

一、唐长安城郊渠堰

唐长安城郊平原上以渭河南部、渭河以北的泾阳、高陵等县是当时最富庶的谷仓地带，它以长安地区为主要消费市场发达起来。早在隋宇文周时，郑、白渠就已再度修复。为了发展农业，确保原有郑国渠灌溉区域获得足够水源，唐代又进行了重大水利工程的修建，即兴成堰、滋堤堰、彭城堰等的修建，使农业得以大力发展。

兴成堰　在“秦、汉时故漕兴成堰，东达永丰仓，咸阳县令韩辽请疏之，自咸阳抵潼关三百里，可以罢车挽之劳。宰相李固言以为非时，文宗曰：‘苟利于人，阴阳拘忌，非朕所顾也。’议遂决，堰成，罢挽车之牛以供农耕，关中赖其利”[①]。兴

① 《新唐书》卷五十三《食货志》。

成堰与泾堰、滋堤堰等堰同时修建于唐初，渠道分布在今长安、临潼、咸阳以及泾水下游，是渭河入漕渠处开设的拦水堰。

滋堤堰 是唐长安附近引水入广运潭的一个重要渠堰。广运潭凿于天宝初，《旧唐书·韦坚传》载，禁苑“东面有望春楼，楼下穿广运潭以通舟楫，二年而成”。禁苑内北望春宫以北的光泰门外的北面即广运潭，“望春楼下穿广运潭”，穿即通之意，说明广运潭离望春楼很近，此潭可以停泊漕运大船，其水源的供应就源自滋堤堰的引入。

彭城堰“有古白渠，宝历元年，令刘仁师清更水道，渠成，名曰刘公，堰曰彭城。”（《新唐书·地理志》）彭城堰又称彭城闸，是高陵县令刘仁师更改高陵县内的白渠古道，于敬宗宝历元年（825 年）建成。彭城堰是唐代三白渠灌溉系统的重要改良工程之一。此堰建成后，白渠的水流到此堰下，由于堰阻水涨，才在堰的下游开凿了四条新渠，即中白渠、中南渠、高望渠及耦南四渠。新渠因是刘仁师更改，又叫刘公四渠，中南、高望、耦南渠是彭城堰的三个支渠。后当地人民为了纪念这位县令，又称白渠为“刘公渠”或“彭城堰”。

除上述之外，唐长安城郊还有永安、清明、漕、龙首、黄、清、漆、贺兰、升原、滈水 10 条河渠，这 10 条河渠为唐长安城的城中用水、灌溉农田发挥了重要的作用。

二、唐长安渭河三桥与渭水河道

秦、汉、唐三朝都曾在长安渭河上架有桥梁，以便利交通，因分布在渭河的东、西及东西之间，历史上称为“东渭桥”“西渭桥”和“中渭桥”。西渭桥在唐咸阳四十里，中渭桥在唐咸阳东南二十二里，东渭桥在万年县东四十里，这三座渭桥曾在历史上发挥过十分重要的作用。在唐代，由于渭河逐步北移，渭河三桥又经重新修建或改建之后，形成唐代与秦汉渭河三桥桥址未在一处。近年，随着渭河三桥遗址的不断发现，对于唐代及唐以后渭河明显改道这一长期遗留的历史问题得到进一步证实，并引起我省学术界的较大反响，就此展开了一场大讨论。为了使更多读者了解这一历史原因，现对唐代至清代千余年间、渭河三桥与渭水河道所发生的巨大变化及有关问题作以探讨。

1. 唐中渭桥的改建与废弃

中渭桥始建于秦始皇二十七年（前 220 年），重修于汉代，是渭河上最早修建的桥梁，原名渭桥。《三辅黄图》说："长安城北出西头第一门，曰横门……门外以有桥，曰横桥。"即指此桥，因桥址与汉长安城北"横门"相对，又有"横桥"或"横门桥"之称。据载，位置约在今咸阳市东窑店附近。

中渭桥是秦汉至唐代一直起着沟通长安及关中与咸阳南北主干道的重要大桥。唐代中渭桥有桥南直通禁苑的历史记载，唐永泰元年（765 年），仆固怀恩诱吐蕃寇入京畿，只有中渭桥未设驻军，由代宗亲率六军屯于禁苑内，说明禁苑抵中渭桥头，这两件事说明中渭桥是唐代攻守长安的必争要地。此桥大规模的改建在唐贞观十年（636 年），唐朝末年因渭河北移，大桥被废弃。

有关中渭桥位置北移的变化，在学术界存在两种不同的认识观点：一种认为该桥只是沿渭水河道东西发生的变化，没有发生移位。第二种认为，该桥之所以改变位置，是因为渭河向北出现的移位，这一观点得到了多数学者的充分肯定。据卫星照片，实地考察资料及所绘历史变迁图已充分证实，渭河于唐代在中渭桥附近向北位置移动的正确结论。《雍录》卷六《中渭桥》也说："桥之广至及六丈，其柱之多至于七百五十，约其地望，即唐太极宫之西而太仓之北也。"但中渭桥的具体位置有待于今后进一步探寻。

2. **唐西渭桥遗址与确切位置**

西渭桥初建于西汉建元三年（前 138 年），汉武帝为了便于从长安通往茂陵而修造。秦时，于城西南第一门外的长安城对面造桥，便于西往，此门一名便门，而此桥遂名“便桥”或“便门桥”。唐时西渭桥与汉时位置略有改变。唐代到茂陵需要过渭河到咸阳，桥就在咸阳附近，故又称“咸阳桥”。

西渭桥和东渭桥、中渭桥一样，是西、北几条交通要道中进入长安的咽喉之一。据《旧唐书·太宗本纪》载，武德九年（626 年），“突厥寇便桥。及突厥颉利盟于便桥”。北方突厥首领颉利可汗统率十万大军来到西渭桥北，唐太宗亲自出玄武门，仅率领六人骑马急赶到西渭桥头，与突厥十万大军隔河对话，之后众军人马及时赶到，迫使颉利可汗在西渭桥上盟誓和好，退兵而去，这就是有名的“便桥之盟”。

3. **唐东渭桥的重建与北移**

东渭桥始建于汉高祖或景帝时，为长安至栎阳的交通便利而建。东渭桥重建于唐开元九年（721 年），初为京兆尹孟公倡言进奏，唐玄宗恩准，由京兆尹孟公主持，率领属于京兆府管辖的，以高陵为主的 7 县官民共同营建，位置在高陵县渭桥镇附近。

东渭桥于唐初就是水陆交通枢纽，唐高宗咸亨三年（672 年），在东渭桥南端至渭桥仓，有储备的河渭租粟，以转输京师之用由此桥进屯。唐末，该桥仍然作为军事重镇之地存在，除了东出函谷关通往东方以外，从长安城通往黄河渡口蒲津关的必经之地便是东渭桥，也是当时攻守长安城的咽喉要地。唐广陵元年（880 年），黄巢攻陷长安，派遣朱温屯守东渭桥，唐军合力与朱温战于东渭桥。尤其是曾镇守东渭桥的唐代中兴名将、历任将军的李晟，曾屯兵东渭桥，《雍录》说：“泚乃退屯长安。已而怀光有异图，与泚通谋，李晟、浑瑊皆赞上移跸汉中，……（瑊）与晟相应，以逼长安。晟初至东渭桥，已而上咸阳，又自咸阳下移东渭桥。晟得尚可孤、骆元光军援，遂自东渭桥西上，由光泰门入兵苑中，贼大溃。”李晟以智取胜，平息了朱昧的叛乱。

东渭桥于唐末圮废，因渭水河道的不断北移，水位降落，致使大桥日见干涸。到了清朝中叶，渭河虽然有所南移，但清以后又变成以北移为主，至今渭水河道距唐东渭桥处有5里多远。

第七节 两《唐书》《五代史》述晚唐、五代时期的长安城

至天祐四年（907年）哀帝禅位于朱温，朱温建立大梁，成为梁太祖（史称后梁），唐朝灭亡。唐代诗人韦庄《长安旧里》：“满目匡春草深，……车轮马迹今何在，十二玉楼无处寻。”朱温摧毁性的破坏，使一代鼎盛的大唐王朝结束了，辉煌于世300余年的隋唐长安都城从此已不存在，仅剩下已严重毁坏的残垣断壁。

一、唐长安城毁灭性的破坏

晚唐长安城遭受最严重的破坏，是从僖宗中和三年到昭宗天祐元年（904年）的20年间，军阀一次次大规模的征战焚掠，使长安都城遭到了毁灭性的破坏。这些破坏，根据两《唐书》及其他文献记载，引起战火的重大破坏有7次：

① 僖宗中和三年（883年），黄巢起义军在长安一代的征战三年未获胜，被迫离开长安时，焚烧宫室、寺观，抢劫暴掠

遍及“长安室屋及民居所存无几”[1]。李克用等诸藩镇兵进入长安，“互入掳掠，火大内（大明宫），惟含元殿仅存，火所不及者，止西内、南内及光启宫（在禁苑内）而已”（《新唐书·黄巢传》）。②光启元年（885年），李克用与田令孜在沙苑一战中，令孜战败，李克用逼近京城，令孜计穷“乃焚坊市，劫帝夜启开元门出奔”。又焚烧宫城，“唯昭阳、蓬莱三宫仅存”（《旧唐书·田令孜传》）。黄巢初居京师时，九衢宫室无损，之后诸兵争货相攻，黄巢“纵火焚剽，宫室居市闾里，十焚六七”[2]。后经补葺，却又遭“乱兵复焚，宫阙萧条，鞠为茂草矣”（《旧唐书·僖宗本纪》）。致使长安城再度遭受一次大的破坏。③ 僖宗逃亡在兴元（汉中），邠宁将以讨逆为名，自凤州引兵进京，又大肆焚掠京城。市民因房屋被烧，衣物遭劫，“僵冻而死蔽地”（《旧唐书·僖宗本纪》）。④ 昭宗乾宁三年(896年)，邠宁节度使王行瑜、凤翔节度使李茂贞等称兵作乱。王行瑜败兵溃退后“大掠西市”。接着，又在京师为劫持天子互相交战。虽平定了黄巢起义，而宗族凶徒势力大增，涉及商、陕、虢及东北广大地区。五六年间的破坏，“民无耕织，千室之邑，不存一二，岁既凶荒，皆脍人而食”[3]。⑤ 昭宗乾宁三年，“宫室廛闾，鞠为灰烬，自中和以来葺构之功，扫地尽矣”[4]。李茂贞再度进入长安，在京城到处放火，再一次对长安城进行摧毁性的破坏。⑥ 天复元年（901年），宦官韩全诲勾结李茂贞劫持昭宗时到处抢掠，为逼昭宗出走凤翔，“全诲等遂火宫城”(《新唐书·韩全诲传》)。⑦天祐元年(904

① 《资治通鉴》卷二五五《唐纪七十一僖宗中和三年》。

② 《旧唐书》卷十九《僖宗本纪》。

③④《旧唐书》卷二十《昭宗本纪》。

年）正月，朱温挟昭宗东迁时，“帝惩幽辱，能励心庶政，数召见群臣问治道，有志中兴，而全诲、胤争权，外召强臣，劫本朝以相吞啮”（《新唐书·韩全诲传》）。朱温不仅彻底拆除了皇家宫室等，连民间庐舍也未能幸免，对长安进行了更大一次毁灭性的破坏。

以上先后 7 次灭绝人性的破坏，致使长安城完全成为一片废墟，长安人口数量骤减，仅郊区人口数量于隋大兴城所在的京兆郡统领大兴（万年）、长安等 22 县，天宝年间领长安等 23 县，户 362921[①]。到了唐末，原唐中期长安近郊 193 乡，至五代初仅存 47 乡，说明长安城内外的残破程度几乎相同。

二、唐长安城的缩置

五代时期，长安虽已不再是全国首都，但却是扼守西北，控制中原的军事要地，依然具有重要的历史地位。

五代时的各王朝都很重视长安区域名称的变更，如后梁开平元年（907 年），改京兆府为大安府，长安县改为大安县，万年县为大年县；后唐同光元年（923 年），又恢复了西京京兆府的名称，又以大安县为长安县，大年县为万年县，也是为了显示自己继承唐代正统；后晋天福三年（938 年）废西京，在京兆府设晋昌军；后汉乾祐元年（948 年），又改晋昌军为永兴军；后周仍以京兆府永兴军为管理关中地区事务的重要机构。长安城已残毁无法据守，由佑国军节度使韩建镇守关中。《新五代史·职方考》：“雍州，唐故上都。昭宗迁洛，废为佑国军。”《旧五代史·韩建传》：“昭宗东迁，以建为佑国军节度使，京兆尹。”因韩建改筑长安城的记载很少，依新、旧《五代史》记载韩建在长安任佑国军节度使，说明韩建确有改筑长安城的

---

① 《旧唐书》卷三十七《地理志》。

事实。韩建对长安城的缩置：保留原来的皇城（即京城），放弃了原有的宫城和外郭城，仅保留旧城总面积的6.3%。此后，长安缩置的“新城”一直延续，五代、宋、金、元诸朝的长安城，以及元朝的奉元路府治就在新城内，长安只以西北军事重镇的面貌存在。

第八节　隋唐地理文献对后世长安地志著述的影响

隋唐地理文献在传承汉、魏以来著述体例的基础上又有了新的发展，最大的特点就是政区变化的地理沿革，较之以前更加合理。这一特点的体现，则主要表现在专门言地理沿革著作的出现及数量上，和属于这一时期的区域地理志——图经与地方志书这两种体裁的撰述相互交融发展。

隋唐长安地志也正是在这种大的背景之下，显示出时代的发展特征，即以图经的形式反映长安城及周围的山川地貌。早期长安图经对后世地方志的影响很大，如《周礼》对西周四郊周围的山林、川泽、丘陵、坟衍、原隰，以图的形式绘出。成书于东汉末的《三辅黄图》，其中记秦及秦以前古长安的部分历史遗迹便是受其影响。不同的是，《三辅黄图》已经由以图为主的形式，转变为以文字附带图绘的地理著作，可惜这些图已经佚失。《元和郡县志》篇首的47幅方镇图，“即图经的遗制”[①]，是对汉魏以来图志、图记或图经的继承和发展，说明《元和郡县志》的编撰体例，正是在图经、图志，包括地记的演变过程中逐步趋于完善和规范化的。

---

① 王文楚、邹逸麟：《我国现存最早一部地理总志——〈元和郡县志〉》引王庸《中国地理学史》，商务印书馆1959年。

唐韦述《两京新记》是唐代两京著述中最著名的一部，其中《西京记》是唐代唯一按街道坊里详细记述西京长安的宫殿、官舍、寺观、府宅的专著，又是一部研究古长安具有重要影响的著作，“成为隋唐两代集大成之作”[1]。韦述所开创的体例为宋敏求所仿照，宋敏求根据韦述《两京新记》，博采群书，撰写了《长安志》与《河南志》，这已在许多文献中都有记载，故韦述《两京新记》的撰著具有创例和奠基之功。例如，《两京新记》记载隋唐大兴、长安城中的寺、坊、观等 114 所。《长安志》引《两京新记》共计 113 所，其数目与《两京新记》所记仅差一坊；《长安志》引《两京新记》长安城中 108 坊的具体名数，其中佛寺道观共 107 所；《长安志》是在《两京新记》基础上，所记寺、观共 138 所，增添了 31 所，《唐两京城坊考》又以前两志所记寺、观 148 所，又增添了 10 所。宋敏求《长安志》继《两京新记》的体例，可发现唐宋人记述长安城内的建筑物和其他地面物的所在位置非常清晰，方向十分准确。如凡是城坊内的地面物被标明其所在方位是“东北隅”“东南隅”，或“西北隅”“西南隅”，都指出在某城、某坊、某市角落的内侧，几无例外。可以说，正是《两京新记》中《西京记》的内容，对几乎从未去过长安的宋敏求编撰《长安志》，提供了至为重要的参考资料，并成为至今研究长安不朽的传世之作。

唐代有关京都长安的地方志有多种，见于两《唐书》的《经籍志》和《艺文志》的著录，以及不著撰人的《京兆郡方物志》。韦述《两京新记》之后，有《太平寰宇记》曾引《长安记》，宋敏求《长安志》也引有《西京记》和《(长安) 旧图经》。《两京新记》之后，北宋吕大防的《长安图记》，就是以

---

① 辛德勇：《隋唐两京丛考》。

《两京新记》及旧图为蓝本，描绘上石的。现存于世的应以元人李好文撰《长安志图》为最早，《长安志图》之后，传世的汉唐长安城及其宫殿苑囿图为数不少，却各有千秋。清末杨守敬为一代地理名家，所据《水经注》绘制的《长安城图》中有关长安的记载，竟置逍遥园于章门之外，是难得的确证。之后记述长安的专著，唐长安皇城与京城部分为《长安志》所征引，清徐松《唐两京城坊考》也是直接或间接地以韦述的这部书为蓝本。《太平寰宇记》引用《两京新记》的内容，如汉为乐游苑于曲江池，乃世祖校文之所在，芙蓉园，汉武帝庙在池侧，又一说唐玄宗明皇帝封张九龄于此，故号曰："张曲江"。贾耽撰《郡国县道记》也引用了《两京新记》的"长安县故城今谓之苑城，汉京兆府在故城内上冠里。……长安宫城五年置县，以长安名焉"等内容。《旧唐书·文宗纪》也记述了曲江修紫云楼，填龙首池作为当时最流行的马球场的情形。另外，明曹学佺《大明一统名胜志·陕西卷》所记述的"宣帝起乐游苑于曲江池，以为校文之所。唐开元中更疏凿之。池边菰蒲葱翠，柳荫四合"。也是引用《两京新记》对曲江的记述。

《隋书》、两《唐书·地理志》对后世长安地志著述也产生了重要的影响。《隋书·经籍志》提到各级官府对于收集各方地图和地方资料，已经达到有计划、系统性的部署，对唐代产生了重要的影响。唐李吉甫《元和郡县图志》，就是受隋代《隋书·经籍志》中《区宇图志》等地理著作的影响。《旧唐书·地理志》记述了自汉长安故城至唐京都长安城的基本轮廓，《新唐书·地理志》进一步记述唐代以隋城的规模而修筑，并在此基础上加以拓展。《长安志》卷七《唐京城》依据两《唐书·地理志》，对唐长安整体城郭又进一步加以详细地记述。如《旧唐书·地理志》："东内曰大明宫……别殿、亭、观三十余所。"《长安志》卷六东内条又进一步指出，"东西三里，南北五里"，

《新唐书》对其长度、宽度也作了详细记述，《长安志图》也对唐大明宫图作了解释："大明宫城广二里百四十八步，纵四里九十五步。"这三种记载均受到两《唐书·地理志》的影响。

《旧唐书·地理志》与《新唐书·地理志》以行政区划的沿革变迁，沿袭周、齐和陈的规模，超越两汉，创立了府制和道制，对后世长安地志著述也都有深远的影响。例如《新唐书·地理志》对龙首原的记载，"京城前直子午谷，后枕龙首山"。宋敏求《长安志》卷十一《万年》也记述了龙首原东与白鹿原相接，白鹿原西尽浐水川，则浐水川西当为龙首原。继《新唐书·地理志》后，对龙首原又进一步加以叙述。《旧唐书·地理志》对禁苑的一段记述，《唐两京城坊考》受其影响，又经考证，并记有禁苑内亭子 16 处等。

《元和郡县图志》是我国现存最早而又比较完整的一部唐代地理总志，它是在魏晋南北朝以来已有的丰富地理学著作的基础上，总结前人的成就，增加了以后的若干变迁，使体例更加完善，是魏晋以来保留下来最古、编写最好的一部总地志。当时有影响的地理著作，还有魏王泰《括地志》，贾耽《古今郡国县道四夷述》和《元和郡县志》，王泰和贾耽的著作先后亡佚。因以前有关地理总志的著作都已先后散佚，其中仅有清人王谟集成以前的部分地理著作，辑《汉唐地理书抄》一书，《秦汉讫隋唐历朝地理书记》汇集了部分地理总志的著作，如阚骃《十三州志》、王隐《晋地道记》、顾野王《舆地志》、魏王泰《括地志》、贾耽《郡国县道记》等 10 余种。宋代地理总志《太平寰宇记》《元丰九域志》及元明清《一统志》所记的"四至八到"，都是继承了《元和郡县志》的体例。

《元和郡县志》对长安的记述，例如，位于今临潼县栎阳镇附近的清泉陂和煮盐泽，宋《太平寰宇记》为此又添记今渭南县下邽镇附近的万寿涡，这几处泽陂是《水经注》失载的、未知其所始、或是未能近于有关河道或渠旁，而被《元和郡县志》载入、《太平寰宇记》又加以继承的。《元丰九域志》上承唐代《元和郡县志》，是一部有影响的全国地理总志。如记载旧户县城在今县北二里，是隋时改移的。《长安志》也受其影响，于卷十六记旧蓝田县城在今县城西三十里，是后周时迁徙的。户县与蓝田县，据史念海《方志中对于自然和社会交错演变规律的探索》，二县是西安附近建制最古的两个县，县名也未更改过。户县始置于西汉，蓝田县远在秦献公时已有了，两县历时都在两千年以上，县城也都迁移了一次，无论是新城旧县，历时都在几百年，甚至超过了一千年，这对于后世探索户县、蓝田县及其他一些县志能延续这样长久的时间均有很重要的参考价值。

《元和郡县志》所记万年、长安二县及附近地理山川的建制，以秦汉时的川道、宫池苑囿、历史遗迹居多数。京兆府和各州郡如前所述，都标明府境、州境和方向距离，又标明八到。唐代以长安、万年为都城，各县下的“上”“中”“下”表明户口的多少，如记载关中地区郑、白渠的浇灌情况等。该书记隋唐当代地理很少，仅有太和、华清二宫。在“长安县”条下还有秦阿房宫、汉长乐宫、汉未央宫及秦始皇陵等遗址的记述。在经济地理方面，如京兆府礼泉县有关郑、白渠灌溉情况的记载等，为我们留下了珍贵的长安经济地理资料。宋《太平寰宇记》受《元和郡县志》的影响最大，在总志的编写史上起到了继往开来的作用。程大昌在《元和郡县图志跋》指出：“此于唐家郡县疆境、方面险要，必皆熟谙当时图籍言之，最为可据。”《太平寰宇记》所引证的书相当多，其中记载了不少唐以前长安地志的佚文，补充了一些长安史籍之缺，特别是始载人物、艺文，为后来长安地方志的撰述所效法。

第四章

宋元时期长安

宋代是长安地志开始向成熟阶段定型、转变，并在全国地方志中确立地位与影响的重要发展时期。北宋宋敏求《长安志》成为以后研究长安的著名专志，其著述体例与实用的内容价值，在全国地方志中堪称典范。宋、元时期传世的几部长安及关中地区的专志、专记、专志图，有北宋宋敏求《长安志》、北宋张礼《游城南记》、北宋吕大防《长安图记》、南宋程大昌《雍录》、元骆天骧《类编长安志》、元李好文《长安志图》。宋元全国地理总志，有北宋《太平寰宇记》《元丰九域志》《舆地广记》与元《大元一统志》，其种类与数量以北宋时期为多。可以说，自宋代以后，长安地志著述进入了一个新的发展时期。

第一节 宋元长安图经、地志的存佚情况

继隋唐五代之后，宋代正处在从图经过渡到地方志的交替过程中，这一时期的图经更加偏重文字的记载，文字分量明显增多，而图的作用缩小，退居志书的次要地位，后来索性连图也取消，名称也逐渐称为志了。宋代修志开始也称“图经”，书成之后却称为“志”，正如仓修良所分析的那样，“在内容已经充实、体例已经完善的情况下，再称图经已经是名实不符，

因此改称方志"[①]。宋代志书种类超过了前代的总和，达到了空前发展阶段，为宋代长安地方志的发展提供了重要的条件。

宋代以长安地方志书发展为主流，长安地志的体例代表着全国地方志体例的确立。宋时学术风气十分活跃，各学派间互相争鸣，被宋朝统治者允许不受任何限制，给予充分的言论自由，特别是许多学者参与方志的编修，促使其著述体例逐步规范和统一。正是在这种大背景下，宋元时期产生了几种代表着以后长安地方志专志发展主流的传世之作，并给后世以极大的影响。

据张国淦《中国古方志考》，宋元地方志的数量，传世的仅有50余种，其中宋元陕西路志地图、图经的存目仅有3种：即《陕西路图经》84卷（宋陕西路，今陕西及甘肃、山西省地），宋佚，《咸平陕西地图》（咸平四年［1001年］，宋佚，《陕西本路地图》，宋佚。宋元长安及关中图经仅存书目有7种：《（长安）图经》，宋佚，《（长安）旧图经》，佚，《长安图经》，佚，王褒《云阳记》（汉云阳宫即甘泉宫，今泾阳县），金佚，元程琯《云阳志》2卷，元佚，（华州）《旧图经》，佚，（华州）《图经》，佚。以上在有限的宋元全国地方志书中，辑录陕西、长安及关中地区，以图经为主的资料仅存有两大类10种书目，其内容早已不存。

传世至今的长安及关中地方志，据统计有7种：宋宋敏求《长安志》20卷，宋吕大防《长安图记》1卷，元李好文《长安图记》3卷，元李好文《长安志图》3卷，宋张礼《游城南记》，元骆天骧《类编长安志》10卷，宋程大昌《雍录》10卷，这是一批为专家学者研究古都长安所推崇的重要文献。

---

① 仓修良：《方志学概述》，《史家、史籍、史学》，山东教育出版社2000年。

第二节　宋代长安专著——《长安志》

一、宋敏求与《长安志》

《长安志》20卷①，宋宋敏求（1019—1079）撰，敏求，字次道，赵州平棘（今河北赵县）人。《长安志·赵彦若序》："公以文章世家，为朝廷名臣。"其祖母知书晓文，父亲宋绶曾是名扬一时的著名学者，又是著名的藏书家。因家世良好环境的影响，宋氏才学超群。"皆略诵习，熟于朝廷典故，士大夫疑义，必就正焉"②。他不仅是一位熟习唐史和朝廷典故的专家，还敢于揭露违法之事，受到时人的称誉。宋敏求是当时有名的博学才子，一生著述甚丰，晚年于神宗元丰二年（1079年）病逝于河南家中。

宋赵彦若所撰《长安志·序》说："《长安志》者，今史官谏议大夫龙图阁直学士常山公所定著也。公……前在河南，旁接三辅，尝有意于搜采矣。然犹未遑暇，又逾二纪，乃创属体绪，缵次其言，旁传记诸子抄类之语，绝编断简靡不总萃，隐括而穷极之，上下浃通，为二十卷。"宋代长安为京兆府的首县，史传中未见敏求为京兆府官吏的记载，他是如何撰著《长安志》的？据载，敏求初仕为馆阁校勘，后官至谏议大夫龙图阁直学士，为官期间多在京师汴京。从政在外时，"从宋庠辟，

① 《长安志》20卷，但衢本《郡斋读书志》《文献通考》均为10卷，周中孚《郑堂读书记·补遗》十二："盖已分析其卷数，至《宋志》作十卷，疑今本脱一画也。"

② 《宋史》卷二九一《宋敏求传》。

通判西京，为群牧度支判官”[①]。西京宋代为洛阳，设河南府，宋庠任官河南府在仁宗皇祐三年（1051 年）。当年以包拯诸人上言宋庠不戢子弟等，宋庠由工部尚书平章事罢为刑部尚书，河南知府，敏求“从宋庠辟”之事当在此时。宋庠任河南府不久，即“徙许州，又徙河阳”[②]。此时宋氏未再随宋庠转徙，或留在西京洛阳。《长安志·序》：“今史官谏议大夫龙图阁直学士常山公所定著也。”这正是敏求垂老时的官衔。毕沅重刻本《长安志》题“龙图阁直学士右谏议大夫修国史特赠尚书礼部侍郎常山侯宋敏求撰”是出于后人之手。关于《长安志》的成书时间，史念海先生认为，由神宗熙宁九年（1076 年）往上推算 24 年，则是仁宗至和二年（1055 年），上推至仁宗皇祐三年（1051 年）正是敏求初到西京的三年。三年中，敏求在撰《河南志》时，又产生写《长安志》的念头。《长安志》：“创属体绪，缵次其言。”初成时间多偏重于熙宁八年（1075 年），应是宋敏求撰著《长安志》的确切时间，当书成之后，清赵彦若为之作序在熙宁九年（1076 年）。

今传世的《长安志》是与元李好文《长安志图》的合刊本，含长安志与图共 23 卷。流传较早的刊本是明成化四年（1468 年）合阳书堂刻本和嘉靖十一年（1532 年）李经刻本（有康海序）[③]，二者脱讹严重。清毕沅校刻《长安志》引用有“康海刻本”，即明嘉靖本、文渊阁本等，但其所据底本实为成化本。虽然徐松在移录《长安志》等文时也作了一些校刊，但讹误仍比较多，尤其是《长安志》虽经毕沅属下孙星衍等人校刊，错误之处仍旧连篇累牍。《中国地方志联合目录》辑有清乾隆四十三年（1778年）吴氏古欢堂抄本、清抄本、清乾隆

①② 《宋史》卷二九一《宋敏求传》。

③ 《中国地方志联合目录》为嘉靖十年（1531 年）李经刻本。

间《四库全书》本，毕沅本于乾隆四十九年灵严山馆刊刻以来，又有光绪十三年（1887 年）影印《经训堂丛书》本、光绪十七年（1891 年）思贤讲舍重刻灵严山馆本、民国二十年（1931 年）长安县志局铅印本，陕西图书馆藏有清乾隆五十二年（1787 年）灵严山馆刊本和清乾隆五十二年《经训堂丛书》本内容相同，这两种都是毕沅重刊本。

二、《长安志》的内容及其社会影响

从今本《长安志》内容看，全书 20 卷，刊本卷首皆无总目，内容分为：卷 1 共分总叙、分野、土产、土贡、风格、四至、管县、户口、杂制 9 个子目，概括记述了北宋以前长安地区历代行政区划和建制沿革，以及物产、风俗、地理位置、属县及户口等概况。卷 2 记述雍州、京都和京兆尹、府县官。汇集了长安地区历代建都与地名的由来，地方机构及长官政绩等。卷 3～6 的一至四，记述西周至唐历代在长安及关中一带建立的宫室。卷 7～10，记述唐朝皇城和京城、唐中央官署所在地，以及外郭城内各个城坊的情况。卷 10～20，记宋京兆府所辖的 24 个县。后十卷所记各县虽无子目，内容却相当丰富，先以万年、长安两县统领的 108 坊，作为京兆府所属万年、长安两县的分治。其次，除了各县的建制沿革外，又全面详尽地记述了各县的山川河流等自然地理现象，以及与自然有关的人为设置。包括水利、交通、军事、生产等等。正如宋赵彦若在该志序文中所说："故天府县有政，官尹有职，河梁关塞有利病，毕于治而方施于用，取诸地记，集而读之而后见其法，叙列往躅，远者谨严而简，近者周密而详，各有所因革规模，犹亲处其世，画里陌同经行之熟，而后见其功。"尤其是详今略古，在实用性方面，于当时其他同类志书相比，京兆府辖县的记述占了全书一半篇幅，突出了实用的意义。历代宫室和唐代皇城、京城各占四卷，两者相加，占全书的少半。这两部分记述的内容和《三辅黄图》相仿，府县官目还涉及到京兆府中设官置吏的制度。卷4唐皇城部分仅占不到半卷的篇幅，唐京城部分却占有三卷半的篇幅。除了唐皇城规模很有限以外，也说明作者是尽力从各个角度更全面地反映当时唐长安京城的盛况。京兆尹目引用了《春秋传》和《通典》，略述有关制度后，自西汉赵广迄唐朝韦澳，先后记述了19个较为重要的京兆尹的事迹。在撰述中，宋敏求不仅将北宋方志的述地、记人两种体例融和在一起，而且在因袭两汉以来旧规的同时，又超出了原来的范畴，使两种内容的体例趋于混合，这是宋代方志演变过程中特别值得重视的一点。

《长安志》体例繁细、头绪多，却在作者精心安排下，以简洁清楚的叙事方法，显得条理井然。志中凡是涉及到长安及长安周围广大区域的各个方面，无不分门列目一一详细叙述。如宫室部分，记述了弘文馆的设置及变化。弘文馆是唐高祖为了收藏从各地搜集来的图书而建立的，唐太宗贞观年间（627—649）曾选拔一批有才学的朝官充实其中。穆宗时“命侍讲韦处厚等入此亭讲《毛诗》《尚书》”[①]。此亭即太液亭，说明弘文馆也曾作为讲学之地，这段记述可大致了解唐代这个重要文化机构的概貌。赵彦若在《长安志》序中说：“故天府县有政，官尹有职，河梁关塞有利病，皆干于治而施于用，取诸地记，集而都之而后见其法，叙列往躅，远者谨严而简，近者周密而详，各有所因布规模，犹亲处其世，画里陌同经行之熟，而后见其功。”今本《长安志》中描述唐长安城有八卷，书中前二卷和后十卷，先是记古长安及周围地区自秦汉至宋代的历史地理沿革，后十卷是对京兆府管辖24县的记述，内容

① 张国淦：《中国古方志考》。

占全书的二分之一，不难看出宋敏求是本着详近略远，厚今薄古的态度加以撰述的。对“管县”一项，专门列出“本朝”的长安及其长安周围各县的变化。在撰述时，既体现出唐时长安故城的盛况，又反映出宋时已废不为都的长安周围隶属京兆府管辖的 24 个县在当时的概况。京兆府的名称，在宋时仍沿用，但其属县却和唐时不完全一样，叙述得清楚详细。该志对其他一些设施，也都记到宋敏求所处的同时代。《长安志》卷十九，在记述奉天县的沿革时，更明确地说：“熙宁三年度州，以奉天隶永兴军。”这里所记的时间，只早于赵彦若作序的前六年，可见宋敏求著述时，只要是近于当时的设施等情况，能记的都加以记载。

《长安志》合理的体例与实用的内容价值在全国地方志中占有重要的地位和影响。《长安志》一经问世，就得到当时著名学者司马光的高度评价：“以为考之韦记，其详不啻十倍，今韦氏之书久已亡佚，而此志精博宏赡，旧都遗事借以获传，实非他地志所能及。”① 《长安志》有两部分内容最为专家学者所称道，一是唐皇城和京城，二是有关自然现象的记述。该志记述的唐皇城和京城，是以韦述《两京新记》为依据，并有许多增补和订正，才使得唐皇城和京城的规模以及街道里坊的具体情况为后世所全面了解。特别是在《两京新记》仅存残本之后，该志以最早详细描写唐长安的第一手资料，成为北方唯一仅存的一部成就卓越的全国地方志著作，并成为今天学者研究唐长安的重要依据。

当然《长安志》也难免存在缺点，在记述唐宫室、皇城、京城中，也有未注出处的地方，或是因作者距时代较近。《长安志》卷三、卷四、卷六都有东宫的记载，显得混乱。所记宫

---

① 《四库全书总目》。

殿苑囿多半只记其名，不注事迹，没有可以寻究事理的缘由，显得较空泛。例如，《长安志》卷七朱雀街东第三街皇城东第一街，街东从北向南（15坊），其次南永兴坊，之次为广化坊，广化坊应为次东。因为，朱雀街东第四街东面缺一坊，可能是把朱雀街第四街北面的广化坊误记到此处，《长安志》卷七载，因安兴坊“后改广化坊”，是广化坊的旧名，故有误。又如《长安志》卷七崇义坊条说：“剑南东川节度使王承业宅。”宋敏求注：“武俊之孙、士真子也。”并且认为“承业”是“承荣”之误。实际唐代曾有两个王承业，一个主要活动在天宝前后，另一个太原尹王承业是河东节度使，说明王承业与王承荣不是一个人。

三、《长安志》对《两京新记》唐皇城和京城的补正

《四库全书总目》载，《长安志》“皆考订长安古迹，以唐韦述《西京记》疏略不备，因更博采群籍，参校成书。凡城郭、官府、山川、道里、津梁、邮驿，以至风俗、物产、宫室、寺院、纤悉毕具。其坊市曲折及唐盛时士大夫第宅所在，皆一一能举其处，粲然如指诸掌”。《长安志》卷七～卷十记隋唐皇城和京城，其中皇城部分不到半卷，而京城部分却占三卷半篇幅，说明宋氏侧重于长安的京城部分，前面已提到京城部分最早撰写于唐韦述的《两京新记》，新、旧《唐书》也有记载，《两京新记》的唐皇城与唐京城部分为《长安志》所征引，皇城部分正是至今已看不到全貌的《两京新记》中西京长安的补充再现。在征引之中，宋敏求做了大量增补和订正工作，从朱雀街西第一街永达坊以下一些街道和里坊，以《长安志》与《两京新记》卷三作以比较，便可看出《长安志》对《两京新记》唐皇城和京城的补正内容。

“朱雀街西第二街北，当皇城南面之含光门街西，从此（北）第一曰太平坊，西南隅温国寺，西门之北定水寺，东南隅 舒王□名宅；次南曰通义坊，西南隅空观寺，西门之北今彬王守礼宅；次南曰崇德坊，西南隅崇胜寺，东北隅证果尼寺；次南曰怀真坊，西南隅御史大夫乐思晦宅；次南曰宣义坊；次南曰丰安坊；次南曰昌明坊；次南曰安乐坊，坊南街抵京城之南面。”（《两京新记》）

从《长安志》卷九朱雀街西第二街的各坊名称、顺序及坊内寺观等的对比，都与《两京新记》相同，故此省略。但不同的是，《长安志》卷九又作了许多增补订正。

（一）对唐代达官贵人住宅的增补。《两京新记》已提到的部分达官贵人住宅的数量很少，所记时间仅限于开元十年（722 年）以前，而《长安志》卷九却作了全面增补，其中增补最多的是在开元、天宝以后达官贵人的住宅，即邸第。含光门街西北的太平坊增补了杨氏、王铁、王源中、罗立言、裴垣等人的住宅和武成王庙；通义坊下增补了李思训、杨纂、崔铉等人的住宅和九华观；兴化坊下增补了封德彝、孟温礼住宅与裴度池亭；崇德坊下增补了废报恩寺与铸钱院；怀真坊下增补了乾封县廨、毕构、唐休璟、韦浪等住宅。其中还增补了惠昭太子庙，原乐思晦宅后改为介公庙；宣义坊下增补张说、安禄山、李逢吉住宅；丰安坊下增补裴宽宅；昌明坊下增补家令寺院；《长安志》卷九《唐京城三》载，安乐坊下增补李希烈宅。《长安志》还采用了《两京新记》条注下的说明，但作了一些删节，而在其他条注下大部分都增添了说明。在《两京新记》朱雀街西第三街，只列举了修（即循）德坊等，《长安志》在修德坊后增补了辅兴、颁政、布政、延寿、光德、延康、崇贤、延福、永安、敦义、大通、大安 12 坊，置于朱雀街西第四街最南端的是通轨、归义、昭行三坊。第四街还置有安定坊等八坊及西市。这些说明宋敏求撰《长安志》时，虽依据《两京新记》，但又增补了许多新的内容，而不是照搬引用。

（二）对府、寺观、庙的增补。《长安志·唐京城》说，“城中一百八坊。韦述《记》曰：‘其中有折冲府四，僧寺六十四，尼寺二十七，道士观十，女冠观六，波斯寺二，胡袄祠四。隋大业初，有寺一百二十，谓之道场，有道观十，谓之玄坛。’天宝后所增补不在其数。”从《长安志·唐京城》所记，宣平坊有义阳府；延福坊有宣平府和真化府；金城坊有匡道府，真化府下注有“旧图”二字，这是宋敏求的注文，说明真化府记述的来源，不是《两京新记》原有的，而《两京新记》仅记义阳、宣平二府，未记其他。唐折冲府制度远在开元以前已经基本不用，而宋敏求还增补了《两京新记》未记载的府名。《长安志》天宝以前唐京城有僧寺 64，见于《长安志》已有 81 所；天宝前尼寺仅有 27 所，《长安志》所记已有 28 所；道观也由 10 所增补了 23 所，女观也增补了 1 所。据《长安志》卷八《唐京城》，自开元十八年（730 年）到宣宗大中年间（859 年前后），分别在宣阳坊设置的奉慈寺，在永崇坊置宗道观，进昌坊置太清宫，长乐坊置兴唐观，又分别在兴宁坊置华封观和大中报圣寺。庙宇：自玄宗二十五年（737 年）至德宗贞元十七年（801 年）间，在安义坊置贞顺武皇庙；修德坊置德明兴盛庙；承天门街东第七横街北置中宗庙和元献皇后庙；靖安坊置韩国正穆公主庙；嘉会坊置郑国庄穆公主庙；怀真坊置惠昭太子庙。唐代佛道两教一直有争议，随着寺观的增多，可看出当时佛教的兴盛发展。《两京新记》仅记唐中叶以前之事，中叶之后是《长安志》的增补内容。

（三）对官署和军事设置的增补。官署即务本、崇义、永兴、崇仁、平康、宣阳、胜业等，靖恭各坊都有各道的进奏院，是唐中期之后新添的设置。在修德、辅兴二坊设置的右神策军营，也是昭宗自华州还京后新建的。

（四）其他项目的增添与更名。除上述之外，《长安志》卷七《唐京城一》开化坊漕渠条，在开化坊下记有漕渠，也是开元以后的设置。记宪宗元和五年（810 年）置于长兴坊的礼宾院；文宗太和九年（835 年）置升道坊曲江池畔的紫云楼和彩霞亭；宪宗元和十二年（817 年）建置的修德坊的夹城等，还对开元以后里坊名称新的改用。如宜仁坊改名为胜业坊，淳和坊因避宪宗名改为永和坊等，有的坊虽用旧名，却注在之后改的新名之下，如安兴坊后改为广化坊，长乐坊后改为延政坊。另外，一些寺观也有所更名，如务本坊的先天观，原名为翊圣女冠观，后来一再改名，称为景云观和龙兴道士观，肃宗至德三年（758 年）始改为先天冠。开元以后改名的还有亲仁坊的咸宜女观冠，进昌坊的兴唐寺是由罔极寺改名的，颁政坊的护国天王院原名显圣天王院，于懿宗咸通七年（866 年）改名。还有一些里坊和寺观，名称虽改，但《长安志》还是使用旧名。如延康坊的西明寺，改名福寿寺；义宁坊的化度寺，改名崇福寺；居德坊的奉恩寺，改名兴福寺等，仅在注中作了说明，正文中却没有改动。《长安志》还记有官署迁徙之事，如唐司天监，原置于皇城承天门街之西第六横街之北，后改为太史监，司天监，且又将驻地迁到永宁坊中，其地就是安禄山所赐的永宁园旧址[①]。上述这些宝贵资料的留存，证明《长安志》不仅补缀《两京新记》未记入的内容，而且增添了许多新的详细出处，这些是今传残本《两京新记》所缺佚的内容，是宋敏求的重要贡献。

《长安志》除了上述对《两京新记》的增补之外，还有一

① 《长安志》卷八《唐京城二》。

些删削订正。如对朝臣私庙的删削。《长安志》卷七《唐京城一》长兴坊下引唐武宗会昌五年（845 年）诏书：“皇城南六坊内不得置私庙，其朱雀街缘是南郊御迹，至明德门内夹街两面坊及曲江侧近，亦不得置。余围外深僻坊并无所禁。”并进一步说：“初武宗行礼南郊，见天街左右诸坊有人家私庙，遂令禁断。中书门下奏，‘朱雀门至明德门，凡有九坊，其长兴坊是皇城南第三坊，便有朝官私庙，实则逼近宫阙。自威远军向南三坊，俗称围外，地至闲僻，于此置庙，无所妨碍’从之。”《长安志》以引武宗诏书及中书门下的奏书，说明不载朝臣私庙的缘由，或许是在《两京新记》之后所发生变化的更正，今《两京新记》残本多半散佚，早已看不到当时的记载。

四、宋长安自然地貌与建置

《长安志》后十卷是对京兆府管辖各县的记述，专门列出“本朝”宋代长安及其周围各县的变化，是十分值得重视的。

在《长安志》后十卷每一县的记述中，没有明确标出门目，但每一县都以“建制沿革”和“县境”列出，各县对其所辖范围的记述内容详细具体，简洁明了。现就文渊阁《四库全书》本《长安志》与清乾隆四十九年（1784 年）经训堂丛书本《长安志》（两本内容大同小异）对后十卷 24 县自然地貌与人为设施建设两部分内容看，先是《长安志》后十卷所辖 24 县对自然地貌的叙述内容较丰富，列述各县、地理位置清楚详明，即山、岭、峰、堆、塠、丘、坡、坂、谷、坳、洞、原、水、川、涧、泽、薮、潭、泺、泊、陂、池、泉 23 种。这些自然地貌有如下特点：①记述了关中诸县之中著名的地貌特征。例如万年县（今属西安市）长乐坡，又称浐坡，直至今天仍然是著名的一道坡。该志记各县有陂 11 处，栎阳的清泉陂，泾阳的龙泉陂，咸阳的兰池陂，其中最著名的是户县的渼陂。

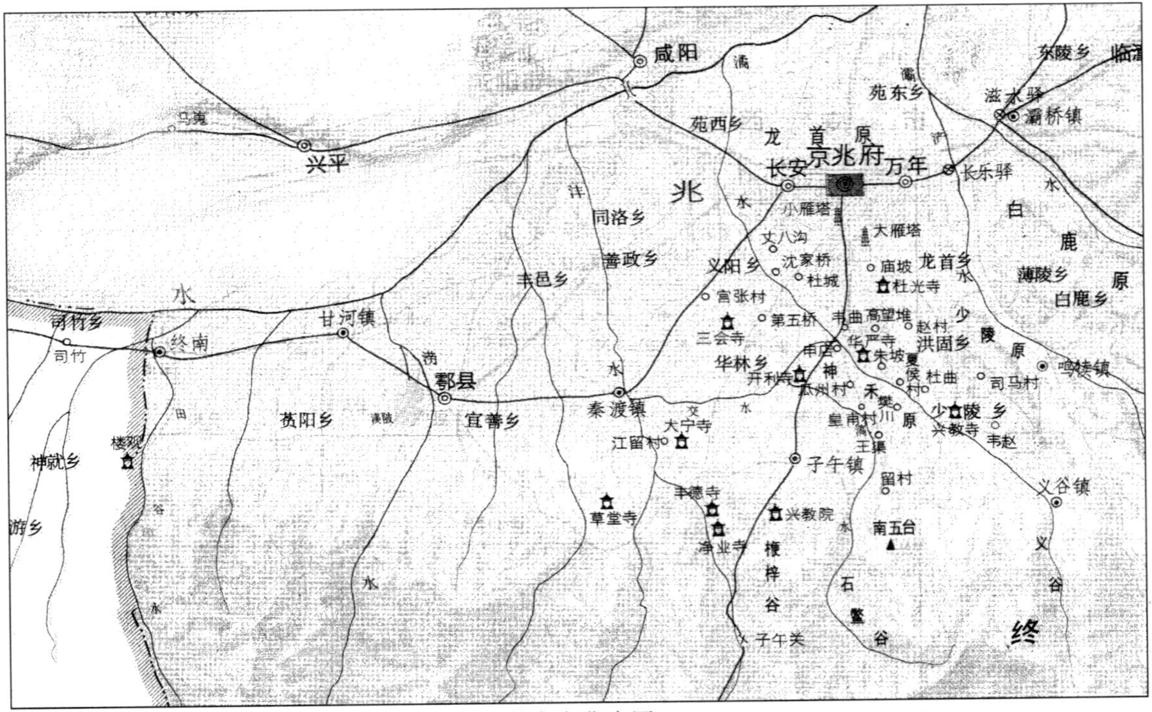
咸阳
兴平
马嵬
京兆府
长安
万年
龙
首
原
兆
苑西乡
苑东乡
东陵乡
临潼
滋水驿
灞桥镇
长乐驿
白
鹿
原
薄陵乡
白鹿乡
小雁塔
大雁塔
丈八沟
沈家桥
杜城
庙坡
龙首乡
杜光寺
同洛乡
善政乡
丰邑乡
义阳乡
宫张村
第五桥
三会寺
韦曲
高望堆
赵村
华严寺
洪固乡
少
陵
原
申店
朱坡
华林乡
开利寺
神
杜曲
司马村
鸣犊镇
皇甫村
樊川
少陵乡
兴教寺
韦赵
王镇
子午镇
留村
义谷镇
南五台
兴教院
丰德寺
净业寺
草堂寺
江留村
大宁寺
秦渡镇
宜善乡
鄠县
甘河镇
终南
司竹乡
司竹
楼观
神就乡
游乡
甘河镇
石
鳖
谷
子午关
义
谷
终

北宋京兆府图

泾阳的焦获薮，为《尔雅》十薮之一。诸县分布有泉多处，其中临潼的温泉最为著名，又如兴平的陨星石乃是晋穆帝时陨落的，云阳的古石蛇，也都在记述之中。②该志所述河流，多以县为范围，但是一条河流所经过之地不止一县，其中所记述的各县不止一处，除蒲城县之外，其他 24 县以水或河相称的水道约有 130 多条。③有历史传说的地理名称。如文渊阁本《长安志》载，周至县有姜维岭，本名沈岭，蜀后主延熙二十年（257 年），大将军姜维率众出骆谷经沈岭而得名。④属于特有地形的部分县。例如谷，指两山之间的水道，是以周至县的谷为多，其次还有万年、临潼、礼泉。又如池，渭南的灵池是在后魏永熙元年（532 年），水自然涌出成池。蒲城的漫浴池，可以灌溉蔬圃，也有源头活水。

《长安志》后十卷对京兆府管辖 24 县人为设施建置，即水利、交通、军事、农业种植与牲畜、居民点、故城、台阁、寺观、陵墓 10 个方面的叙述。水利：各县境内的水利十分发达，主要有渠、堰、井等，其中郑国渠和白渠最著名。交通：以道路为基础，以及驿、桥、渡等有关设施，还记一条轵道，是秦王子婴降沛公的道路。军事：该志特别记述了唐代在一些县境设立的折冲府，以及主要的寨、关。农业种植与牲畜记有两处：一是周至的司竹监，是植竹与管理竹林的处所；一是兴平的四马务，是唐代至宋初养马的地方。另外，还记有咸阳的细柳仓和嘉禾仓，以及咸阳的交通厩等，这些农业种植、储粮和养马的地方，都是和当时农业生产有直接的联系。居民点：都城长安以外，各县县城是较大的居民点，其次还有乡、镇、坞、亭、聚、堡、城、村等，尤其是“店”之称，万年县东有一官硙店，宋敏求未作解释，或是一个居民点。故城：即不断省并改置的县城。台阁：指当时的一般建筑，如周至县马融读书台等，还记一些历史遗迹，如长安县的柏梁台和神明台，以及诸宫殿、苑囿。寺观：占据数量很多。

从以上所列项目看，宋敏求基本因袭了两汉时期述地一派方志的传统，同时也记载了一些京兆尹的旧迹，超出了述地的范围，是述地与记人两种体例逐渐混合过程中的转变，这不仅反映出宋代长安周围各县的地貌特征，还初次详细叙述了宋代长安及关中区域的社会现状，为各县县志的产生打下了基础。

五、长安自然河流与人工渠道

1. 宋代引入长安城的几条主要河渠

永安、清明、龙首、黄渠和漕渠是引入长安的5条主要河渠，引自潏水、浐水和义谷水，发源地是终南山。诸河渠不仅供应唐长安城内的用水，也供应宫城和皇城内的用水。

永安渠引入城内的起点在朱雀门街西第四街第十三坊，即最南端的大安坊。《长安志》卷十一大安坊条说，永安渠自隋开皇三年（583年）入城，“自此流经大通、信（敦）义、永安、延福、崇贤、延康六坊之西，又经西市之东，又北流经布政、颁政、辅兴、崇德四坊及兴福寺之西，又北流入芳林园。”永安渠流经大安坊以北的大通等六坊，再由此诸坊以西直向北流，一直流经同一街之北的布政、颁政等四坊。

清明渠在长安城内的流经之地，《长安志》卷十大安坊条载，清明渠入城，在大安坊南街，曲而东流经过紧邻大安坊之东的安乐坊，也是最南端的一坊，由此再“屈而北流，经安乐、昌明、丰安、安（宣）义、怀真、崇德、兴化、通义、太平九坊之西，又北流经布政坊之东、右金吾卫之东南，屈而东南流入皇城，经大社北，又东至含光门后，又屈而北流，经尚食局东，又北流经将作监、内侍省东，又北流入宫城”。清明渠引水地在朱坡村东南，朱坡在今韦曲东南、申店正东。

龙首渠在长安城内的流经之地，《长安志》卷九永嘉坊条说，龙首渠“分浐水北流，至长乐坡西北，分为二渠：东渠北流入苑，西渠曲而西南流，经通化门南，西流入城，经此坊，又西南流经兴庆宫入西流，经胜业坊、崇仁坊、景龙观，又西入皇城，经少府监南，屈而北流，又经都水监、太仆寺、内坊之西，又北流入成桥下”。龙首渠引浐水，又称浐水渠，由浐水引出北流至长乐坡西北，分为东、西二渠。

黄渠是唐长安城东南隅供给游赏胜地曲江的水源。《长安志》说：“寺南临黄渠，水竹森邃，为京都之最。”说明黄渠是由曲江流出，又分布长安城东南各处。

漕渠即隋文帝时开凿的广通渠，分布在长安城内外。《长安志》说：“唐天宝二年，京兆尹韩朝宗引渭水入金光门，置潭于西京，以贮麻木。大历元年，尹黎幹自南山谷口，开漕渠抵景风、延喜门入苑，以漕薪炭。”京兆尹韩朝宗引渭水入城一事，在《旧唐书·玄宗纪下》和《新唐书·地理志》等文献中都有记载。但渭水流经龙首原，其间高差约有 10 米，不能引上原，应为引潏水。韩朝宗和黎幹开凿渠道是为运输用的交通水道，在南山和长安城之间。《长安志》说：“起县西北渭水兴城堰，初名‘富民渠’，仁寿四年改。”漕渠初名富民渠，凿于隋文帝开皇四年（584 年），渠长 300 余里，由隋大兴城西引渭水，至潼关入黄河。隋炀帝时，因避炀帝的名讳，曾改为永通渠。唐初，又因避唐太宗的名讳，改为富人渠①。

上述永安、清明、龙首和黄渠 4 条大渠是由城外引水入城。朱雀门街以东各街用水，需利用龙首渠和黄渠供应，而龙首渠是由通化门流入，向西流到皇城，南到东市。东市以南，唐长安城东南诸多里坊的供水，则主要是靠黄渠提供水源。

① 史念海：《环绕长安的河流及有关的渠道》，《中国历史地理论丛》1995 年 第 1 辑。

2. **京兆府辖县的人工渠道**

《长安志》在卷十一以后，记载唐京兆府记人工开凿的河渠有12县52条，5个堰口。12县，即万年、长安、咸阳、兴平、武功、栎阳、高陵、泾阳、周至、富平、三原、云阳，每一县都有具体的渠名和数目。其中长安县的人工渠道比较多，有清明渠、永通渠、漕河（万年县漕水下游）、龙首渠、明渠、清渠、漆渠、永安渠、漕渠，以及大历元年（766年）京兆尹黎幹开凿的石闼堰、雁鹜陂、河池陂。栎阳县的5渠，自洪门分入高陵县北下入渭水，包括中白渠、析波渠、中南渠、高望渠、耦南渠。还有高陵县的白渠，即刘公渠，自泾阳县界流至彭城，分为中南、高望、耦南、中白四渠灌溉民田。这12县52条人工开凿的渠道数目已达到京兆府所辖24县的一半，说明当时已形成水利灌溉网遍及长安郊县广大区域，丰厚的水利资源促使了关中平原农业的发展。《长安志》对较为重要的渠道还作了更详细的记述。如，泾阳县的三白渠有48斗门，东北的三限口，指南北分渠处，三白渠就是由此分流的，还记限上、限下、中限、南限、北限等分管斗门的数量，以及高陵县的白渠4渠皆一一注明在县境里数的数目，都是较他志少有的。另外一部分所辖诸县未见开凿渠道的记载，这与地形及自然条件的限制有关。

六、唐长安城的诸里坊

《长安志》卷七至卷十，专述唐长安京城及外郭城内各个里坊的名称与位置的迁移、里坊的间距、坊门，以及里坊与长安城环境的密切关系，成为当今专家学者对古都长安研究较多见的内容，其中颇具新见，并带有争议的观点，现归纳如下：

1. **不知名四里坊的确切位置**

《长安志》卷十载，唐外郭城末附载昌化、延平、修仁、正平四坊，而在唐长安城108坊之中却未见其名。《长安志》载“疑改易坊名”。昌化、正平二坊，徐松《唐两京城坊考》认为，按照《长安志》所述，昌化坊内有礼宾院和岐阳公主宅。礼宾院原在崇仁坊岐阳公主宅下注，崇仁坊正是龙首渠所经之地，昌化坊正是崇仁坊的别名。因此，昌化坊下所属各宅应付崇仁坊下。辛德勇《〈长安志〉所在不明四坊》引徐松《唐两京城坊考》，徐松所指昌化坊是崇仁坊别名的主要依据，是昌化坊内有礼宾院，而此院原在崇仁坊，这实际上是错把“礼宾院”与“礼会院”混为一谈。所谓礼宾院，是馆宿外番使节的住所。礼会院据《长安志》卷八崇仁坊，礼会院是公主、郡县主等皇族显贵的女儿出嫁成礼之地，安史之乱后已废弃。说明崇仁坊的礼会院与昌化坊的礼宾院是不同的两个地方。昌化坊既不是崇仁坊，也不是长兴坊，位置究竟在哪里？《长安志》卷八广化坊有玉山营，在宋敏求自注中，以延善及通化门证实“昭化”即广化是正确的，而广化坊原是安兴坊后来改名的。从《西安历史地图集》的《唐长安城住宅图》看，永兴坊于光宅、永昌二坊之南的第三坊，未经改名广化坊的安兴坊，亦应为皇城东第二街的第三坊。

延平坊。《长安志》卷十说：“其街乃刑人之所。”并注：“元和五年，斩成德军逆蒋一十五人于延平坊街，范阳所献也。”辛德勇按，唐朝没有受刑于民坊内的管理规定，唐长安外郭西南头为延平门，本无延平坊。“延平坊街”可能是“延平门街”之讹。

修仁坊。《长安志》卷十说：“弘道观。下注：坊内旧有隋国子学及右屯卫大将军麦铁杖宅。显庆二年尽并一坊为雍王第。王昇储，永隆元年立为观。”据《唐会要》，“修仁坊”乃“修文坊”之讹。修文坊是河南东都定鼎门东的一坊，隋立国子学于此。唐显庆二年（657年），隋国子学与麦铁杖宅并为一坊后为雍王宅，王昇储后立为弘道观，改名弘道。《长安志》修仁坊条存在舛讹。

正平坊。《长安志》卷十又说：“安国观，正平坊。本太平公主宅，长安二年睿宗在藩，公主奉焉。至景云元年，立为观，乃以本封为名。十年，玉真公主居之，改为女冠观。”正平坊与安国观属于东都之地，宋敏求将《唐会要》卷五十安国观条误列入西京，正平坊与修仁坊都不属于《长安志》所载内容。据《西安历史地图集》的《唐长安城住宅图》，未见修仁和正平二坊名。以上四坊的名称与归属情况已十分清楚，除了昌化坊更名之外，其余三坊都不在长安城内。

2. **里坊的别门**

《长安志》卷七外郭城说：“皇城之东尽东郭，东西三坊。……西郭，东西三坊，南北皆一十三坊，每坊皆开四门。”其皇城之南的东西四坊，却未指出坊门有几处？吕大防《长安图记》不仅举出“皇城左右共七十四坊，各四门”外，还指明“皇城之南三十六坊，各东西二门”。唐代里坊没有特殊情况，一般再无别门。别门指向街的门户，但有一种情况可例外，即荐福寺和浮图院，以及三品以上的大员和坊内三绝，“三绝”指能文、能工书、有力的三种特殊技能的人。有上述条件能破坊墙开向街的门，但这种单独开门户的情况很少。如，马燧官居司徒兼侍中，是三品以上的朝廷大员，建有奉诚园，可不必由安邑坊的坊门进入，但当时规定坊门不能扩展到坊外，文宗大和八年（834年）还特别颁布过敕文，《唐会要·街巷》说：“左街使奏：伏见诸街铺，近日多被杂人及百姓诸军诸使官建起造舍屋、侵占禁街。……今除先有敕文，百姓及诸街铺守诸使官等建舍屋外，余杂人及诸军诸使官建舍屋，并令拆除。”后来不遵守成规的人逐渐增多，并惊动了王室。《唐会要》大和五年七月巡使的奏文说：“伏准令式及至德、长庆年中前后敕文，非三品以上及坊内三绝，不合辙向街开门，各逐便宜，无所拘限。因循既久，约勒甚难。或鼓未动既先开，或夜已深犹未闭，致使街司巡检，人力难周，亦令奸盗之徒，易为逃匿。伏见诸司所有官宅，多是杂赁，尤要整齐，如非三绝者，请勒坊内开门，向街门户，悉令闭塞。请准许前后除准令式各合开外，一切禁断，余依。”据载，长安城中朱雀门街三品以上主要第宅有 26 家，朱雀门街西三品以上大员的家门和九坊的坊门加在一起，仅有 12 门，说明开里坊别门仍有严格的管理制度。

3. **住户稀少的里坊**

《长安志》卷四载，朱雀门街东第一街从北向南第七坊开明坊中“自朱雀门南第六横街以南率无居人第宅”。当时接近城南诸坊的住户大都十分稀少，特别是“自兴善寺以南四坊，东西尽郭，虽时有居者，烟火不接”[①]。兴善寺在靖善坊，其南是兰陵坊，此坊中有天官尚书韦待价和工部尚书李珍二宅，忠武军节度使曲环和太子宾客燕国公于頔两家的家庙。兰陵坊之南是开明坊、开明坊中仅有一光明寺，其南是保宁坊和安义坊，保宁坊有昊天观，占地近一坊，安义坊仅有真顺武皇后庙，说明这几坊中没有居住户。从《西安历史地图集》的《唐长安城住宅图》可清楚看出，朱雀门街东第二街从北向南第六坊的安善坊，其南是大业、昌乐、安德三坊，大业坊东南角仅有宋王元礼宅，以及驸马都尉杨慎交的山池。昌乐坊，据《西安历史地图集》肃宗至德元年（756 年）《唐长安城图》，仅有供进梨花蜜的官园。朱雀门街西第二街，从北向南第六坊的宣义坊，据《长安志》宣义坊条，南有丰安、昌明、安乐三坊，分别有安禄山、杨国忠、李希烈、王铁的宅第。安禄山、李

① 《长安志》卷四。

希烈和杨国忠未叛前曾是炙手可热的权臣，王铁也位于户部侍郎兼殿中监，他们正是看上了这里的僻静和远离喧嚣而居于此。朱雀街东第五街新昌坊南，紧邻的升道、广德、立政三坊为唐时坟冢之地，更不会有居户了，说明唐长安城南一带里坊的居户不仅稀少，甚至是一片荒凉景象。

七、唐长安城街道与宅第

1. 十一街与十四街

《长安志·唐皇城》载，皇城中“南北七街，东西五街，其间并列台省寺卫”。以南北顺序排列的七街和以东西顺序排列的五街，把城内的台省寺卫、百僚廨署连在一起，相加正是十二街，也正是人们通常所说的长安“十二街”。其实外郭城和皇城门道及街道数目均不相同，《长安志》说：“郭中南北十四街，东西十一街。”徐松认为，《长安志》是以朱雀门街为主，朱雀门街东五街与朱雀门街西五街，加上朱雀门街共为十一街。《长安志》所说的街，实际是以里坊为准，“朱雀门街之东从北第一，兴道坊”，依次排列到最南的安义坊，由兴道坊至安义坊，就是朱雀门街以东的诸坊。由兴道坊至安义坊以东的一列，就称为第二街，依次排列，直至第五街。朱雀门街西诸街也是一样，此处《长安志》略有脱简，《唐两京城坊考》补充说，“朱雀街之西，从北第一坊光禄坊”。由善和坊直至延祚坊之西，也称为第二街，依次排列，直至第五街。按照以上叙述，朱雀门街的东西各有四街，加上中间朱雀门街，实际只有九街。史念海《纵横于诸里坊间的街道》认为，如果朱雀门街东的街道，东由兴道坊算起，朱雀门街西的街道，由善和坊以西算起[1]，而朱雀门东第五街，应在兴宁坊以东，朱雀门西第五街，应在修真坊以西，也就是紧靠通化、春明和延兴门的东郭城之内还应有一街。紧靠开远、金光和延平门的西郭城之内也还有一街，东西合起来就是十一街。

十四街是指南北街道，即宫城和皇城在外郭城由北至南，由北面凹入的外郭城诸街。皇城以南的南北五街，有四排里坊，每排有九坊，宫城和皇城以东的四街中，有三排坊，每排有十三坊，以最长的每排十三坊算起，其间应有十二街，加上紧靠南北两侧郭城的两条顺城街，就是《长安志》所说的"南北十四街"。

虽然长安街道规划井然犹如棋盘，但从《唐长安城图》看，朱雀门街东第三街，即皇城东第一街，由大明宫西南的兴安门南至启夏门的这条街，最北的翊善坊，后来置大明宫、开丹凤门街，就把翊善坊一分为二，东一半仍称翊善坊，西一半就改称光宅坊，翊善坊之南的永昌坊，也一分为二，西一半仍称永昌坊，东一半改称来庭坊。丹凤门街仅有翊善、来庭、光宅和永昌四坊中间的街道很短，没有入东西十一街之内。另外，在修建兴庆宫时，《长安志·唐京城》又说："(开元) 四十年，又取永嘉、胜业坊之半增广之。"为了建兴庆宫，毁东市和道政坊的一部分，又扩建占用永嘉坊的一半和胜业坊的部分面积，使皇城东第三街有弯曲，也依然没有影响唐长安城的总体规划。

2. 达官显宦的宅第

《长安志》卷七至卷十较多地记述了达官显宦宅第的规模

---

① 此节载为"光禄坊"，而朱雀门街西由北向南第一坊应是"善和坊"，光禄坊在《西安历史地图集·唐长安城图》与《唐两京城坊考·附图》均未见记载。

和几尽豪奢的程度。《长安志》载，朱雀门街东西四街的崇义坊、长兴坊、永乐坊和怀真坊，怀真坊的横街之北是尚书右仆射唐休璟宅，长兴坊的横街之南是中书令张嘉真宅，其西是太子宾客元行冲宅，次北隔街是礼部尚书致仕王邱宅，还有邠宁节度使马璘宅，尤其是次北隔街的张嘉真宅和元行冲宅都是临街居住的显宦居户。但《长安志》对其在里坊中的具体位置却很少记述，马璘宅就在王邱宅之后，应是邻居。据载，安史之乱后，马璘宅在大臣宿将中颇为壮观，后来被命拆毁。诸如此宅不止一家，可看出盛唐时期的世风日下。

更为特殊的是，朱雀门街东第五街从北向南第四坊，此坊原是唐玄宗未即位前的居住地，即位后改为兴庆宫，即南内。还有靖善坊之南的保宁坊，原是贞观初年的晋王宅，晋王就是唐高宗。据载，唐高宗做皇帝后，为太宗追福，又在保宁坊建立昊天观，尽一坊之地，规模壮观。从《西安历史地图集》的《唐长安城住宅图》看，唐长安城内居住最密集之处，是宣阳、亲仁二坊。宣阳坊内是秋官上书谯国公李诲宅；东北是刑部尚书李×宅；其西门北是尚书左仆射舒国公韦巨源宅；宅东是陕州刺史刘希进、少府监杨务廉宅，以及杨国忠、虢国夫人、韩公武、韦叔夏、高仙芝、郭元振、李齐物、贾昌、独孤明等前代与当朝宅邸就有 20 处。在十字街东北，其西还有益州长史李衮和太子宾客郑惟忠的宅第，东门北有京兆尹李齐物和司徒致仕李平的宅第，西门南有右御林军大将军高仙芝的宅第，这些宅第都位于东街北侧，其规模大致和西街一样。另外，还有南门西杞国公窦毅宅，西北门附近右骁卫大将军韩公武宅，以及东南隅的万年县廨、榷盐院、坊西南隅的净域寺，东北隅的兵部尚书郭元振宅，构成了南街和北街第宅，东南隅和西南隅官署建筑的错落有致、宏丽壮观的宅第建筑群[1]。

据杨鸿年《隋唐两京坊里谱》，里坊中一坊有两隅都是达官显宦宅第的有胜业、兴宁、通义、颁政四坊，有三隅都是达官显宦宅第的有平康、永嘉两坊，平康坊西北隅是隋太师申国公李穆宅，西南隅是国子祭酒韦澄宅，东南隅是右相李林甫宅；永嘉坊东北隅是太子少师李纲宅，西南隅是申王㧑宅，西北隅是凉国公主宅等等。这些达官显宦所建宅第各有目的，如杨慎交宅在靖恭坊，该地原为高士廉的旧第，高士廉曾于贞观年间位尊势重，杨慎交以驸马都尉居之其宅，仍不满足，又将左金吾卫故营合为一宅，还将此坊的空地作为鞠场，并且还筑山修池，建重楼，规模宏大，闻名一时。还有延福坊西北隅的琼山县主的宅内有山有水，绿林掩映，其豪奢的程度不言而喻。

3. **独特的宅院池沼**

宅院之中修建池沼，池面广阔可以行船，或借于船舫吟诗赏谈，或举行竞渡，集休闲游乐为一体，堪称一时风气。如《长安志》记街最南地属偏僻的昭行坊，汝州刺史王昕“引永安渠为池，弥亘顷亩，竹水环布，荷荇丛秀”[2]。以名园见于记载等，这些独特的建制形式，既美化了环境，也增添了生活情趣。据统计，《长安志》所载宅院池沼的数目，主要是唐长安外郭城朱雀街东西18坊中20处池沼及东西两市的放生池2处，共有22处。其中最特殊的，就是上述已提到的街东大业和靖恭二坊驸马都尉杨慎交山池两处，长宁公主嫁杨慎交，此宅已是富丽堂皇，杨慎交又筑山浚池，当时帝后都数次临幸，

① 《西安历史地图集》的《唐长安城住宅图》，朱雀东第三街自北向南第六坊的宣阳坊，误为“宜阳”坊。

② 《长安志》卷九。

此处更非一般。还有永宁坊安禄山永宁园，街西宣义坊也有安禄山池亭，安禄山未叛前最为玄宗所眷顾，赐安禄山两处游赏胜地，说明永宁园池也是非一般规模。唐长安城中还有一些没有具体位置的诸家宅院池沼有17处。《全唐文》《全唐诗》等文中补充长安城朱雀街东西宅院池沼有39处，《长安志·宫室四》，记唐宫室苑囿池沼有14处。以上朱雀街东西宅院池沼有78处，苑囿池沼有14处，合计共有92处池沼。但据《西安历史地图集》的《唐长安城园林、池沼、井泉分布图》统计，唐都长安包括兴庆池与曲江池，共有池沼36处，与上述记载的数目相去甚远，其具体原因有待以后探讨。

八、唐长安、万年县的乡里及方位

唐代乡里是郊区行政区划的基本单位。《长安志》卷十一至卷十二，叙述唐长安、万年二县的乡里数目，共有104乡、436里。而《长安志》仅记有洪固、龙首、少陵、白鹿、薄陵、东陵、苑东、义阳、善政、同洛、丰邑、苑西、华林13个乡，里名有胄贵、神鹿、布政、安化、安宁、龙台、崇征、居安8个，其余均已散佚。清毕沅增补了12个乡名，今人又增补38个乡名及墓志记载的承平乡，并考证出了大致方位，另有6个乡名的具体方位尚待考订。据杜文玉《唐长安县、万年县乡里补考》，以碑志资料作为主要依据，对其中一些乡里方位加以考证，有确切乡名、又增补唐长安、万年二县所辖的10个乡名，即布政、浐川、滋川、安国、弘安、新昌、同仁、弘政、庐陵、长安，使已知乡名数达到80个，已散佚的乡名还有24个。

唐长安、万年二县乡里的地理方位，《长安志》对万年县所属洪固乡位居县南的记载，洪固乡的管辖范围应该是至今长安的韦曲，北至今西安南郊三爻村一带。《长安志·唐京城四》

还记载长安县所属丰邑乡“在县西二十里”。乡以丰邑为名，当近于沣水，在沣水以东。据载，唐长安城西出有开远门（今土门之北），金光门、延平门（今石家围墙东南），三门都在今木塔寨西的南北线上，此处的永阳坊与和平坊，当时建有庄严寺和总持寺，两寺中的木浮图，其木塔寨之名即源于此。由此确定长安县西去的里数，再由三门算起，今土门以北向西，20里有余处是北田村，相隔20里还有落水村、普渡村，三村都西距沣水很远，丰邑乡的范围不会远至沣水以西。

第三节　元代长安专著——《类编长安志》

一、骆天骧与《类编长安志》

《类编长安志》（以下简称为《类编》）10卷，元骆天骧编纂。天骧（约1223－1300）字飞卿，长安人，别号藏斋遗老。他自幼便生活在故里长安，少年时就留意长安古迹，向乡里有学问的长辈求知，与志趣相投的朋友一起参加饮酒赋诗的聚会，对于唐长安的历史遗迹、旧事及长安经过兵焚、又经宋元的历史变迁十分了解。至元时，仅剩以前名儒故老百余人的现实，使他有了更想直接探究并了解长安历史的愿望。入元以后，他曾任京兆路儒学教授，闲暇之时，正如骆氏《类编长安志》序中所说：“远游樊川、韦、杜，近则雁塔、龙池，其周、秦、汉、唐遗址，无不登览。或谈故事，或诵诗文，仆每从行，故得耳闻目睹，每有阙疑，再三请问。”这些活动为骆氏编撰此书打下了很深的基础。元皇子安西王分管关中之地，至元元统元年（1333年）创建安西王府，仍首选长安之地。《类编长安志·序》载，骆氏曾引导主持营建安西王府的安西王相和长安人赵炳“遍访周、秦、汉、唐故宫废苑、遗踪故迹，自丰镐、阿房、未央、长乐、太极、含元、兴庆、鱼藻、靡不登历，是以长安事迹，足履目见之熟”。这些都促使他想写出一部反映长安的著作。经过广泛搜集自汉、晋、隋唐宋金元历代有关古长安的离宫别馆、废殿荒陵，破败不堪的城郭、府郡州县地理沿革的变更，以及秦中古今碑刻、名贤诗文，长安名景题字等大量资料，终于在年逾70岁时，元贞二年（1296年）纂成《类编长安志》十卷，于元大德二年（1298年）刊刻成书。

《类编》原刻本久已失传，明清传抄本也极为稀见。据黄永年《述类编长安志》，这部书在以旧本秘笈著称的钱谦益《绛云楼书目》、钱曾《述古堂书目》《也是园书目》和《读书敏求记》，乾隆时的《进呈书目》和《四库全书总目》，嘉庆时阮元进呈的后赐名《宛委别藏》的《四库》，编撰的《四库未收书提要》，以及乾、嘉时著名的学者钱大昕著《补元史艺文志》中均未收入此书，可知此传本的稀缺。其原因主要是骆氏此书的刊刻地，即北方平阳书坊（大致在今山西临汾）刻此书称平水本。平阳是金、元两代北方的刻书中心，距长安较近，书成之后就近送平阳刊刻合乎情理，但平阳书坊进入明代后却逐步衰落，不仅不再有新刻出现，既是元时旧刻也十分稀见，这也正是元刻本《类编》之所以久已失传、抄本也极为稀见的原因。

陕西省图书馆藏有开成路儒学教授薛延年校正的民国抄本，卷前无图，天头有许多错字改正的笔迹，稍显凌乱。今有1990年中华书局出版的黄永年点校本《类编长安志》，是历经明清两朝至今六百多年、重新刻印的本子，它补充并纠正了上述《类编》抄本所存在的脱误之处，是至今研究骆氏《类编》最具参考价值的刊本。试以民国抄本与黄永年点校本《类编》的一段内容作以下对比，便可看出两种刊本的不同之处。

民国抄本《类编》卷九："澄襟院是唐之街僧录遍觉大师的塔院。""其居北倚高坡，泉声泠泠，竹阴相接，圃中植花，洞穴岩间，架阁池上，茂林修竹与之隐映，真有幽胜之趣。"

点校本《类编》卷九："澄襟院是唐左街僧录遍觉禅师智慧轮塔院。有碑尚存。""其居北倚高坡，泉声泠泠，植花于圃，穴洞于岩，起阁池上，隐隐然藏于茂林修竹之间，具幽胜之趣。"可看出黄永年点校本文辞更准确，记述更详细。

《类编》全书10卷34门目。卷首有"长安路州县图"一幅。卷1杂著、管治郡县。是雍州长安地理沿革、土产、风俗的总论，记汉晋隋唐宋金元历朝的长安，以及同州、华州、商州、耀州、乾州、恒州、眉州、桢州8州12县的区划情况。卷2京城、宫殿室庭。京城记周至隋唐历朝在长安的建都，及秦汉隋唐各朝在长安建都的宫殿禁苑等共计187座。卷3圜邱郊社、明堂辟雍、苑囿池台、馆阁楼观。载长安南北郊社稷、神坛，周汉唐三朝的明堂辟雍，上林、甘泉、思贤、博望、西郊、乐游、御宿、芙蓉等苑囿及太液、九曲、曲江、鱼藻等池沼35处，台榭30处，楼阁道观79处。卷4堂宅亭园、街市里第，主要记述唐长安名门大宅有85处，所记亭园38处，厅堂23处，里第18处，以及7街7市。卷5寺院、庙祠，详细记载唐代寺观庙祠共161座。卷6分为山水、川谷、泉渠、陂泽、潭泊五类，是对长安旧志中各种潭、陂、泽、泉、泊，以及各条水道的详细记载。卷7分桥渡、原邱、关塞、镇聚、堡寨、驿邮、坡坂、堆堰、城阙、古迹10类及各种交通设置。卷8分山陵冢墓、纪异、辨惑、数目故事。详述汉、唐陵墓105座，又分述三秦、四关、五陵、六爻、八水等数目名称与荒诞的灵异鬼怪。卷9胜游、杂题。胜游类的殿台楼阁系前已述，杂题是对元代长安13处胜景的记述。卷10仅石刻一类，记碑石墓志铭等132篇，一部分碑石是作者亲眼所见，一部分为秦汉唐任职于长安各官吏的墓志铭，其中有42篇是宋金元时期的碑文、府学、庙记等，是研究金元时期长安历史人物、事件重要的参考资料。

骆氏编撰《类编》的目的，他已在自序中说到，“兵火相焚荡，宫阙古迹，十亡其九，仅有存者，荒台废苑，坏址颓垣，禾黍离离，难以诘问，古老相传，名皆讹舛”。骆氏认为，宋敏求《长安志》因“其故事散布州县，难以检阅”，于是“乃剪去繁芜，撮其枢要，自汉、晋、隋、唐、宋、金迄皇元更改府郡州县，引用诸书，检讨百家传记，门分类聚，并秦中古今碑刻、名贤诗文、长安景题，及鸿儒故老传授，增添数百余事，裒为一集，析为十卷，目之曰《类编长安志》，览之者不劳登涉，长安事迹，如在目前，岂不快欤！”他编纂此书，正是为了编一部主要介绍长安的名胜古迹与佚闻旧事的通俗读物，主要以宋敏求《长安志》为蓝本，又补入《新说》《明皇杂录》等史料，详加考证并整理归类，“类编”便取此意。

但是《类编》也存有明显的缺点：其一，这部书基本是按照《长安志》的内容，经过增删、合并分类，而对宋氏汉唐长安的内容，贾文裕《类编》序：“取长安旧志前后二十卷，十余万言，门分而类别之。”这和宋敏求《长安志》的编纂目的完全不同，正如黄永年《述类编长安志》所说：“宋《志》堪称为学术性专著，此书只是近乎后世旅游指南的读物而已。因此，在体例上，宋《志》采用过去地理总志如《元和郡县图志》《太平寰宇记》的传统办法，先宫室、再京城、再属县，属县以下分述山川古迹……而骆氏……改用‘门分类聚’近乎前人编纂类书的办法，打破了街坊属县的体系。在内容上，骆氏主要承用宋《志》，但又认为宋《志》内容太多，要‘剪去繁芜，撮其枢要’，再加上自己‘增添数百事’。这样的删减增改，又使此书不只是宋《志》的分类重编本，而成为在宋

《志》基础上重新改编改写的一部元代的新《长安志》。”

其二，《类编》以近似类书的体例编撰而成，应属新创，但在类目与体例的安排上并没有看到有新的创意，反而显得凌乱、重复，甚至出现张冠李戴的错误。例如卷一京都类下京兆尹条记有孔戢、韩愈、崔珙、薛元赏、韦澳等体恤民瘼的官吏，而在卷一京兆尹条下又记述了这些内容。卷二隋唐离宫已有华清宫，卷九胜游类又重记华清宫；宫殿室庭类在前面已经列出，胜游类又重复出现宫殿名。又如卷二宫殿类，又在卷五寺院道观类有宫殿的名称。古迹类已有石鼓，而石刻类又有周石鼓文。卷七原丘类已有铜人原，古迹类又重记铜狄等。

其三，在按时代、词义细加分类上，有些却以字相同而粗归一起，反而产生误导。例如卷三台榭类，竟把政府机构的御史台与渐台、兰台、柏梁台等古建筑混为一谈。堂宅亭园类的宅是第宅，却只列唐、宋人的宅，而把汉人的第另列进街市里第类。街市里第类的里只列汉长安城内的里，而把同样性质的唐长安城内的坊另列在京城类的隋、唐京城外郭城条下。

其四，由于作者过于注重简略易读，却把许多长安历朝重要内容以为是“繁芜”而删减，而真正是繁芜之处却保留下来。这从卷七至卷九的类目便可看出不妥：卷分桥渡、原邱、关塞、镇聚、堡寨、驿邮、坡坂、堆堰、城阙、古迹10类及各种交通设置。原邱、坡坂类都应属自然地理，而原邱后却记关塞、镇聚、堡寨、驿邮等人工建置诸类，接着又记坡坂类。骆氏在前面已说明，“览之者不劳登涉，长安事迹，如在目前”，而又专列卷九胜游，似乎卷九是长安的指南，与上所述自相矛盾。卷八山陵冢墓类，却加入应属于杂记类的纪异、辨惑类内容。总之，这些类目没有经过合理的排列，使得类目杂乱，排比次序混淆，这种情况在历朝记述长安都城的诸志书中很少见到。

《类编》的许多内容是按照宋敏求《长安志》加以缩减的，试以“周人建都”条作以比较看：

《类编长安志》：“《帝王世纪》曰：古公亶父是为大王，以修德为百姓。所附止于岐上之阳，邑于周地，始改国曰：‘周’。筑城郭，立宗庙，设官司。即《诗》所谓：‘乃召司空，乃召司徒，俾立室家；其绳则直，作庙翼翼，筑之登登，削屡冯冯者也。’周道之端盖自此始。”

宋敏求《长安志》：“《帝王世纪》曰：古公亶父是为太王，以修德为百姓。所附狄人攻之，以皮币事之，不得免焉。又事之以玉帛，不得免焉。又事之以犬马，不得免焉。遂策杖而去，止于岐山之阳，邑于周地，故始改国曰：‘周’。豳人闻之，曰：‘仁人不可失也。’东循而奔从之者如归市焉，一年而成，三千户之邑；二年而成，都三年五倍。其初，王于是改戎俗，筑城郭，立宗庙，设官司。即《诗》所谓：‘乃召司空，乃召司徒，俾立室家；其绳则直，作庙翼翼，筑之登登，削屡冯冯者也。’周道之端盖自此始。”

从《类编》与宋敏求《长安志》周人建都这段内容的比较看，宋敏求《长安志》论述周人立国的开始及经过详细具体，而《类编》内容多有删节，交代的只是一个轮廓，使人不易弄懂其意，其中错字掉字多处。

二、对金元长安史料的增补

《类编》的研究价值主要是对金元时期长安史料的增补，这也是一直为学术界所称道的、最具创意的重大成就。《类编》一是对唐朱雀门街西一直脱漏的第一、二坊名的增添；二是新增补了金元时期长安的史实纪录，这对于研究长安金元历史，都是不可多得的重要珍贵资料。

1. 对今本宋《长安志》缺失唐两坊名的增补

现存明成化、嘉靖刻本宋敏求《长安志》（以下简称为宋《志》）的朱雀门西第一街从北数第一、二两坊的坊名与内容的缺失。徐松在《唐两京城坊考》说："《长安志》于此处缺二坊，别无善本可证。……光禄坊内亦有古冢，《新记》不载，时以之与永乐者对，遂目为王母台，张郎中谯云：常于《杂抄》中见光禄坊之汉朝王陵母墓，以贤，呼为王母，所以东呼为王公"。按照徐松所推断，光禄坊之名"既云与永乐相对，又云东呼为王公，是在永乐之西，恐两缺坊内有一名光禄者，今注于第一坊下以俟考"。对于第二个缺失的坊名，徐松说："张元忠夫人令狐氏墓志云：'夫人卒于京兆府殖业里之私第。'按以南数坊多以业为名，或此坊为殖业欤?"徐松根据史料以审慎的态度，推测缺失的唐两坊名第一坊为光禄，但"殖业"坊名仍感到不是很有把握，而未填入西京外郭城图第二坊的空白处。唐缺失的两坊名由于徐松的推测，毕竟在原空白处又进了一步，黄永年点校本《类编长安志》附录《述类编长安志》说，致使"后来研究唐长安城、绘制城坊图者郤无不以徐考为蓝本，对所臆测的这两个坊名都置信不疑，有的连第二坊也不存空白，照填上殖业"。说明徐松未见过骆氏此志，经过查对《类编》卷二京城类的隋、唐外郭城条，在逐个记出城内的坊名之中，"外郭朱雀门街西至明德门五十五坊，长安县治之。其坊名曰：善和坊、通化坊……"朱雀门街西的第一、二坊正是今本宋《志》所脱漏的善和与通化二坊，并非徐松所臆测的光禄、殖业坊。从今本宋《志》与骆氏书中诸坊的对照，有如下异同：朱雀街东永平坊，宋《志》是永宁坊；修业坊，宋《志》是修行坊；朱雀街西善政坊，宋《志》为修德坊；淳化坊，宋《志》是永和坊。两书中坊名竟有多处异同，是否骆氏此书有误？黄永年认为，骆氏是金、元时人，所用的宋《志》

无疑是宋刻或金刻足本，抄录的坊名基本也是按照宋《志》原本的次序。骆氏此书所记坊名与宋《志》的异同，可能是今本宋《志》刊刻之误，或骆氏传抄之误，或骆氏别有他本。这从黄永年点校本《类编》记骆氏引用宋《志》善和、通化二坊的原文，即《类编》卷七古迹类御井条，"《长安志》：善和坊，有井水甘美，以供内厨。开元中，日以骆驼驮入内，以给六宫，谓之御井。"① 又据黄永年点校本《类编》卷四宅条下殷开山、颜师古、郑国妇人杨氏、韦武宅之后记"右四宅在通化坊"。无疑缺失的唐两坊名正是善和与通化二坊。另外，骆氏《类编》在文字上还有许多地方可以校正今本宋《志》的错误，在此不一一列举。

2．对金、元时期京兆府史料的增补

宋《志》记至五代北宋而止，而《类编》卷一管治郡县类却增补到金、元两朝，其中最有价值的，对金、元管治郡县京兆府的增补内容，现摘录如下：

金（1115—1234）京兆府路"金初，分陕西为五路，京兆为陕西东路，凤翔为陕西西路，延安为鄜延路，庆阳为环庆路，临洮为西河路。京兆先管商、华、同、耀、乾五州十二县，贞祐元年，分凤翔、眉县，周至来属，又改韩城县为贞州，眉县为眉州，周至为恒州，始为八州十二县。又置镇防、猛安千户五十四寨，以镇西川五十四州，京兆府尹兼统军宣权元帅、左都监，为军民都总管，县令兼军民镇抚都弹压。陕西东路京兆都总管府管八州十二县。"贞祐，即金宣宗贞祐元年(1213年)，这与《金史·地理志》有详略异同。《金史·地理志》说："京兆府路，宋为永兴军路。皇统二年省并陕西六路

① 据黄永年引《国史补》卷下与此说有出入，说明《国史补》旧本较今本或有异文。

为四，曰京兆，曰庆原，曰熙秦，曰鄜延。”皇统，即金熙宗皇统二年（1142 年），与贞祐元年相隔 71 年，显然其间郡县区划发生了改变，出现异同，但这与金初“陕西为五路”又有异同，说明金朝在 149 年间，郡县区划就有几次变更。

金初分为 8 州 12 县，8 州即同州、华州、商州、耀州、乾州、恒州、眉州、贞州；12 县即咸宁、长安、蓝田、临潼、栎阳、高陵、云阳、泾阳、咸阳、兴平、户、乾祐，改清平县为终南县。点校本《类编》与《金史·地理志》12 县的记载相同，而陕西省图书馆藏民国抄本《类编》缺高陵、云阳二县，其清平县误为清平镇。

大元（1277－1368）安西路“以下八州十二县，系圣朝初管京兆路州县。至元十四年，改京兆府为安西路总管府，又降恒州，复为周至县，眉州为眉县，桢州为韩城县，并栎阳入临潼县，云阳入泾阳县，下邽为渭南县，美原入富平县，好畤入礼泉县。今西安府见管五州十一县。安西路总管、府管八州十二县”。元代安西路 8 州 12 县，8 州即同州、华州、商州、耀州、乾州、恒州、眉州、贞州；12 县，咸宁、长安、咸阳、临潼、兴平、户县、蓝田、泾阳、高陵、栎阳、云阳、乾祐（在此省略 8 州 12 县各州、县的乡里、县境）。皇庆元年（1312 年）改名奉元路，治所在长安、咸宁二县（今西安市），辖 8 州 12 县，同于安西路。

以上《类编》所述金、元两朝关中地区行政区划的变化，可看出元代较金朝行政区划管理更为合理。金初对陕西行政区划分为五路，元朝于至元十四年（1277 年）改京兆府为安西路，恒州又重新恢复为盩厔县，眉州为眉县，贞州为韩城县，并将栎阳并入临潼县，云阳并入泾阳县，下邽并为渭南县，美原并入富平县，好畤并入礼泉县。这些县的县名一直延续至今。

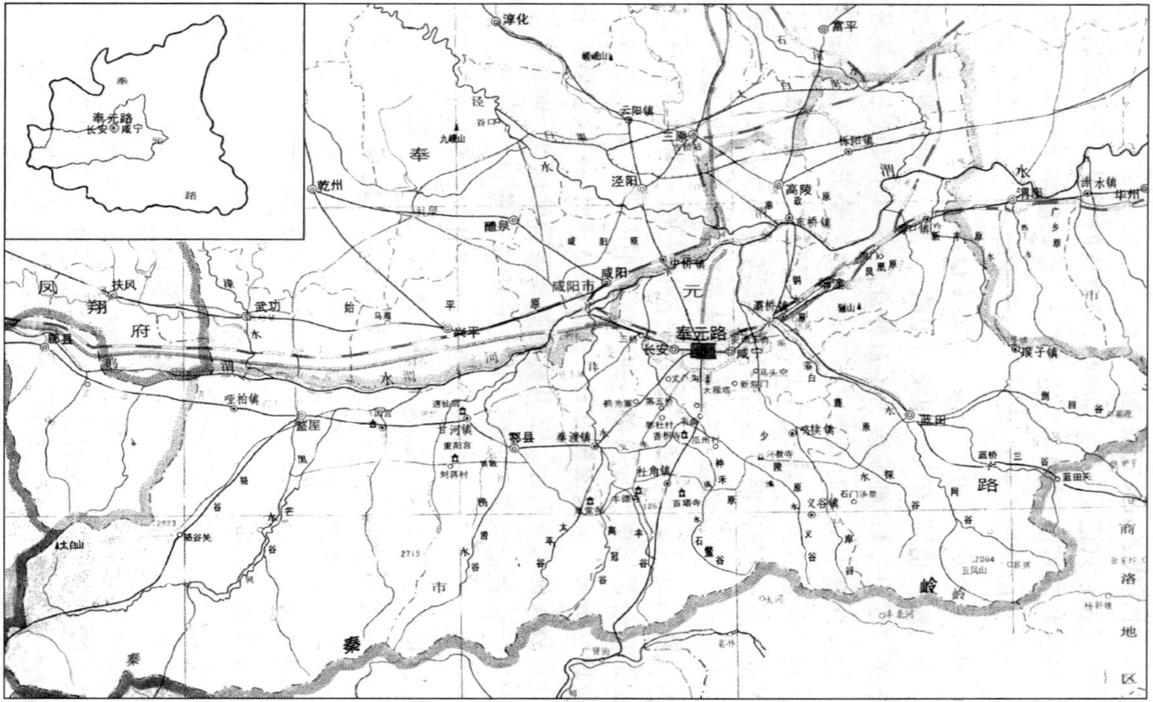

奉元路
长安
咸宁
淳化
富平
云阳镇
三原
栎阳镇
泾阳
高陵
东桥镇
乾州
醴泉
咸阳
咸阳市
中桥镇
扶风
武功
兴平
郿县
哑柏镇
盩厔
甘河镇
鄠县
秦渡镇
杜角镇
引驾镇
义谷镇
蓝田
蓝田关
蓝桥
渭南
赤水镇
华州
零口镇
临潼
灞桥镇
渭水
凤翔府
秦岭
太白山
骆谷关
五凤山
商洛地区

元奉元路图

3. 对五代之后长安遗迹的增补

宋《志》只记述五代之前唐长安遗迹的情况，五代之后不详。如虾蟆陵辨误，《类编》卷十说："虾蟆陵本下马陵。兴庆池南大道胭脂坡东有虾蟆陵，乃汉董仲舒墓，文士过之皆下马，谓之下马陵，俗谓虾蟆陵。《琵琶行》云：家在虾蟆陵下住，下马陵是也。"有关虾蟆陵的记载，《雍录》卷七虾蟆陵条引李肇《国史补》，虾蟆陵"本董仲舒墓……昔汉武帝幸芙蓉园，每至此墓下马，时人谓之下马陵。岁月深远，遂误为虾蟆耳，近兴庆宫故基"。骆氏所说与此基本相符，虾蟆陵即下马陵误说的更正。《大明一统名胜志》陕西卷《西安府》："虾蟆陵在旧城南六里胭脂陂。"又记具体的距离，陂应为坡之误。康熙《陕西通志》引《张治道下马陵记》有一段较详细的记述：下马陵是汉董仲舒的墓，在今府治东南胭脂坡，"去汉长安故城二十里，武帝幸芙蓉园，过此下马，而一时文士罔不下马焉，故人称为下马陵，云其称为虾蟆陵者讹也。当时墓冢必高大，地必宽敞祠宇必宏丽，而至元代就已毁圮"。清代"有断碑立荒草中，题曰：'仲舒之墓'，而'仲'字没其半"。"虾蟆陵"即西汉著名儒学家董仲舒的陵墓，原是一座有高大墓冢、祠宇宏丽的陵园，后因岁时久远，陵园失修，于元代毁圮，清时仍存残碑。又如宋《志》只记述兴庆宫和龙池在唐代的情况，黄永年点校本《类编·苑囿池台》兴庆池条："兴庆宫，经巢寇、五代，至宋湮灭尽净。唯有一池，至金国，张金紫于池北修众乐堂、流杯亭，以为宾客游宴之所，刻画楼船，上巳、重九，京城侍女，修禊宴燕，岁以为常。正大辛卯东迁后，遂为陆田。兵后，为瓜区、蔬圃。庚子岁，复以龙首渠水灌之，鲫鱼复生。旧说有千岁鱼子，信不诬矣。"《类编》卷八《辨惑》雁塔条有龙池的记载，"龙池，兵后水涸，为民田、瓜区、蔬圃十余年。庚子、辛卯岁，始引龙首渠水灌池，许人占修酒馆。至壬寅，池水泓澄，四无映带，唯见雁塔影倒于池中，游观者无数，酒炉为之一空”。记述基本相同。龙池在唐兴庆宫内南部园林区，直至金哀宗正大八年（1231 年）后，因“兵后水涸”，逐步成为民田，说明龙池在金代末年之前仍是“刻画楼船”、繁华的游览之地。说“雁塔影倒于池中”，雁塔，应指大雁塔，当时与兴庆宫相距有六个坊的距离，雁塔又如何影倒于龙池之中？今本宋《志》有若干脱误之处，而《类编》不仅没有，还加以补正。如卷九胜游，真实记述了骆氏曾游历樊川、御宿川、华清宫等长安遗迹。胜游杂题目所记长安九景，即渭城朝雨、樊川晚浦、曲江春早、兴庆夜月、雁塔题名、杏园赐宴、紫阁丹青、辋川叠嶂、玉案行云。其中雁塔题名指唐新进士同榜题名于塔上，有雁行之列。杏园赐宴，是指开元、天宝时，盛行新进士以泥金帖字，附家中报喜，乡里亲戚以声乐相庆，并宴请于杏园。这些内容记述简洁，却是宋《志》中缺失的部分。除了上述之外，骆氏《类编·石刻》对长安附近 130 余通碑刻汇编成一目加以记述，其中金元时期记有长安京兆府碑文、府学、庙记等 20 篇，记金泰和八年（1208 年）赵承元撰《耀州美原县进义副尉赵隐振贫碑》，元大德四年（1300 年）张立道撰、骆天骧篆字《陕西创建三皇庙碑》等均为研究金元长安历史十分珍贵的文献资料。中华书局对该书的史料价值评价为：“《类编长安志》是把北宋宋敏求的《长安志》加以分类并有所删削，并据《三辅黄图》《雍录》等书及宋、金、元三朝的有关文献，重新增补改编的一部元代新《长安志》。其中遗址故迹多经骆氏亲自考察，颇为翔实可信。又可用来校证今本宋《志》。另卷十石刻著录一百四十余种，对考证关中碑刻及其存佚情况也大有用处。”

第四节 宋元长安专记与志图

一、长安专记——张礼《游城南记》

《游城南记》张礼撰并注，1 卷，成书于北宋元祐元年(1086 年)。张礼，北宋学者，字茂中，浙江人。于哲宗元祐元年闰二月二十日始，与友人陈明微[①]同游长安城南，前后七天亲身遍访长安城南唐代遗址，“凡门坊、寺观、园囿、村墟及前贤遗迹见于载籍者，叙录甚备……据所目见而考辨之。其证据颇为典核，所列金石碑刻名目，亦可与《集古录》诸书互相参证”[②]，写出了这篇著名的唐末战乱后长安城南凋败的见闻实录——《游城南记》。光绪二十七年（1901 年）缪荃孙在《康梣清光绪江阴缪荃孙校正游城南记跋》说：“记城南之景甚备。”城南，即指今西安南郊及长安地区。宋代京兆府治长安城、外郭城和宫城于唐末战乱之后均已圮毁，仅皇城被保留下来，略向东北扩展。宋代的长安城，已经看不见唐长安城的恢弘壮阔，而城南面的朱雀门、东安上门、西含光三门依然可以通行。张礼就是南出安上门，游历了唐皇城以南的许多地方，最后由含光门返回入城。

《游城南记》有正文、自注和续注。正文 1013 字，注文 7620 字，全文共 8630 余字，这篇不足万字的游记，虽然文字简括，却是宋人张礼对唐长安旧迹亲眼目睹最真实细腻的描述。正文和自注出于张礼手笔，续注七条，为金末元初人所

① 《四库全书总目提要》，明微，西楚人。西楚，古地区名，当今豫东、皖北和江苏省西北部地区。

② 缪荃孙《四库全书总目·游城南记提要》。

注，人名不详。续注中有两条提到“辛卯迁徙”，辛卯为金哀宗正大八年（1231 年）。《金史·哀宗纪》载：“大元兵平凤翔府两行省，弃京兆，迁居民于河南。”“迁徙”之事距金朝灭亡只有数年，这七条续注，补充了张礼之后 140 余年长安城南的变化。《游城南记》涉及的自然景观、残垣遗迹、历史人物及事件 200 余宗，是一篇难得的研究唐长安旧城遗址具有极高佐证资料价值的文献。《游城南记》也难免有错误之处，如华严寺建于唐德宗贞元十九年（803 年），误记为“贞观中建”等。

1．黄渠最早的记录

黄渠是唐长安曲江风景区的重要水源。黄渠水是义谷水引出的一支，义谷水分为两支，其一支北流又转向西北沿少陵原东侧注入曲江池的就是黄渠。《游城南记》对黄渠不仅有明确的记载，且早于其他文献。《游城南记》说：“黄渠水，出义谷，北上少陵原，西北流经三像寺。鲍陂之东北，今有亭子头，故巡渠亭子也。北流入鲍陂。鲍陂，隋改曰杜陂，以其近杜陵也。自鲍陂西北流，穿蓬莱山，注曲江。由西北岸直西流，经慈恩寺而西。”记黄渠水的源头、流向和几处流经之地。黄渠水由义谷水北流的经过，根据史念海、曹尔琴《游城南记》，经多次实地考察，澄清了一些对黄渠方位、沿途流程的几种不同看法。其正确流向是：水出自终南山义谷，流经鲍陂，再北入曲江，全长约二十公里，历经 1400 年。《长安志·万年县》说：“黄渠自义谷口涧分水入此渠，北流一十里，分为两渠：一东北流入库谷，一西流入樊川。”黄渠出山后，东北流至许家沟经胡家坡、姚家寨、马嘶坡，在鸣犊镇南桥头村的东南，入库峪水。其西在大峪口南，经郭家庄流向南寨村，郭家庄与南寨村都在樊川。今两渠故道，依稀可寻①。义谷位

① 曹尔琴：《长安黄渠考》，《中国历史地理论丛》1990 年 第 1 期。

于何处？《长安志·万年县》载，义谷在“县东南八十里，东南至乾祐县及金、商等州”。又载，“义谷镇在县南八十里。入乾祐路，俗曰谷口镇”。乾祐即乾祐县，今为陕西柞水县。大义谷即义谷，就是现在的大峪，由大峪流出的水今为大峪河，当时称义谷水，黄渠就是由这条河水分流出来的。大峪口北今无谷口镇，却有大峪口村，当为谷口镇。另一种认为，义谷在万年县，《咸宁长安两县续志·地理志上》：“大义谷名大峪口，在县东南六十里，潏水出焉。”以上有东南80里，南80里，东南60里三种不同看法。经过核实，证明第三种说法比较接近实际。义谷改称大峪，始于近代末期，迄今一直沿用。宋代黄渠下游已淤塞不通，其东西两支依然通畅。

2. **第五桥**

《游城南记》说：“至韦渠，扣尧夫门，上逍遥公读书台，寻所谓何将军山林，而不可见。因思唐人之居城南者，往往旧迹湮没，无所考求，岂胜遗恨哉！”何将军山林，张礼注，杜甫《何将军山林》诗有“不识南塘路，今知第五桥”，说明第五桥与何将军山林很近。第五桥是因唐代著姓“第五”而得名，据载，其桥架在唐永安渠与西出潏河支渠的中间，是在一条东西大道的必经之处，位处唐城南东往香积寺，西通三会寺和定昆池诸名胜的交汇之地，位于今长安韦曲之西，丈八沟之南，今西五桥村东的西万路上。

从《游城南记》看，第五桥与沈家桥相近，由沈家桥再向东北流，就由安化门西流入长安城内，安化门为唐长安外郭城南面三门最西的一门。《长安志·长安县》载，定昆池在安乐公主西庄，占地十数里，于京城西延平门外20里，池在今河池寨，今三会寺村在定昆池南，今五桥村已无“第五”姓的人家了。

第五桥又有永安渠桥之说。《长安志·长安县》说：“文帝开皇三年开，在县南引交水西北入城，经西市而入苑。沉

（泬）水自南入焉。有福堰，下分为二水，流一里，一水合交水，一水西流又东流为渎，越沉（泬）水上过流，名永安渎。”交水即福水，沉水即潏水，永安渎就是永安渠，又称香积渠，《类编长安志》说：“隋开皇三年筑京城，引香积渠水，自赤栏桥，经第五桥，西北入京城。”永安渠称香积渠，是因其南香积寺是永安渠的源起之地。该渠自香积寺西流，又转向东流，西流先流经赤栏桥，桥在今赤栏桥村西。史念海、曹尔琴《游城南记》载，永安渠从赤栏桥向北，流“经今北雷村南，则转向东北流，……渠水经今甫张村西，又东北流经第五桥。桥在今西五桥村东。……这一段永安渠成为今日西万公路的一段”。第五桥南有赤栏桥，北有沈家桥，这是永安渠上所架的三座桥。乾隆《西安府志·建制》说：“内家桥之西有沈家桥……下杜城有丈八沟，沈家桥、赖家桥，又赤栏桥，经第五桥入城。”第五桥遗址今已不存，第五桥和赤栏桥作为村庄的名称，迄今仍然沿用。

3. 元医之居、范公庄与澄襟院

《游城南记》说：“下阁，至澄襟院。引北岩泉水，架竹落庭，注石盆中，莹澈可挹，使人不觉顿忘俗意。……院之东元医之居也，予与明微宿焉。”元医，姓元名医，世代为樊川人。樊川，在长安城南神禾原下，元医实际就是长安人。元医是唐，还是宋时人？《类编长安志·胜游》元庄条：“在澄襟之东，元医，世为樊川人，范御史五居，元以里人得从游衍之末。元祐中，范公守蒲州，以医名畀之，其居北倚高坡，泉声泠泠，植花于圃，穴洞于岩，起阁池上，隐隐然藏于茂林修竹之间，具幽胜之趣。”这是一处宋张礼、元骆天骧游历长安城南都亲历的环境幽胜的私人庄园，也说明此处于元代景色依旧。其中《类编》：“元祐中”，《游城南记》：“元祐改元季春戊申”，是宋哲宗元祐元年（1086 年）闰二月，正值春暖花开时节，张礼与友人游历长安城南的时间，可知元医与张礼都是北宋元祐时人。澄襟，即澄襟院，就是元医的住处。张礼注，澄襟院是唐左街僧录遍觉禅师智慧轮塔院，有碑尚存。塔院在万年县神禾乡孙村，后属鸿固乡。据张礼续注，此院水于宋时就已干涸，遂成为长老滨巨源的衣钵院，其庄院则在金兴定五年（1221年）已成为元氏之居。

范公，即《类编》所说的“范御史”，宋侍御史范巽之。范御史将澄襟院东的庄园送给元医，所谓“范公守蒲州，以医名畀之”，即指此事。从《游城南记》看出，元医之居与范公庄（即范公五居）中间是澄襟院，两者之间隔有一段距离。范公庄，张礼注，“范公庄本唐岐国杜公佑郊居也”。其门人吏部尚书权德舆撰《司徒岐公杜城郊居记》，文中也形容了范公庄是一处极幽胜之地。唐元和七年（812年）太保致仕居此。唐牧之《赋》说，此处“岩曲泉深，地平木老，陇云秦树，风高霜早。周台汉园，斜阳衰草”。据说还有九曲池、玉钩亭、七叶树等，杜城别墅其优美的景色，《游城南记》载，至宋代仍然“为城南之最”。范巽之于宋熙宁年间（1068—1077）买此庄园，故俗称为“御史庄”。张礼注，其中有溪柳、岩轩、江阁、圃堂、林馆，因此又称为五居，即《类编》所谓“范御史五居”。元医之居、范公庄与澄襟院，是当时都存在并且互相连同的三处，说明范公只送给元医部分庄园。到了明万历四十六年（1618年），赵崡《游城南》说：“有元医之居，引水架阁，颇极幽胜，今独断崖败壁而已。”经过元、明两朝500余年的变迁，元医庄园几乎名存实亡。

二、《长安图记》与《长安志图》

1. 吕大防与《长安图记》

《长安图记》1卷，已佚，北宋吕大防编纂。吕大防

(1027—1097)，字微仲，宋京兆蓝田（今蓝田县）人。吕氏曾是一位政绩卓著的政治家，曾历任宋哲宗等四朝官职。他任官于陕西、四川、安徽等地，历任县令、盐铁判官、监察御史、翰林学士、开封知府，直至出任宋朝左丞相，辅佐皇帝处理军国大事，为一时重臣，以纯朴正直、廉正无私的人品为时人所称誉[①]。

《长安图记》编纂于宋神宗元丰三年（1080年），此时吕氏改任永兴军知军，驻节长安，管辖关中及周围地区的军民政务。当时关中是宋朝在西北平定西夏动乱的战略总后方，长安是宋军粮草的主要补给中心，吕氏主管长安地区的筹划与调度，于此他熟悉并掌握了长安一带的地理环境。程大昌《雍录·五代城苑宫殿》说："长安都邑、城市、宫殿故基，立为之图。凡唐世邑屋宫苑至此时已自不存，特其山水、地望悉是亲见，今故本而言之，若与古记不合，亦加订正。"可知《长安图记》中的图，是以唐长安城旧迹立图，又侧重于亲眼所见的宋代长安的山水、地望所绘。他编纂《长安图记》的目的，据张国淦《中国古方志考》引吕大防《长安图记》跋说："隋氏设都，虽不尽循先王之法，然畦分棋布，闾巷皆中绳墨，坊有墉，墉有门，逋亡奸伪，无所容足，而朝廷宫寺，民居市区，不复相参，亦一代之精制也。唐人蒙之以为治，更数百年，不能有改，其功亦岂小哉。"张国淦在《中国古方志考》认为，隋朝建都长安"虽古圣人夙兴待旦"，却为盛唐长安三百年奠定了重要的基础，在我国城市发展史上具有重要意义。因此，吕氏对唐长安旧图，正如张国淦在所说，"爱其制度之密"，而"伤唐人冒疾，史氏没其实"，并加以考证，而作《长安故图》。陈振孙称《长安图记》，《千顷堂书目》也称此编为《长安图

① 《宋史》卷三四〇《吕大防传》。

记》与本书相符。《文献通考》也记载有吕大防《长安图记》一卷。张国淦《中国古方志考》说，其书卷又称图制，“观其布置大段皆是，然其宫室台榭门阙委曲之祥，理固不能尽也”。吕氏对唐长安城的旧迹以图的形式反映出来，具有十分珍贵的图卷文献价值。虽然该志已佚，却为《长安志图》所引用补充，传世至今。

2. **李好文与《长安志图》**

李好文，字惟中，山东东明人，元至治元年（1321 年）进士，授大名路浚州判官，官翰林国史院编修，后任陕西行台侍御史。元至正三年（1343 年）召为同知太常礼仪院事，至正四年（1344 年）仍为陕西行台治书侍御史，后又出任参湖广行省政事，改湖北道廉访使，太常礼仪院事及光禄大夫、河南行省平章政事，仍以翰林学士承旨一品禄其终身。

《长安志图》成书于元顺帝至正二年（1342 年），是李好文任陕西行台侍御史时所撰。《长安志图·序》说：“望南山、观曲江，北至故汉城，临渭水而归。”李氏由潼关来到长安，经常闲暇外出，每经过汉、唐城邑遗迹，他所看到的，尽管是一片荒芜丛生的城垣废墟，却仍作以调查并求证于当地人。当时亡佚志书中唯一仅存的有北宋吕大防的《长安图记》，李氏以此为蓝本，略加补订、增添而成。《长安志图·序》说：“其中或有后人附益者，往往不與志合。因与同志较其讹驳，更为补订，里为七图。又以汉之三辅，及今奉元所治古今沿革，废置不同名胜古迹不止乎！是泾渠之利，泽被千世，是皆不可遗者，悉附入之总，为图二十有二，名之曰‘长安志图’。”这就是作者编订该志的缘由与目的。

《长安志图》全书分为上、中、下三卷。卷上：汉三辅图、奉元城图、太华图、汉故长安城图、唐禁苑图、唐大明宫图、唐宫城图、城市制度、城南名胜古迹图、唐骊山宫图上中下。

卷中：咸阳古迹图、唐昭陵图、唐建陵图、唐乾陵图、唐陵图说、图志杂说18篇。卷下：泾渠总图、富平石川溉田图、泾渠图说、渠堰因革、洪堰制度、用水则例、设立屯田、建言利病、总论。泾渠的内容是该志中最翔实丰富的一卷。泾，指泾水，渠，指郑国、六辅、白公、丰利四渠。泾水出自安定郡（唐天宝时改泾州为安定郡）岍头山（在陕西），经邠州的新平、淳化二县，入乾州永寿县一千余里。此地未凿渠之前，《长安志图·泾渠总论》说："皆斥卤硗确，不可以稼。"李氏在关中任官期间，深知泾渠为民的重要，当他了解到"今渠堰兴坏废置始末"的详细情况，使其"与其法禁条例、田赋名数、民庶利病合为一书，名之曰'泾渠图说'"。李好文说："泾渠利民为大，故自为一编。书凡六篇、图以便观者。"[①] 周中孚在《郑堂读书记补逸》称："其下泾渠图说诸篇，皆为一方民生国计立论，非专为考古而设。"说明该志是为了实用利民的编纂目的。

3.《泾渠图说》

《泾渠图说》对郑国渠、六辅渠、白公渠、丰利渠四渠的渠堰沿革、制度、用水浇田的具体管理办法及管理人员的编制等详细记述，其中还有陕西诸道行御史台监察御史宋秉亮、王承德对水利建设的改革建议，河渠淤塞的具体治理措施，以及郑国、六辅、白公、丰利四渠的建置时间，宋代清淤改道、重修之事。如熙宁年间丰利渠的堤堰圮毁，经过一年多的修建，引入泾水与小郑泉合白渠修成，灌溉泾阳、礼泉、高陵、栎阳、云阳、三原、富平七县的农田，像这样高度重视农田水利设施的元代方志之作，在当时就具有难得的史料价值。

《长安志图》至今传世的几种刊本，未见李好文的原刻本，

① 乾隆五十二年灵严山馆刊《长安志图》。

将《长安志图》与宋敏求《长安志》合为一书，是后人所为。

4.《奉元城图》与台察院

《奉元城图》是《长安志图》中绘制的一幅元代长安城图，台察院是元奉元路城中的陕西行御史台治所，俗称西台，又称“陕西台治”。据载，元奉元路城的建置，于西、南两面仍利用唐皇城旧墙，北面沿宫城由北第二街的线路另筑城垣，新建的玄武门位于城中央，东面以皇城东第二街为界，另建东城墙，移景风门于东，作为东门，关闭延喜门、西南面的安福门和朱雀门。《西安历史地图集》的《元奉元路城图》说：“城内又有含光、广济、银巷等纵街，市北、驿亭、九耀、草场、水池等横街。街道纵横交错，形成城区平面的坊里布局，此为大城。另外在大城的东西两端建两小城。东端小城在景风门外，为咸宁县治所在；西端小城在顺义门外，是长安县治所在。两小城的形制因缺乏记载而不详其方圆轮廓。”上述与李好文《奉元城图》相对照看，奉元城四面各开一门：南曰安上门，北曰玄武门，东曰景风门，西曰顺义门。景风门与顺义门东西相对，景风大街东西贯通，奉元城的南、北门并非直对。从绘图上可看出，北门略偏西，南门略偏东，形成南北三条平行大街，与东西景风大街，构成全城的主干线路。

从《长安志图》附《奉元城图》中可看出台察院的所在位置。据吴宏岐等认为，唐末五代长安城、宋金京兆府城和元奉元路城都是重城结构，即外城之内包有衙城。元奉元路城内的衙城南部为奉元路治所，北部为北省治所，即陕西行中书省。元奉元路城是由唐末韩建新城重加改建而成，而韩建新城又是利用唐长安皇城的旧基改建的。到了明代，修建秦王府城时又是用元代“陕西台治”旧基改造修建的，其中废弃了元奉元路城内的衙城，只留下了元奉元路城的城墙，并加以重新修建改造，城北面与东面延用元奉元路城的城墙和护城河，西面与南面的城墙和护城河是新修的。

据《长安志图》载奉元城图，新城的南面和西面承袭唐代皇城的南面与西面城墙，关闭朱雀门和安福门，只留顺义门和含光门。又据《西安历史地图集》中《元奉元路城图》看，台察院在奉元路城东北隅，北邻城墙，东边接近城墙，紧靠东北隅有城隍庙，城隍庙又称“嘉祥观”，其位置在今陕西省政府大院内，台察院则偏西一些。

第五节　宋代关中志——《雍录》

一、程大昌与《雍录》

《雍录》10卷，程大昌（1123—1195）撰，成书于南宋初绍兴年间，具体时间不详。大昌，字泰之，南宋徽州休宁（今安徽休宁县）人[①]，南宋初绍兴二十一年（1151年）中进士，是当时有名的博学家，并以撰写《十论》被宰相汤思退提为太平州教授，时年29岁。程氏生活的时代，长安已成为金朝的领土，他只能凭文献资料编撰此书。

《雍录》是反映周秦汉隋唐五朝，以都城建于丰、镐、咸阳、长安并加以辨析考证的专著，是宋元地理著作中声誉最高的一部。内容主要以考订古雍州——关中地区的历史遗迹，以及五代均在《禹贡》九州之雍州境内的都城，故称之为《雍录》。明西安知府李经在《雍录·后序》说：“夫雍土，周有七迁，秦有八徙，汉有三都，隋有诸坊，唐有三内，离宫别殿，厥名实繁。”当时唐长安城邑、宫苑、坊里已残毁不存，只有

① 《宋史》卷四三三《儒林传三》记，程大昌为“徽州休宁人”。一说为徽州新安（今安徽歙县）人。

山川地望作者亲眼目睹，故将关中一带所见所闻与以上诸志互相加以考证，拟为建置、郡邑、宫殿、苑囿、山原、河渠、军事、关隘、桥梁、郊祠、寺观、陵墓、历史事件等17个专题，附以32幅图加以详细考辨。如对《三辅黄图》成书时代的考证，《雍录·三辅黄图》说："今书固非古书矣。……又尝命槐里为兴平。兴平之名乃唐至德二年所改，又在肃宗时也。然则今图盖．唐人增续成之。"至今仍为治学者所用。该志突出的价值还体现在：上述诸参考文献中，阁本《长安图》已失传，仅清代徐松从《永乐大典》转绘转引过几幅，吕大防《长安图记》也只保存了残存的拓片，元李好文《长安志图》也曾利用吕图绘制，但改动较多，不如《雍录》所转绘的能大致保存吕图、阁图[1]的原貌，说明《雍录》在保存文献上功不可没。

全志10卷。卷1是对周秦汉隋唐五个朝代建都于雍州的总论述，以及周秦建都于长安的建置。卷2主要记汉代建章宫、甘泉宫、桂宫，及殿阁、门阙、堂、台、甬道与夹城。卷3以隋唐长安建置为主，配以宫图、城图、古要迹图、六坡图、螭首图等，图文并茂，直观性强。卷4以翰林院学士院的学士出入、宣召为主要内容，又兼记华清、温泉宫与唐宫杂名等。卷5主要记汉高帝与唐高祖、中宗、玄宗、肃宗、代宗、德宗、僖宗入关、平定内乱、出入汉中，往返陕西与京都长安等历史记载。卷6记述汉唐函谷关、潼关、骆谷关、大震关、萧关、瓦亭关，以及漆沮水、桥、池、陂、渠等。卷7记新丰、临潼等郡县，及关中一带原、陵、川、畤、谷等地名约70余处。卷8分职官、军制、庙陵。职官记太学、院、班等；军制记汉唐南北军、禁军、神策军等；庙陵记秦汉唐帝庙与帝陵近20处。卷9分为太子、苑囿、事物。分记唐太子宫、东

① 吕图，即吕大防《长安图记》；阁图，即绍兴秘书省本。

宫等；汉上林苑与唐三苑、岐阳石鼓文等的记述。卷 10 杂述秦汉铜人、青锁、玉木、花木宅，以及唐代佛道寺观。

当程氏完成《雍录》撰写时，陕西已归金朝统治。该书以唐代为主，又记宋代长安的部分内容，有抱经略故疆之才，与所作《北边备对》内容相同，其含义都有不忘故土，恢复中原之意。因宋刻本久已失传，至今传世的版本，有明嘉靖十年(1531 年）西安知府李南埠重刊本，前有康海序，末有李南埠后序。第二种是明万历间吴琯刻本，编入他所刻丛书《古今逸史》里，晚于李经本，于民国二十六年（1937 年）商务印书馆影印，至今成为通行易得的刊本。吴琯本刊刻精良，勘误少，黄永年点校《雍录》本就是以吴琯本作为底本的。

二、反映关中区域的记述特点

《雍录》先对周秦汉隋唐五个朝代关中地区的城垣古迹进行了翔实的考证，对名称古迹敢于质疑，并随事立辨，时有驳复，每具一事，必究其原委，加以疏通证明。例如卷七《说棘门细柳霸上》条，根据《汉书·文帝纪》后六年，匈奴入上郡、云中，以令免屯飞狐，苏意屯勾注，张武屯北地，周亚夫次细柳，刘礼次霸上，徐历次棘门以备胡的记事，指出“飞狐、勾注、北地之三将军御胡者也，故军于三边。细柳、棘门、霸上三将军备胡者也，故环列都城之三面”。详细解说对细柳、棘门、霸上的各种考证，指出三者间的关系①。其次，记述五朝建都地点清楚明确。他对周秦汉隋唐五朝建都于长安一带的地

① 黄永年点校《雍录》本，匈奴入上郡、云中，以中大夫令免屯飞狐，注，在代郡。苏意屯勾注，在鸿门。杨恩成、康万武点校《雍录》本，其中苏意屯句注，在雁门，其字意与黄永年点校本略有不同，说明所用为两种刊本。

域了如指掌，以渭水为经线，沿渭水流域推出撰写的各个地名。三是重视关中交通道路与军事。如卷五特创汉唐用兵攻取守备要地一图，其图说多举由蜀入秦之迹。如自华州至陕西的秦汉函谷关、唐潼关及汉唐南北军、左右龙武军等。四是图绘的直观性是该志的一个突出特点。全书对于宫殿、都邑、山水，均以图绘，并附以文字说明，起到便于掌握关中形胜，直观感强的特点。《四库全书总目》称为“然其搜罗既富，辨证亦详。在舆记之中，故为最善之本也”。明西安知府李经在《雍录·后序》称赞道：“《录》皆右图而左书，表以山川，明如示掌，细如石鼓、铜狄、青锁、罘罳，悉加辨析，非博而何?”说明程氏善于用图的直观感，来阐明对前人有关长安遗迹的一些独到的见解。

因作者未能亲临考察，该志所作图绘只凭诸种古籍对雍州长安一带的互相考证，汉、隋、唐几朝地理变迁很大，对准确把握古都的历史记载难免有粗疏、零乱或失误之处。例如，卷三记龙首山图、龙首原六坡等，卷一又重列出，卷四又有龙首山形势；卷一关中条引潘岳《关中记》详列关中各关口名称，卷六又记各个关口等。在体例编排方面，如卷一五代都雍总图、说之后，忽又列书目数条，显得杂乱。王鸣盛在《长安志·序》中说：“《雍录》好发新论，穿凿支离，不及宋氏远矣。”尽管该志有诸多疏漏与不足，但仍不失为是一部难得的研究南宋长安地方志的珍贵文献。

三、漆沮潏水

漆沮潏水都是循城的水渠，是与现在护城河相似的渠道。漆、沮是雍州的重要水道。今富平县石川河为《禹贡》所说的漆沮水，胡谓《禹贡锥指》说：“程大昌《雍录》谓《禹贡》漆沮惟富平石川河正当其地，确不可易。”《雍录》说：“所谓沮水者,《长安志》曰:‘自邠州东北来’至华原县南流,乃合漆水,入富平县石川河。石川河者,沮水正派也。所谓漆水者,《长安志》曰:‘漆水自华原县东北同官县界来,南流入富平县石川河’,是为合漆之地也。”史念海先生认为,宋邠州治所在今彬县,华原为今耀县,邠州本无沮水。如果有,也不会由东北流到耀州。因邠州北部高敞,其间小水皆南流入于泾水,不能再折而流向东北。《雍录》所说只是沮水,不涉及漆水。原因是,沮水自栎阳县合浊水,分为二水:其中一渠是由郑渠东注于洛水,实际是郑国所开凿的郑国渠。自郑国渠被废后,浊水绝于三原干涸,沮水也不抵富平,说明沮水古时原合浊水至栎阳入渭,不与洛水相同。

潏水被引入长安城的起点,据载,是由章门外的潏水支渠以飞渠的方式引入城内。《雍录·飞渠》说:“底不附土而沿空以行,如禽之不以足履而以翼飞也。”章门内外地势低,渠水引入必须架空才能畅流无阻。潏水支渠入城后,流经未央宫和桂宫之间,再经长乐宫北,由霸城门附近流出城外。潏水支渠出霸城门,后称为王渠。而《雍录》却说:“此自以往,凡水既周遍诸宫,自清明门出城,是为王渠。”王渠是潏水出霸城门后的支渠所称。潏水支渠流出长安城外的记载,《雍录》与《水经注》所记完全不同,王渠分为二水,一水东南流入昆明池,也称漕渠;一水则沿城北流,入渭河。据史念海《环绕长安的河流及有关的渠道》,王渠据说是北魏时的御沟,向南流到覆盎门外,其门当时为汉长安城南三门中最东边的一门,在今阁老村南一公里处。说王渠由城东绕道城南,至今王渠还有存水,其状如同今天的护城河。上述可看出,潏水支渠分别流入长安城周围。

四、汉唐长安旧迹

《雍录》述汉唐长安旧迹有地理名称，至今已考证出有地名的是：

子午谷《雍录》卷五说："关中南面皆碍南山不可直达，其有微径可达汉中者，惟子午关。子午关在长安正南。"子午关即子午谷北口，在今长安区南，南口在今洋县东，谷长六百余里，为川陕间交通要道，又为汉唐长安城南用兵重地。

少陵原《雍录》卷七说，少陵原"在长安县南四十里，汉宣帝陵在杜陵县，许后葬杜陵南园。师古曰：即今谓小陵者也，去杜陵十八里，它书皆作少陵，杜甫家焉，故自称杜陵老，亦曰少陵也。"据载，少陵原在今西安市东南曲江三兆村南，有东西并排两个大冢，就是杜陵及王皇后的墓冢。

章城门与便门桥《雍录》卷六说："盖秦世已有中渭桥，亦可自趋兴平而迂回南达，故于城之西面南来第一门外，对门建桥以便西往，故此门一名便门，而此桥遂名便桥，亦曰便门桥也。"《雍录》又引《元和郡县志》及唐太宗幸城西，与颉利盟于便桥的记载，说明便桥应与长安西的章门相对。

端门《雍录》卷二说："凡宫之正门，皆可名端门。"端门即未央宫正门，非正门的在两旁或别的侧门都名为掖门。

第六节　宋元地理总志中的长安史料

一、《太平寰宇记》对雍州京兆郡的记述

《太平寰宇记》（以下简称为《寰宇记》）原书200卷（另目录两卷），实存197卷，成书最晚不迟于宋太宗雍熙四年(987年)，是继唐《元和郡县志》以后又一部著名的历史地理

总志。称“太平”，因书始撰于太平兴国四年（979年），太平兴国即宋太宗年号，书中其意是因最后二十九卷记四夷，有世界地理之意。

《寰宇记》宋刊本已佚，《四库全书》存193卷，传至清初已缺8卷（卷4，河南道，卷113至119，江南西道），后有杨守敬任清政府驻日本公使时，发现宋刊残本《太平寰宇记》，于光绪九年（1883年）补辑到五卷半书，但至今还缺两卷半(卷4、卷114后半卷及119卷)①。

作者乐史（930—1007）字子正，江西宜黄县霍源村人，是北宋著名的历史地理学家和文学家。毕生著述20余种，唯《寰宇记》一直为地理学和方志学界所推重，是价值最高、影响最大的一部著作②。乐史在《寰宇记》序表中已说明编著的目的，他认为自己“职居馆殿，志在坤舆”，有义务重新编一部更完整全面的地理总志，为开国初期的北宋王朝服务。

《寰宇记》主要依据唐《元和郡县志》的编撰体例，仍依行政区划分13道叙事，大致记载北宋太平兴国九年（984年）以前的情况。自宋京城东京（河南开封）写起，依次记述汉唐盛世所治理过的关中地区，在总志编纂史上起到继往开来的作用。

《寰宇记》卷25至27《关西道》雍州1至3，主要是对关中地区万年、长安、鄠县、蓝田、咸阳、礼泉、泾阳、栎阳、高陵、兴平、昭应、武功、乾祐13个县的详细记述。唐领县24，宋时除上述13县外，划出了华原、富平、三原、云阳、同官、美原（此六县宋代属耀州）、奉天、好畤（此二县宋代

---

① 参杨济安《一部采摭繁富的地理总志——太平寰宇记》，《文史知识》，中华书局出版1982年12期。

② 《宋史·乐黄目传》。

属乾州）、奉先（宋入同州）、渭南（宋入华州）、盩厔（宋入凤翔）11县。卷25京兆郡治万年、长安二县共计18240字，该卷先对关中地区各县自秦汉以来历朝的不同编制，名称的更改，尤其对唐末至宋初行政区域的变化，以及“秦地”丰厚的水利资源与优越的地理环境作了较为详细的叙述，对关中州境的四至八道（到）、风俗、姓氏、人物、土产等条目加以全面记述。其中雍州历代51位名人传，是区别于它志最难得的一点，但对万年、长安二县的地理位置、历史沿革、山川、原坡阪桥，以及长安故城的宫殿苑囿、胜迹陵墓，与此相关的典故等繁细具体的记述，使前后内容多有重复，显得过于冗长。在新增加的姓氏项，除记有京兆郡八姓外，还记有金代武功郡苏、韩二姓等，尤其是对于这一时期新设置的州县，书中都作了专条叙述。长安引用历史资料很丰富，可从所述万年、长安二县引用今已不传或稀见的史料看出，现摘录如下：

子午谷。“王莽以皇后未有子，通子午道，从杜陵直抵终南山。《三辅旧事》洛女陂。横桥（便门桥）。秦造横桥，汉承秦制，桥广六丈，南北三百八十步，置都水令以掌之，号为‘石柱桥’，桥南属京兆，以北属扶风。《三辅故事》昆明池盖地三百二十顷……《封禅书》秦都咸阳灞、浐（二）水皆非大川，以近咸阳，尽得祠之。《说文》沈（浐）水即滈水。《庙记》柏梁台，汉武帝造在北阙。《关中记》长安地皆黑壤。《三秦记》昆明池有台沼名神池……柏梁台上有铜凤，亦名凤阙。《西征记》戴延之撰。苻秦筑宫于长安东城中，有太极殿，殿上有金井焉。《帝王世纪》镐池即周之故都也。《遁甲开山图》砚山福地。骊山之西川中有阜，曰：风凉原，雍州之福地即此。《三辅决录》长安故城在夕阴街北，后汉移（理）槐里，其槐里一名犬邱城。周衰，懿王自镐迁都之秦，更名废邱，章邯为雍王守此城。汉高二年，章邯自杀，汉收其地，改为槐里。”

从上述可看出，该志对反映古长安的各种资料的辑录虽简略，但十分难得。《寰宇记》对雍州京兆郡人口的记述也不同于《元和志》。据不完全统计，雍州京兆开元时有362 909户，宋初有主户34 450，客户126 276，说明经过多年战乱，京兆郡的人口减少了，另一方面说明占有土地的地主和自耕农比无地者的户数为多，也说明京兆郡土地集中的程度不高。《元和志》仅记载唐代开元、元和两个年代的户口，而《寰宇记》则记至唐代开元和宋初的户口，并把宋初户口分为主户和客户两类，主户是占有土地的地主和自耕农，客户主要是租种地主土地的佃户、雇农，少数是手工业者、商人和无业游民等。

二、《元丰九域志》记“陕西路”京兆郡

继《太平寰宇记》之后，时隔百年，《元丰九域志》又于北宋元丰年间（1078—1085）问世，这是又一部北宋地理总志。10卷，由王存、曾肇（江西南丰人）、李德刍（河北邯郸人）奉敕于熙宁八年（1075年）始编。王存（1023—1101），字敬仲，江苏丹阳人。他任该志主编，于北宋神宗元丰三年（1080年）闰九月，历五年书成。该志在原《九域图》的基础上加以重新编修，《九域图》即唐代图经的遗制。南宋以后，图经几乎都改称“志”，因为不绘地形，难以称图，《九域图》改称《九域志》，又经过陆续修订，所载政区内容为元丰八年（1082年）编撰，所以书名冠以“元丰”，实际刊行则在宋元祐元年（1086年）以后，至明代由毛晋加以摹抄，成毛晋影抄宋刻本。

《元丰九域志》是一部主要以疆域政区为内容的地理总志。北宋太宗太平兴国四年（979年）统一天下，分为21路，神宗熙宁（1068—1077）、元丰（1078—1085）年间分四京23

路，该志就是反映23路之制。卷首记载东京开封府、西京河南府、南京应天府、北京大名府四京府。卷1京东东路、京东西路、京西南路、京西北路。卷2河北东路、河北西路。卷3陕西永兴军路、秦凤路。卷4河东路。卷5淮南东路、淮南西路、两浙路。卷6江南东路、江南西路、荆湖南路、荆湖北路。卷7成都府路、梓州路。卷8利州路、夔州路。卷9福建路、广南东路、广南西路。路以下政区分府、州、军、监及县，又记与《太平寰宇记》不相同的主客户数。卷10即省废州军及各路军队编制后被废除的记载。

《元丰九域志》述“陕西路”，是北宋对陕西以路为最高一级的行政区划。路下置府、州、军、监，其下领县，县下又有乡里，其间陕西的行政区划在宋代仍屡有变动。宋熙宁五年(1073年)，分永兴军路与秦凤二路，根据宋徽宗政和元年(1111年）的政区划分，陕西大部分地区属永兴军路管辖。

《元丰九域志》卷三陕西路下设永兴军路，统领2府、15州、1军、83县。2府即京兆府、河中府。15州即：陕、延、望同、华、耀、鄜、邠、解、庆、商、宁、坊、丹、环、同下州。83县的部分县名一笔带过，大部分所辖县的名称共51县(省略)，其中好畤，北宋大中祥符八年改昭应县，即今临潼县。陕西路下永兴军路的辖境范围扩大到甘肃省南部，湖南省北部部分地区。

京兆郡于永兴军路京兆府下，治长安、万年县，主要记长安、万年二县的地理沿革、主客户数、土贡、古迹，以及京兆郡周围户县、蓝田、咸阳、礼泉、泾阳、栎阳、高陵、兴平、乾祐、奉天10个县的简略记述。较详记载长安、万年二县自然地理现象，即山、镇、水、陂、池、古迹6个类目。其中水辑录较详，几乎每一县都有水的记载，一条河流所经过的不止一县，流经各县最多的是渭水，经长安、户县、咸阳、栎阳、高陵、兴平 6 县，浐水流经万年 7 乡、鸣犊、异谷镇，其次是沣水、泾水、灞水、滈水、沮水，以及汼水、洵水流经乾祐县，浪水流经礼泉西北。

《元丰九域志》记京兆府共领有 14 县，其中 7 县在今西安市境。从上述看，王存等编纂《元丰九域志》仅为十卷，一改《寰宇记》的繁冗累赘，但内容又显得过于从简。虽然该志仍有不足之处，却使我们对北宋京兆府长安、万年二县的辖境有一基本了解，即东临商州，西接扶风，北至耀州，南抵陕南乾祐府，是一片广大的区域。其中，宋真宗大中祥符七年（1014年），经知永兴军陈尧咨的提议，修复了唐末废弃的龙首渠部分渠段，引浐水入城中街坊，使多数居民不再使用苦咸井水，解决了城中居民用水问题。

三、《舆地广记》述京兆府长安、万年二县

《舆地广记》欧阳忞（江西吉安市人）撰，38 卷，成书于政和中（1112—1116），是北宋末最后几年问世的又一部舆地著作，它与《元丰九域志》相隔仅几十年，却是宋代舆地著作中不可多得的具有较高学术价值的著作。

全志 38 卷。卷 13～14 陕西永兴军路上下，卷 15～16 陕西秦风路上下。

《舆地广记》撰写的突出特点，就是体例十分清晰，对每一地的记述清楚详细，繁而不乱。在内容的编写上，条例清楚，记事详明，胜于《太平寰宇记》与《元丰九域志》。《四库全书总目》赞其“端委详明，较易寻览，亦舆记中之佳本也”。元代《大一统志》的编修，其内容多以该志作为参考，具有很高的史料研究价值。该志至今传世的刊本，有朱竹垞藏抄补前两卷本，无年月。季沧苇藏本，缺前 17 卷及浙江鲍士恭家藏本。

《舆地广记》京兆府所辖范围与《元丰九域志》基本相同，都属于陕西永兴军路管辖，永兴军路辖京兆府、河中府、延安府三府共 73 县。京兆府领县 16，即长安、万年、霸陵、户县、蓝田、咸阳、礼泉、泾阳、栎阳、兴平、高陵、临潼、武功、乾祐、奉天、终南。继《元丰九域志》后，该志又增添了霸陵、临潼、武功、奉天、终南 5 县。京兆府下已废去京兆郡，直接辖长安、万年二县，记述内容比《元丰九域志》丰富，如长安、万年及周围户县、蓝田、咸阳、礼泉、泾阳、栎阳、兴平、高陵、奉天各县的记述翔实具体。《元丰九域志》为此仅记近 1000 字，而《舆地广记》为 2163 字，并对每一府、县的地理沿革都有详细叙述。现将《舆地广记》述长安、万年二县内容摘录如下：

长安县，“本宗周之地，文王作丰，今县西北灵台乡，丰水上是也。武王作镐，今昆明池北，镐陂是也。秦为咸阳县地，汉高帝五年置。长安县，惠帝元年城之，经纬各长十五里，城中皆属长安，今长安故城是也。后汉因之，晋及后魏为京兆郡，后周都焉。隋开皇三年，自汉长安故城东南移二十里置新都，前直子午，后枕龙首山，左临灞岸，右抵沣水，唐因之，有终南山、沣水、滈水。”

万年县，“本汉长安县地，后周始于长安城中，置万年县，取汉县为名。隋文帝‘龙潜’封号大兴，开皇三年改曰大兴县。唐武德元年复故名。汉杜陵县，故杜伯国周武王灭唐而迁之于此，宣王以无罪杀杜伯，杜伯之神射王于镐，故有周右将军杜主祠，秦武公十一年县之。汉宣帝以杜东原上为初陵，故更名杜，为杜陵，属京兆尹，后汉及晋因之，后魏改曰‘杜城’，后周废之，故城在今县南。”

上述可清楚看出，该志主要突出对古长安自周秦至北宋年间历史沿革详细的叙述，不失为了解前代及北宋十分难得的长安及关中地区的地志资料。但是，对前志各种资料的搜集整理居多，却忽略了对其他涉及自然地理于当时自然地理变化的翔实记载。

第七节　宋金元《地理志》《河渠志》及其他史料对长安的记述

一、宋金元《地理志》京兆府区划的变更

宋金元三朝，京兆府出现了地域与名称的不同变更，具体情况从下列三朝的对比，可以有一个基本的了解。

《宋史·地理三》陕西条下永兴军路的政区划分，与《元丰九域志》基本相似，统领京兆、河中 2 府、15 州、1 军、83 县。不同之处是，15 州的望同州为同州，废去同下州增添虢州。其后延州、庆州改为府，又增银州、醴州及定边、绥德、清平、庆成 4 军。凡府 4，州 15，军 5，县 90。京兆府京兆郡，永兴军节度。本次府，北宋大观元年（1107 年）升为大都督府。旧领永兴军路，宣和二年（1120 年）称京兆府，户 234 699，人口 537 288，县 13，即长安、樊川、鄠、蓝田、咸阳、泾阳、栎阳、高阳、兴平、临潼、礼泉、武功、乾祐。其中樊川，旧万年县，宣和七年（1125 年）改。临潼，唐昭应县，大中祥符（1008—1016）改。京兆府由次府升为原永兴军路的二级行政区域，管辖的范围就是关中地区。

《金史·地理下》记京兆府路（宋为永兴军路），金皇统二年（1142 年）合并陕西六路为四，即京兆、庆原、熙秦、鄜延路。京兆府，皇统二年置总管府，天德二年（1150 年）置

陕西路统军司、陕西东路转运司。统县 12，即长安、咸宁[①]、兴平、泾阳、临潼、蓝田、云阳、高陵（宋高阳）、终南、栎阳、鄠、咸阳。其中云阳、终南二县为金朝设置。

《元史》卷六十《地理三》陕西诸道行御史台。陕西等处行中书省，管辖 4 路、5 府、27 州、88 县。奉元路，唐初为雍州，后改关内道，又改京兆府，又以京城为西京，又称为中京，后又改称上都。宋分陕西（永兴）、秦凤、熙河、泾原、环庆、鄜延为 6 路。金并陕西为 4 路。元统三年（1335 年）立陕西、四川行省，治京兆。至元初，并云阳县入泾阳，栎阳县入临潼，终南县入周至。至元十六年（1279 年），改京兆为安西路总管府，二十三年（1286 年）改四川为陕西等处行中书省。皇庆元年（1312 年），改安西为奉元路。户 33 935，人口 271 399。县 11：即咸宁、长安、咸阳、兴平、临潼、蓝田、泾阳[②]、高陵、户县、周至、眉县（旧为眉州）。

从以上三朝《地理志》可看出，北宋初，为了加强中央集权，废唐节度使制，分为若干路。宋路是由唐代的道演变而来，永兴军路和秦凤路（今宝鸡大部分地区）是北宋地方第一级行政区，辖境包括今陕西省关中，陕北的大部分地区和山西省、河南省的一部分地区，治所设在京兆府、永兴军。陕西永兴军被分出两个名为鄜延路和环庆路的军区，秦凤路西北也分设了两个名为泾原路和熙河路的军区，以加强对西夏的攻守，京兆府实际上成为支援各路军事的主要基地，也说明宋朝对西安的军事地位十分重视。

金灭北宋后，分路更多，京兆府不仅作为对抗西夏的重镇，更作为与南宋争夺汉中和四川的主要基地。元朝建立后，

① 咸宁，本万年，宋更名。泰和四年（1204 年）废，复名。

② 泾阳，至元二年（1336 年）并入高陵县，至元三年复立。

元世祖忽必烈在宋金诸路上更设行省，将路降到次一级地位[①]。设置秦蜀行中书省（即陕西四川行中书省），治所就设在京兆府。分设四川行中书省后，陕西行省的管辖范围也包括了今陕西全省、兰州以东的甘肃大部和宁夏、内蒙古各一部分[②]。宋金时期，西安一直被称为京兆郡或京兆府，地位高于其他郡治府城。元始改京兆府为安西路，关中自古即是天府之国，宋金元时代仍是富饶之地，土地十分肥沃。《宋史·地理三》说："雩杜南山，土地膏沃，二渠灌溉，兼有其利。"雩指京兆府，杜指凤翔府，南山，指京兆、凤翔一带终南山。临近的蒲州，元秦凤路的泾原一带，附近的渭州，泾州向西的陇州，都是土地肥沃，物产富饶之地。

二、宋金元《河渠志》述长安三白渠、泾河与漕运

宋、元《河渠志》以不同时期，对西汉以后的三白渠与泾河对关中经济的发展及重要性，作了具体的叙述。

《宋史·河渠四》说："三白渠溉泾阳、栎阳、高陵、云阳、三原、富平六县田三千八百五十余顷，此渠衣食之源也。"北宋对故白渠屡加修治，仁宗庆历年间（1042—1046）疏浚三白渠，使泾水从宋初以来溉田不足二千顷恢复到六千余顷。熙宁年间（1069—1077），宋神宗倡兴水利，泾阳县令侯可与都水监丞周良孺等，实地考察引泾工地后，都认识到以前问题的症结是在渠首。经过两年对三白渠彻底整修，溉田达三万五千余顷，宋徽宗特赐名曰"丰利渠"[③]。到元代，《元史·河渠二》

---

① 《陕西通史·宋元卷·绪论》，陕西师范大学出版社 1997 年。

② 李之勤：《漫谈宋元明清时期的西安》，《长安史话下》，陕西旅游出版社 2001 年。

③ 李好文：《长安志图》卷下《泾渠图说》。

说："渠堰缺坏，土地荒芜。陕西之人虽欲种莳，不获水利，赋税不足，军兴乏用。"《元史·河渠三》记元大德八年（1304年），泾水暴涨，渠堰毁坏，陕西行省命泾阳尹王琚等疏导，"水通流如旧"。王琚升为西台御史，建言于丰利渠上更开石渠，自武宗至大元年，至顺帝至正二十年（1360年），又经过三次50余年在丰利渠上开石渠的艰辛努力，终于通渠。《元史·河渠三》："凡溉农田四万五千余顷。"因西台御史王琚建言，又故名"王御史渠"。

元王御史渠修通之后，引泾渠口已推移到石质山地，王御史渠一直凿石开洞向上延伸，但灌田面积却越来越少。《宋史·河渠四》说：因为"近代改修渠堰，浸隳旧防，繇是灌溉之利，绝少于古矣"。是因河谷切深的自然原因造成，并遣皇甫选等巡视三白渠，经详细考察，"周览郑渠之制，用功最大。……度其制置之始，泾河平浅，直入渠口。暨年代浸远，泾河陡深，水势渐下，与渠口相悬，水不能至"。造成河低渠高。据李令福《历史时期关中农业发展与地理环境之相互关系初探》，指出一是泥沙淤积渠口，二是河床下切，是导致"泾河陡深"的主要原因。

金在陕西的漕运，是为了向中都输送粮食。《金史·河渠》说："中京运粮护送官，当择其人，万有一失，枢密官亦有罪矣。其船当用毛花辇所造两首尾者，仍张帜如渡军之状，勿令敌知为粮也。"宋以开封为都，建都用木材大量由外地所运。长安已不为都，漕粮也不再西运，陕西的粮食反而向东运输。金王朝南迁后，人口大量南移，漕运开发的重点已转移到河南、陕西地区。《金史·河渠》载，金陕西行省胡鲁曾于宣宗兴定四年（1220年）上言："以舟自渭入河，顺流而下，可以纾民力。"用陕西的粮食以漕运来接济河南。起初，船只有限，陕西粮多靠车运，伤民力。元光元年（1222年），定国军节度使李复亨又建议，赶造大船20艘以运陕西之粮。《金史·河渠》说，陕西漕粮“由大庆关渡入河，东抵湖城，往还不过数日，篙工不过百人，使舟皆容三百五十斛，则是百人以数日运七千斛矣。自夏抵秋可漕三千万斛，且无稽滞之患”。这一方案被宣宗批准后，陕西漕粮的漕舟便多起来。

第八节　宋元地理著作、方志著述对后世长安地志著述的影响

宋至金元，长安已从全国京都完全转为西北地区的重镇。在这一历史巨变过程中，长安地志的发展，与当时军事方面的需要有密切的联系，使得长安“地记”“图经”这种古老的文献形式，在不断地去旧更新过程中，增强了它的生命力，也进入了一个新的发展时期。特别是宋敏求《长安志》的产生，《长安志》的著述体例成为后世成就卓越的全国地方志著作及长安地志著述的典范。秦晖在《陕西通史·宋元卷》第十章《宋金元时代的陕西文化》赞誉为“实际上可称之为方志类作品的宋元时代”。

宋、元地理著作对后世长安地志的著述所产生的重要影响，主要体现在：第一，注重实用。最具影响的就是宋敏求《长安志》，虽附载周、秦、汉各朝古迹，但宋敏求著述的目的，是为了阐明唐代长安历史遗迹的变迁状况。宋敏求承袭了两汉以来方志中述地一派的渊源，对自然现象十分重视，这与方志初期形成的辛氏《三秦记》，以宫苑为主的《三辅黄图》，以记唐皇城和京城为主的《两京新记》相比，在选材范围、征引、增删、时间、所涉及史料的广泛等各方面，可以说是远迈前贤。

第二，《长安志》在全国地方志中产生的重要影响，主要

有以下四点：（1）记述丘和塠两种地形是最早见于《长安志》的，如长安县尖丘、渭南的蜯蛤塠、富平的八公塠等。（2）对水道的记述，如万年县的义谷水、交谷水、锡谷水，长安县的梗梓谷水，蓝田县的白马谷水等的记述，也是以《长安志》为最早，是前代地理书所未提及的。记载沣河自源头以下河床的宽度及水流的深度，在其他以前地方志中，没有出由短阴原所在地与沣河入渭处的明确记载。而《长安志》卷十三咸阳县，记载了西南20里短阴原，即短阴山。沣河在咸阳县西11里，和短阴原没有联系，说明沣河到宋时已经改道，这一点在以后的长安方志中，都对沣河及其他河流有更详细的记载。又如《长安志》指出漆渠“自县之泬河分水”，泬河，《长安志》："泬谷水，在县南二十七里。自万年县界流经本县五里，合交水。”清毕沅《关中胜迹图志》对长安历史上流经的这条河道，经过考证，进一步得出：“泬即沆字之俗，亦潏水也。下皆仿此。”可知泬（坑）河即潏河，穿过神禾原与今滈河在香积寺下交会的河段。黄渠、龙首渠是环绕古长安的两大水脉，对后世长安的水系著述影响很大。例如《游城南记》“鲍陂西北流”，受其影响，嘉庆《咸宁县志》卷二《历代疆域水道城郭宫室名胜图上》进一步指出，黄渠由鲍陂流出直向西北，入曲江池。清《嘉庆重修一统志·西安府》引用《长安志》对黄渠的记述：“黄渠，咸宁县南。《长安志》在万年县南通善坊。自义谷口分水入此渠。北流十里，分为两渠：一东北流入库谷水，一西流入樊川，灌溉稻田，西流入泬河。”此处虽引《长安志》旧文，但不同的是，黄渠已入樊川，又怎能流到通善坊？此说究竟是舛误之说，还是至清代已有变化，但这却为后世研究长安水系的变化留下新的研讨内容。（3）《长安志》记述的地理现象共25种，除了崖、峡、沟、湫几种之外，而这几种能够见于它书记载的也不过各一两项。可以说，宋敏求已经对当时被认为地理现象的绝大部分内容均加以记述，其中有些就是《长安志》开始记述的。(4)《长安志》所记述的大小河流近90条，其数目已超过了以前和当时长安有关的志书，尤其是对于户县境内几条河流的记述，更为其他志书所少有。

元李好文《长安志图》深受宋敏求《长安志》的影响，以《长安志》为蓝本，《长安志图》卷上对唐皇城、外郭城的记述，是根据《长安志》卷七对皇城的记述。李氏因其官陕西行台侍御史，也因他对长安及关中的热爱，于长安考察寻访期间，尤为重视利及万民的泾渠，《泾渠图说》详于地理而略于人文，占《长安志图》的三分之一，以渠堰因革、洪堰制度等六个方面的荐言，详细论述了历经二千余年来，给人民带来实惠的泾渠至元代所发生的巨大变化。当他看到“堰劳而民力寡矣”，“使二千年历代养民之利，一朝而废”的现实时，提出了治理泾渠的改革措施，写出并绘制《长安志图》。清周中孚在《郑堂读书记补逸》说：“其下泾渠图说诸篇，皆为一方民生国计立论，非专为考古而设。”评赞该志利民实用的编纂目的。《长安志图》中《泾渠图说》注重实用的编纂体例，为以后明清长安地方志的编撰所沿用，现今叶遇春主编的《泾惠渠志》及《历代引泾碑文录》的原始依据，均参考了李好文的《泾渠图说》。清毕沅纂《关中胜迹图志》的体例也是远绍宋氏旧规，不仅受宋敏求《长安志》的影响，以地方官修纂地方志书，他还博采群书，并参引欧阳忞《舆地广记》等，如疏浚泾河灌溉渠道，树立前代帝王陵墓碑石，重建灞桥，移植慈恩寺诸碑，整顿西安碑林等，这些都是在宋元以及诸方志的影响下，有超出前人著述的地方。

第三，著述体例从自然地理转向人文历史及考据的两者兼备。宋以前，方志主要以山川形势、疆域沿革、土地物产等为著述范围。至宋代开始由纯自然地理描述，转到人文历史记述，“人物”和“艺文”逐步占据重要的地位。例如，继《长安志》而起的南宋初年程大昌《雍录》，它继承了《长安志》以述地为主的撰写体例。因《长安志》基本是述地兼记人，《雍录》正是以宋敏求《长安志》、吕大防《长安图记》及绍兴秘书省诸多文献，考订关中地区的古迹，并以亲眼所见当时仅存的唐都长安残苑遗迹，加以考订拟为17个专题，并附以图说，虽然未涉及到关中人物，《雍录》李经序说：但其“以稽古者放其勋，以精一者守其道，以宪章者博其学，以删述者祖其文，以开来者承其统，以经国者法其制”。对我国考据之学的初创，其功绩不可没。

骆天骧《类编长安志》更是主要依据宋敏求《长安志》，补入了《新说》《明皇杂录》诸书，加以整理、增补完成的。虽然骆氏在著述体例上与《长安志》完全不同，但撰写内容也因袭《长安志》体例中有人文历史的记述特点。继《元和郡县志》而起的乐史《太平寰宇记》，仍按行政区划分13道叙事，记载北宋太宗太平兴国九年以前的情况，特别恢复了《元和志》去掉的“人物”在地方志中的地位。《太平寰宇记》在反映长安人物方面，如卷25京兆郡“人物”条，列出京兆、武功、始平郡人物51位，每一位都有详细的生平小传，其中京兆、长安、万年、咸阳、高陵、霸陵（今灞桥区）人物就有31位，著名的有唐杜如晦、颜师古、阎立本、李泌、杜佑、姚思廉、牛僧孺等。艺文、风俗、姓氏、土产门目，在宋元长安方志与舆地著作中起到继往开来的作用，尤其是人物、艺文等门目在宋元以后长安地志及关中各县志中都列有此项内容，对以后长安地志著述有着深远的影响。

《太平寰宇记》除了继承正史地理志和古地志的传统以外，还增加了风俗、姓氏、艺文、土产、四夷等项内容。《四库全书总目提要》评价《寰宇记》说：“后世方志必列人物、艺文者，其体皆始于史”，“体例亦自是而大变”。这是由于“《元和郡县志》删除杂事，专志地理”，后人误以为“古地理书不记人物”[①]，而乐史把《元和郡县志》去掉的人物重新恢复，这为后世长安地志和舆地著作继承并延续下来，但并不是乐史首创。其次，《寰宇记》又增辟了土产一项，如，《寰宇记》卷25京兆郡下“土产”，记有长安的主要土产：隔纱、地骨皮、靴毡、粲席、酸枣仁、葛粉、藕粉、紫秆粟，这一项也为明清长安地方志增添并沿用下来。

第四，从形式多样、内容丰富，到出现官编大型志书。元代札马剌丁、虞应龙等纂《大元一统志》1000卷，后又扩大到1300卷，初于成宗大德七年（1307年）完成，是一部宣扬元代大一统的官刻本。由于采用资料十分广泛，内容异常芜杂，因朱元璋极力反对元氏蒙古人入主华夏，致使这部大书于元末以后几乎失传，仅遗存15卷，另散见于其他著作引用的条文，收集成辑本4卷。至今《大元一统志》全书仅有极少部分残存，但它却是官编《一统志》的起源，具有创举的文献价值。该志引用的资料，包括《元和郡县图志》《太平寰宇记》《元丰九域志》与《舆地记胜》，以及宋元所修地方志、图册等均在其内。该志在引用古长安（京兆府、京兆郡）的地理资料方面，几乎完全引用了唐宋二代上述几种舆地总志中有关长安的史料。宋末元初马端临的《文献通考》，也是在北宋《元丰九舆志》与《舆地广记》的影响下，引发对雍州永兴军（京兆府）的论述，颇有卓见。如雍州篇内，赞誉汉唐利用自然环境建都长安，而宋兵在自然环境之中，因辽金的入侵，战祸频频，却不能取胜的一段批判自然环境决定论的论述。《大清一统志》汇集了全国前代和当时所有地理著作，记述的地理现象

① 《四库提要辩证》第一册。

在当时堪称全备，其中对古长安一些地理现象的记述，许多内容是依据宋敏求《长安志》、程大昌《雍录》、吕大防《长安图记》及绍兴秘书省诸多图书等。《大清一统志》依据《长安志》等补入长安及关中的内容主要反映在：对关中地区崖、峡、陌三种地形的叙述。如：耀州的箭穿崖，同官县的神水峡；“六陌”，陌为田间的小路，六陌应是关中当地道路交错，一个较为重要地方的地名。还对《长安志》记述最早的各种水道全部搜集，补充沟、滩、湫等；又据《长安志》富平县盐池泽，蒲城县的东卤池和西卤池，补充了富平县的卤薄滩等，只是名称不同而已；清咸宁县为唐宋时的万年县，《长安志》万年县记述了炭谷，未记龙移湫。据载，唐时已有这个湫，也只是名称不同而已。而《清一统志》又补入了龙移湫在咸宁县南炭谷内。可以说，《大清一统志》在传承《长安志》的基础上，也补充了许多不载的内容，使《长安志》未载的史料得到发展。

第五章

明代长安

明初，长安更名为“西安”。明代西安及关中区域、乃至陕西全省地方志书，从内容到编撰体例都有了全面的发展与创新。这一时期，反映古都长安及关中区域的志书，有赵崡的《游城南》、何景明的《雍大记》与沈思孝的《秦录》《全陕政要》，反映明代陕西的志书，有明嘉靖、万历《陕西通志》，明西安府辖县今属西安市所辖区县的志书，有明隆庆《蓝田县志》、嘉靖《高陵县志》与《盩厔县志》、万历《临潼县志》与《鄠县志》，内容完备、卷帙齐全。据统计，明代陕西志书约有72种，其中西安及所辖区县志书有15种[①]。

第一节　明代长安专记——《游城南》

一、赵崡与《游城南》

赵崡（1569—1637），字子函，一字屏国，自号“中南敦物山人”。《游城南》是赵崡《访古游记》中《游终南》《游九嵕》三篇之一，《游城南》是叙述明代长安城南历史变迁最详

① 《全国地方志联合目录》（陕西部分），《陕西省志·著述志》古代部分，三秦出版社2000年。

尽的一篇游记。

明初的西安城，新修了高大的城垣，城的西、南仍依韩建“新城”的位置，略向北、东两面扩展了四分之一，较昔日唐长安城的规模更加恢宏壮阔。赵崡长期生活在西安近郊，先后于万历二十三年（1595年）、三十一年（1603年）及四十六年（1618年）三次与友人、或亲戚同游长安故地，并将亲眼目睹的不同变化记下来。《游城南》说：“余初游时，栖禅殿壁画犹前朝笔，甚奇伟，今断裂矣。僧大海多长者游，善谈论，今圆寂矣。其徒皆无足与言者。圭峰寺僧松庵，架阁崖居，甚有幽致。今僧化而阁废矣，独长兴以秦邸修缮如故。殿壁金元旧画，雄伟可观。……又十五里为子午镇，直子午谷北。有日中之市，市多山珍，长安人往往就之。”《游城南》写于明万历四十六年（1618年）四月，是赵崡第三次游历时所写。他先由西面出安定门，从《明西安府城图》看，明代的东西二门及大街未在城垣中心，而是偏于南面，近于南门，却不是南门。他真正开始游历城南是一周之后，与外甥王允濂一起“携张茂中《游城南记》”，南出永宁门①，循着张礼昔日的线路，“游城南，遵太乙，寻草堂，道鄠、杜”②。赵氏经过13天城南之行，每到一处，都对西安城南诸地悉加重访，详细记下与张礼所述不同之处，由距西安城西南30公里的圭峰寺返回。

《游城南》全文共4470字，仅是《游城南记》的二分之一。文字虽然简约，却是明人对宋以后长安城南的又一次最真实难得的记录。从北宋张礼《游城南记》（1086年）到明赵崡《游城南》（1618年），先后历经宋、元、明三朝相距532年，

---

① 明代南门为永宁门，即唐代的朱雀门，宋代城南的东、西是安上和含光二门。

② 赵崡《访古游记·游终南》。

其间西安城南已发生了巨大的变化。可以说，《游城南》是《游城南记》的续写，是研究明代西安城南以及南郊自然环境与人文历史地理演变不可多得的第一手资料。传世的有嘉庆十八年（1813年）《宝颜堂秘笈》本等。缺点是显得有些凌乱，如重复，在前已讲到普光寺，另一页又记普光寺。潞河后学李嘉绩在《后跋》说，十知老人定夫也指出，错别字太多。

二、《游城南》与张礼《游城南记》的对照

现将张礼《游城南记》与赵崡《游城南》的内容作以下对照，便可更清楚地看出自宋至明532年间，长安城南发生的一系列重大变故。据史念海、曹尔琴《游城南记校注》记宋代长安城南自然景观、残垣遗迹、历史人物及事件共计200余宗，笔者粗记有70余宗，明代长安城南与宋时相比，已发生明显变故的有29宗，现仅列出以下17宗。

宋张礼《游城南记》	明赵崡《游城南》
注：启夏门，唐皇城之南门也。北当皇城之安上门，少西。盖京城之南凡三门，中曰明德门，今谓之五门；西曰安化门，今谓之三门，此其东门也。	所谓安上、启夏、含光诸门，皆亡其故处。今城四门，东曰长乐，西曰安定，南曰永宁，北曰安远。
续注：（慈恩）寺宇废毁殆尽，惟一塔俨然。	《记》云：寺经废毁殆尽，唯一塔俨然，则今寺亦非唐创。而塔自宋熙宁火后，不可登。万历甲辰重加修饬施梯，使得至其巅。
注：（慈恩）塔既经焚，涂污皆剥而砖始露焉，唐人墨迹于是毕见。今孟郊、舒元舆之类尚存。	《记》所谓唐人墨迹，孟郊、舒元舆之类，皆不可得。

宋张礼《游城南记》	明赵崡《游城南》
续注：（慈恩）塔之东、西两龛唐褚遂良所书《圣教序》及唐人题名记、碑刻存焉。	东、西两龛，褚遂良所书《圣教序记》尚完好，而唐人题名碑刻，无一存者。僧云：塔前原有碑亭，乙卯地震，塔巅坠，压为碎段，今亡矣。
注：圣容院盖唐荐福寺之院也。今为二寺，寺之浮图，今正谓之荐福寺塔，尚存焉。……起塔十五层。续注：贞祐乙亥岁，塔之缠腰尚存。辛卯迁徙，废荡殆尽，惟砖塔在焉。	自永宁门至荐福寺三里许，寺经废徙，非唐创。塔十五级，嘉靖乙卯地震，裂为二；癸亥地震，复合无痕，亦一奇也。僧房阒寂，多余旧主。
注：横冈之第五爻也，今谓之草场坡。古冢存焉。……九五贵位，不欲常人居之，故置玄都观、大兴善寺以镇之。……《长安志》云："坊东有裴度宅，度欲入朝，有张权舆上疏云……"宅据冈原，与兴善、玄都相连故也。	南行，又三里许为兴善寺。前据草场坡，所谓"横冈之第五爻"也。……九五贵位，不欲人居，置玄都观、大兴善寺以镇之。观当在寺西，寺东又有裴度宅，张权舆所谓"宅据乾冈"者。今观与宅皆废，独寺存。
正文：过高望，西南行，至萧灌墓，读碑。注：灌，嵩之父也。碑乃明皇题额，张说为文，梁升卿书。嵩墓别葬张曲。	赵村西为高望，有萧嵩父灌墓碑，张说撰，梁升卿书。高望之西北，又有仇士良、郭敬之、升平公主三碑，皆当在十余里内。余欲往寻之，王甥曰"亡矣"。
注：元丰中，知京兆龙图李公登眺于斯，命僧创轩，是名玉峰。擢万年令陈正举为之"记"。	吕大防所创玉峰轩，以玉案得名，当在寺后原半。今独陈正举所为"记"在殿壁间。
注：南行四里，至道安洞。今为尼院，院中起小塔，西倚高崖，东眺樊南之景，举目可尽。	渡潏水，寻道安洞。葬塔半倾，寺亦寥落，道安寺无考。……但至此西倚高崖，东眺樊南之景，举目可尽。茂中言不虚也。
注：直樊川之上，倚神禾原，有洞曰莲花，旧为村人郑氏之业。郑氏远祖乾曜，尚明皇之女临晋公主。	过郑家庄，唐郑驸马乾曜后，族尚百人。据《记》郑氏居莲花洞，在道安洞西北，今乃在东南，岂年久迁徙耶？

宋张礼《游城南记》	明赵崡《游城南》
正文：至兴教寺，上玉峰轩，南望龙池废寺。	东北坡上有昙远禅师塔，《记》云"上兴教寺玉峰轩，南望龙池废寺"，则寺自宋已废。
注：杜固，今谓之杜坡。所凿之处，崖堑尚存，俗曰马棚崖，或曰凤凰嘴，不知何谓也。	下原，径杜固，有水西北流，当是杜正伦所凿，尚名凤凰嘴。自此稍西行，为杜曲……
注：华严寺，贞观中建。正文：又知华严之为胜也。酒阑，过东阁。阁以华严有所蔽而登览胜之，……以西有华严寺故也。注：延兴寺在杨万坡。正文：过夏侯村……	又西北为杨万坡、夏侯村，上华严寺，丹碧凋残。
正文：至澄襟院。……院之东元医之居也。	《记》谓有澄襟院，有东阁，有元医之居，引水架阁，颇极幽胜，今独断崖败壁而已。
注：杜光村有义善寺，俗谓之杜光寺，贞观十九年建，盖杜顺禅师所生之地。	东一塔下有杜顺禅师像，西一塔为清凉国师妙觉塔，俱经重修。
注：勋荫陂，今牛头寺之坡也。寺即牛头山第一祖遍照禅师之居也，贞元十一年建。内有徐士龙所撰碑。太平兴国中，改寺曰福昌。	又西二里为牛头寺。寺地胜如华严，而庄严过之，盖亦秦邸香火院也。寺有徐士龙撰碑，今亡。
注：今潏水不至皇子陂，由瓜洲村附神禾堑上穿申店而原愈高，……又西北经下杜城，……	自寺西南行，过申店，渡潏水，西北望皇子陂大冢。其西为毕原，下为杜城。

从以上对照可清楚看出，明代长安城南有 7 处遗迹与张礼《游城南记》所述基本相同之外，其余 29 处已发生了大小不同

的变故，这些变故的具体情况大致可分为：废毁已不存的遗迹有22处。分碑刻：杨玚庙碑、李林甫撰、王曾书；令狐氏庙碑、刘禹锡撰并书；唐人题名碑刻，李晟先庙碑、张彧撰、韩秀弼书；萧嵩父灌墓碑、张说撰、梁升卿书；仇士良、郭敬之、升平公主三碑。分为墨迹：孟郊、舒元舆墨迹。宅邸：裴度宅、澄襟院（元医之居）。寺庙：青龙寺、道安寺、兴教寺、华严寺、董村寺（翠微下院）。陵墓：论弓仁墓（题额）。其他：逍遥公读书台。留存遗迹2处：香积寺塔院、兴善寺。部分留存的遗迹2处：陈正举《玉峰轩记》与百塔寺（信行禅师塔院）。经迁徙的遗迹1处：临晋公主莲花洞。重修遗迹1处：杜光寺清凉国师妙觉塔。地理环境改变的有潏水，杜固，杜曲。自然环境未改变的有5处：乐游原，神禾原，樊南一带、南五台、草堂寺（栖禅寺）。堪称一奇的遗迹即荐福寺砖塔，张礼注，荐福寺文明元年立，谓之大献佛寺，天授元年改为荐福寺。景龙中，宫人出钱，起十五层塔。金贞祐三年（1215年），塔之缠腰尚存，至明“嘉靖乙卯地震，裂为二；癸亥地震，复合无痕，亦一奇也”。唐以后经修复的历史遗迹，即慈恩寺。城南风景区：曲江、杏园、芙蓉池。城门的变更：赵崡看到的明西安城有四门，即东曰长乐，西曰安定，南曰永宁，北曰安远四面各有一门，完全不同于唐长安京城东、西、南三面各有三门，即皇城南有朱雀、含光、安上三门，京城南有明德、安化、启夏三门。宋长安城称为五门，安化门称其为三门，到元代，已形成东、西、南、北四面各一门的城建规模。明代末年，《游城南》说：“安上、启夏、含光诸门，皆亡其故处。”说明自宋至明500余年的沧桑岁月，长安城及城南一带已发生了重大的历史变故。

三、明代长安城南的翔实记录

赵崡《游城南》以张礼《游城南记》为依据，对明代长安城南人文与自然历史地理的变迁作了翔实的记述。

1. 自然水域的变迁

《游城南》说：“秦山、泾渭，皆入目中。……由曲江达张曲，地渐高，望之，自东南一带迤逦过长安西南，皆所谓少陵原也。本凤栖原，以宣帝葬许后起少陵，遂曰少陵。少陵在司马村东，其西皆秦王葬地，松柏森蔚，华表、翁仲，数十里相望焉。”赵崡看到的少陵原一带，数十里绿色植被尚可，但少陵东丰梁原，东北白鹿原的浐水、荆谷水合流入渭，以及“浐水之西岸，其地有泉”的水文地理特征均未提及，说明至明代长安城南水域的流经之地已发生了改变。张礼《游城南记》说：“少陵原南接中南山，北直浐水。本为凤栖原，汉许后葬少陵，在司马村之东，因即其地呼少陵原。杜牧之自志云：‘……葬万年之少陵原。’实凤栖原也。原脉起自南山，屈曲西北，冈阜相连，累累不断，凡五十里。然则凤栖、少陵，其实一本，因地异名耳。汉总谓之洪固原。今万年县有洪固乡。……少陵东接丰梁原，或作风凉原，浐水出焉。东北对白鹿原，荆谷水出焉。二水合流入渭。……少陵之东冈下，即浐水之西岸。其地有泉。”从张礼对宋长安城南少陵原（凤栖原）、丰梁原（风凉原）、白鹿原，包括终南山北坡，隔樊川东西对峙的神禾原一带地理及水域环境看，虽经唐末战乱，此处以终南山为屏障，山下水域充盈、大量绿色植被覆盖，处处多水多桥，四周树林茂密，自然景观和人文景观融为一体，而赵崡所见最为明显的是水域面积的大片减少，说明长安城南至明代水域环境所发生的改变。赵崡又说：“樊川、御宿川之水交流其下，谓之交水。”樊川，即汉高祖赐樊哙食邑之地。御宿川，

“在县南三十七里。汉为离宫别馆，禁御人不得往来游观，止宿其中，故曰御宿”[①]。《类编长安志》说：“（潏水）至香积寺西合御宿川交河”。并非赵崡所说两水“交流其下，谓之交水”。《长安志》说：“（潏水）自南山流至皇子陂。”但潏水于北宋元祐元年张礼所见时，已不经皇子陂，而是“由瓜洲村附神禾堑上穿申店而原愈高，凿原而通，深至八九十尺”。[②]凿原引潏水，其间落差达到“深八九十尺”，可知潏水流量在宋元祐年间已经渐小，至明时，《游城南》载，潏水仍因循宋时故道，但“西北望皇子陂大冢”，说明潏水比宋时距皇子陂的距离更远了。

2. 城西南的自然远景

《游城南》说：“西南行，马首净无纤尘，山光林影，紫翠相映，殊不减山阴道上。行五里，原尽，得兴教寺。据高原，俯樊川，玉案山，天池寺在其南，韦赵三像院在其东，韦杜华严诸寺在其西。神禾原、道安洞、惠炬寺横亘其西南。”对长安城西南一带由近及远自然景色的描述，是张礼《游城南记》所不曾记载的。三像院，张礼注，韦赵村是唐相牛僧孺及子孙郊居地，位于京兆开元寺附近。三像院即三像寺，在少陵原上，因原刻三大佛故名，赵崡所述“韦赵三像院在其东”，不知与张礼所述是否为一处？

3. 城西南的历史名胜

草堂寺与高观谷于明代就是长安城西南的名胜之地，《游城南》有一段生动的记述：

> 高观谷之西则草堂寺也，秦姚兴迎鸠摩罗什译经于

① 《元和郡县图志》卷一《关内道·万年县》。
② 赵崡：《游城南》。

此。原名逍遥园，唐僧宗密居之，为草堂寺，今名栖禅寺，殿后有圭峰定慧禅师碑，柳公权篆，裴休撰书。圭峰定慧禅师者，宗密也。……寺前揖紫阁峰，东观音山，西圭峰，如屏环，而圭峰独壁立，亦曰笄头山，又曰鸡头。……东南一小峰，峰顶有寺曰圭峰寺。

草堂寺建寺时间无考，初为后秦法师鸠摩罗什葬地，唐代改名“栖禅寺”。圭峰，亦名尖山，在西安西南40余里，山峰突出如圭，周围又有紫阁、大顶、凌云等峰，都突兀挺拔，形势峭丽。山旁有高观（冠）谷，为沣河水源之一，谷水“喷沫如雷”，动人心魄，山下有著名的草堂寺，“草堂烟雾”为关中八景之一。紫阁峰，《雍胜略》：“紫阁峰，旭日射之烂然而紫，其形上耸，若楼阁。”故名。紫阁峰就在圭峰相近处，草堂寺在圭峰北，赵崡说：“原名逍遥园。”曹尔琴注，今草堂寺所在地虽是逍遥园故址，规模已狭小，不能与当时的逍遥园相比。

4. **明长安城南其他变迁**

寺庙的废毁迁移是赵崡亲眼目睹城南变迁最主要的特征之一。据统计，《游城南》记叙最多的是寺庙，共计22处，其中大兴善寺与慈恩寺是他亲眼目睹变故较明显的两大寺院。大兴善寺占靖善坊一坊之地，《唐代长安词典·宗教寺观》说：“寺殿崇广，为京城之最。”开皇二年（582年）隋文帝于位处九五冈原之地置此寺，唐中宗神龙间改为丰国寺，睿宗景云元年（710年）仍复旧名。唐总章二年遭火焚，后重新营建，武宗禁佛时，又遭废毁。至明代，大兴善寺仍存在，而晋国公裴度宅已不存。此后虽经恢复，但历经兵火，殿宇多焚毁，现寺内多为明清时建筑。慈恩寺自唐代废毁之后，赵崡所看到的慈恩寺院是宋以后或明代重新修建的，而塔仍是唐时所建，但塔内旋梯是明万历三十二年（1604年）重新修建的。

四、明代地名已改变、迁徙的遗迹

自宋至明长安城南地名已改变、迁徙的遗迹，有下杜。《雍录》说：“杜县之东有原，名为东原，宣帝以为已陵。故东原之地遂为杜陵县也。既有杜陵县，则名称与杜县相混，则遂改杜县为下杜以别之。”据载，东原即今少陵原，下杜今为杜城。已迁徙的遗迹如，唐明皇之女临晋公主的莲花洞，由道安洞西北，至明时迁至东南。临晋公主下嫁郑潜曜，郑为避暑，依神禾原北建避暑山庄，俗称郑驸马洞或莲花洞。道安洞于宋时已为尼院，院中起一小塔，而赵崡所见“葬塔半倾，寺亦寥落，道安寺无考”。只有樊川以南的美景与张礼所述相同。道安洞，据载，道安寺应建在唐以前，说明道安洞唐宋时已有。杜光寺是杜顺禅师所生之地，张礼注，杜顺圆寂后，肉身在华严寺。赵崡所见“文殊阁藏杜顺肉身，今亡所在。而杜顺和尚碑，不知何缘乃在长安开佛寺中”。说明杜顺禅师的庙碑至明代又经过了一次迁移。

《游城南》与《游城南记》所述长安城南自然环境完全相同之处，有樊川以南的自然景色。又如宋时已废的兴教寺，是唐玄奘的葬骨之地。据载，玄奘于高宗麟德元年（664年）二月初五，逝于陕西宜君山玉华宫，葬骨于城东浐河岸上白鹿原。后修建了五层灵塔及寺院，唐肃宗来此游览时，题塔额为“兴教”，故名兴教寺。寺内最高的五层塔，即玄奘的葬骨塔，现寺内除三座砖塔外，其他建筑均为近代所建，寺位于西安城南樊川少陵原畔。香积寺，唐高宗永隆二年（681年）建，是当时一处景胜之地，赵崡与张礼所述基本相同，说明至明代寺院依旧完好。

五、增补的内容

《游城南》补入了张礼《游城南记》因当时已废毁未记，或明代重新修建的长安城南诸多遗迹。其中明代长安城南最有名的大寺院普光寺，赵崡在《游城南》说到：“龙池废寺，即今普光，创造为诸寺冠，而华严寺之胜，十不存一二焉。”《唐代长安词典》载，普光寺即唐代龙池寺，于明时重建，重名为普光寺。唐贞观五年（631 年）太子承乾建，神龙元年（705 年）唐中宗诏令两京及天下诸州并置中兴寺，后又改名龙兴寺。赵崡不仅补充了普光寺（宋龙池废寺）的内容，并详细记述了寺周围的建置规模及内部的景色，现摘录如下：

> “抵南山普光寺。寺有二，一在山下，一在山上。下寺金壁庄严，为长安诸寺之冠，即崇仁不及也。最胜者，寺门内莲花池，大数亩，中作藏经阁，环以廊百楹。游人至此，恍然有出世想。上寺距下寺五里，石磴参差，飞梁跨壑，长松古柏，翠壁苍崖，应接不暇，而庄严则减下寺。”

赵崡亲眼目睹普光寺分布在山的上下及寺内幽雅美丽的景色。《游城南》又说：“过演武场，游崇仁寺。本名崇圣，建自隋唐，今为秦邸香火院。缔构丹碧，长安城诸寺不及也，俗呼金胜寺。经堂前有唐大德檀法师塔铭，姜立祐撰。”崇圣寺有二：一立于隋时。唐贞观年徙济度尼寺于安业坊的修善寺，以其为灵宝寺，于高宗仪凤二年（677 年）灵宝寺与崇圣宫并为崇圣寺。另一为长安太平坊温国寺，于唐宣宗大中六年（852 年）改称为崇圣寺。赵崡所记崇仁寺即隋唐崇圣寺，是长安城南诸寺之中规模较大的一处寺院。

值得指出的是，赵崡对明代长安城南建置的增补。如明长安城南宗尉怀斛庄。怀斛，赵崡注，字长房，博学能诗文，与赵崡友善，庄在神禾原以西数里外，“亭馆参差出半山，林木掩映，水泉稻畦，极幽僻之致”（赵崡《游城南》）。说明此处是完全不同于唐末长安城南的一处极幽胜之地。赵氏又记有惠炬寺，“循神禾原，过惠炬寺，荒落特甚”（《游城南》）。惠炬寺，唐代寺观中未见其名，或许是唐以后的建置。还记有位于唐长安城延寿坊的惠觉寺，都是《游城南记》不载的内容。

另外，赵氏还记有明代仍遗存的唐长安寺庙遗迹，即牛头寺、翠微寺、百塔寺三处。牛头寺是长安城南的著名名胜，也是唐代樊川八大寺之一。唐贞观六年（632 年）建，宋太平兴国年间改称福昌寺，元祐元年（1086 年）复名牛头寺，至明时，除了徐士龙撰碑已亡，其寺地仍“胜如华严”。《咸宁长安两县续志》说：“牛头寺前对神禾原，俯瞰华原川。”说明该寺位居高地，临近咫尺的南山，苍翠葱郁，举目可及，宜人的景色与优越的地理环境是该寺能够延续至明代的主要原因之一。翠微寺在终南山上，本太和宫，唐高祖武德八年（625 年）建，唐太宗贞观十年废，又重葺，改为翠微宫，唐宪宗元和元年（806 年）废为翠微寺，留存于明代的是董村翠微寺下院。

六、未辑入的内容

经统计，赵崡未辑入张礼《游城南记》所述长安城南遗迹约有 30 余处，其中记述较清楚的人名、地名有 25 处，几乎是张礼《游城南记》中的一半内容。包括寺庙：即延兴寺、三像寺、涂山寺、丰德寺、三会寺。里坊：延祚、光行、道德、永达四坊。宅第、家庙、园亭：即姚家园、温国塔、范公庄、仇家庄、豹林谷、杜祁公家庙，韩、郑郊居[①]，申店、李氏园亭。地名及其他，有丈八沟、樊乡、司马村、鸣犊镇、毕原、渼陂。以赵崡“携”《游城南记》寻访的过程看，他是尽可能将宋代城南所遗留的遗迹，均记入《游城南》之中了，这些未辑入的诸多遗迹的原因大致可归纳为以下七点。

1. 至明代已不存的唐及前代名宦墨迹、宅邸

宋时尚存唐代诗人孟郊、舒元舆等唐人墨迹。唐及前代名宦宅邸有赵村章敬寺，论弓仁碑。赵村，既五代周太子太师皇甫玄庄。论弓仁，吐蕃普赞之族，谓宰相为论。圣历三年(700年，武则天年号)以所统吐浑七千帐降唐，累有战功，死赠拨川王，葬赵村。张礼说“独其题额在”，而赵崡连题额也未看到。还有韦敻，韦氏世居韦曲，为城南豪族。张礼注，京兆杜陵人，韦孝宽兄，淡泊名利，曾多次微辞不为官。宅居处林泉清幽，对玩琴书，逍然自得，号为逍遥公。骊山西南有逍遥谷，为韦嗣立庄，位于今新丰镇骊山之麓。驸马都尉王诜[②]林泉，王诜为王全斌五世孙。《宋史·公主传》注，英宗第二女下嫁左卫将军王诜，故其为驸马都尉，王诜在长安林泉已有四世之久。

2. 至明代部分留存或完全不存的寺院

变化较明显的有华严寺、澄襟院与三会寺。华严寺，是唐都长安八大寺之一，建于唐德宗贞元十九年（803年）[③]，是佛教华严宗的发源地。至明时，该寺虽已“丹碧凋残”，但还存

---

① 韩、郑郊居。韩，唐汉著名文学家韩愈。郑，《游城南记校注》为郑虔，为唐玄宗所赏识，与杜甫友善。

② 张礼:《游城南记》误为“铣”，曹尔琴:《游城南记校注》为“诜”。

③ 张礼:《游城南记》华严寺误为“贞观中建”，应为唐德宗贞元十九年建。

在，直至清乾隆时寺宇毁坏。澄襟院，即唐左术僧录遍觉大师智慧之塔院，至明代已成为“断崖败壁”，说明此处已被完全废毁。三会寺，“在县西南二十里宫张村。唐景龙中，中宗幸寺，其地本仓颉造书台”[①]。寺在初唐已负声名，中唐时便荒废残破，至宋代遗迹早已不存了。

3. 宋时已湮没无考的樊川、韦曲一带遗迹

樊川、韦曲一带为城南之最，不载的遗迹除了张礼所注的樊川九曲池，池西玉钩亭，其池迹尚存，亭则不可考之外，何将军山林，宋时已无考。杜甫《何将军山林》诗：“不识南塘路，今知第五桥。”宋时第五桥在韦曲西，可知何将军山林约在韦曲西一带。岑嘉州有杜陵别业、终南别业等，宋时已湮没无考。上述赵崡所指三处，仅有逍遥公读书台于宋代尚存，至明时，皆不可考。又如樊川著名的范公庄，张礼注，即唐岐国公杜佑郊居。《旧唐书·杜佑传》说：“元和元年封岐国公。”又引《式方传》云：“杜城有别墅，亭馆林池为城南之最。”杜佑以太保致仕于唐宪宗元和七年（812 年）居住在城南樊川，门人权德舆为之记，德舆，天水略阳（甘肃天水市）人，官至检校吏部尚书，出镇兴元，兴元治今陕西汉中市。曹尔琴注，长安城南除杜佑别业，杜姓别业还有杜相公别业和杜邠公别业。杜相公，即唐代宗广德年任宰相的杜鸿渐。杜邠公为杜悰，杜佑之孙，官中书侍郎同中书门下评章事、加太傅邠国公等，在城南也有一处幽雅的别业，已无考。

4. 遗迹损毁与宋代仍遗存的唐代里坊

例如慈恩寺塔，同样，荐福寺塔也于“嘉靖乙卯地震，裂为二”。《游城南》载，慈恩寺“塔自宋熙宁火后，不可登。万历甲辰重加修饬施梯，使得至其巅”。慈恩寺塔内的旋梯曾经

① 宋《长安志》卷十二《长安县》。

过明万历三十二年（1604 年）重修。

延祚、光行、道德、永达四坊，从《西安历史地图集》上可清楚看到，朱雀街西第一街从南至北一至四坊。张礼由明德门进入唐长安外郭城，向北进城首先经过的就是这四坊之地，说明这四坊在宋代还存在。兴道、务本二坊，在安上门外。安上门，是唐长安皇城南三门的东南门，兴道、务本二坊紧邻唐皇城边。张礼说："二坊之地，今为京兆东西门外之草市，余为民田。"东西门说有误，应为东南门。二坊于唐时一部分已成为草市，其余为民田。

5．明代水道、风景区的变迁

丈八沟，因潏水不易于引水南流再东入城内。《游城南记校注》载，丈八沟地势较低，易于蓄水，今丈八沟东西两村间尚有滈河河道，南北向，有的河段已经干涸。渼陂，曹尔琴注，今日所见渼陂，周回仅约二里，已缩小了许多，其深也不可载舟了。曲江至宋代虽已湮塞，"然春秋积雨，池中犹有水"①，说明曲江于宋时未完全干涸，直到明万历初尚有水，曲江完全枯竭并开为农田，应在明中晚期。芙蓉园与杏园皆秦时的宜春下苑，以及芙蓉池，是唐代的南苑，至明时连遗址也已不存。

6．原的显著地理变迁

如青龙寺乐游原与毕原。青龙寺乐游原即秦宜春苑，汉宣帝时建乐游庙而得名，在唐京城曲江之北。每当上巳、重九节日，仕女在此登高观赏祓禊，以及乐游之南的青龙寺，曾为登临远眺之绝佳之地，被贾岛誉为"行坐见南山"一景，至明代，均已变为坟茔或废墟了。毕原，《元和郡县图志·京兆府》说："毕原在（万年）县西南二十八里。《诗》注云：毕，终南

---

① 赵崡：《游城南》。

之道名也。”翠台庄和天门界均在毕原上，而赵崡所述已无记载。

7. **仍留存于现在的旧名**

如涂山寺、豹林谷、申店、司马村与鸣犊镇。涂山寺，张礼注，在皇甫村神禾原之东南。曹尔琴按，今皇甫村仍在，有一片大洼地。豹林谷，为种放隐居之地。曹尔琴注，今称抱龙谷。申店，今仍旧名。司马村，《类编长安志》说：“宣帝许后葬司马村，冢比杜陵差小，号曰小陵，以杜陵大故也，语讹为少陵。”《全唐文》杜牧《自撰墓志铭》说：“以月日葬于少陵原司马村先茔。”张礼注，司马村在宋代曾位于长安城东南，少陵在村之东北，赵崡却未记载。鸣犊镇，《类编长安志》载，鸣犊泉“在县西北十里独孤村。东西二泉，相隔一里，俗云：‘东泉一牛犊没于泉底，牛母悲鸣，其犊西泉而出，从号曰鸣犊泉。’”曹尔琴注，泉在临潼县西北，镇名依旧。

综上所述，这些未载入的、曾经显赫一时的30余处遗址，显然是自宋至明500年间，长安城南曾经发生过一系列的重大历史变故所致，随着岁月而废毁，或湮没殆尽，这也正是赵崡未辑入的主要原因。

第二节　《雍大记》与《秦录》

一、何景明与《雍大记》

《雍大记》36卷，明何景明纂，成书于嘉靖元年（1522年）。《雍大记·序列》说：“雍，古帝王周也，正位大统是宜详载。”该志记述范围以关中为主，关中古称雍州，故名《雍大记》。景明，字仲默，河南汝南县人[1]。明弘治十五年（1502年）进士，授中书舍人。他与李梦阳等提倡诗词古文，并与边贡、徐祯卿合称四杰，为明代前七子之一。该志是何氏为陕西提学副使时所编纂，他居陕多年，对陕西关中一带地理、民俗等熟悉了解，在修《陕西总志》开局立例时，以视察、监督学校工作之便，编纂此书。

《雍大记》全书36卷分为六部分，卷1至卷8考易，记陕西及西安府辖境的历史沿革；卷9至卷13考迹，辑古长安、乃至陕西的山、原、河渠、桥，以及唐长安城的宫殿、馆、圆丘、台、陵墓；卷14至卷18纪运，记历代帝王建功立业的政绩；卷19至卷25纪治，主要记关中地区经略西北的陕籍人及在陕任职有政绩的官吏，其中关中有政绩的官员约40人；卷26至卷30志献，记长安及关中地区为主的历代人物传记；卷31至卷36志赉，以陕西及关中为主的历代文赋95篇。

该志的内容，正如明代吴岫在卷前所说："《大记》之作，是以当关陕全志哉。且其考据精，而其议论要，而正铺叙得作史家法，而词语烂然，关陕志中之佳品哉。"该书的记述特点：在每一卷中都注重反映明代"国朝"的历史地理。如，卷一记明初陕西、西安府及所领各县的行政区划；卷十二记明秦王府于洪武初周围各郡设置的地点，每一小结都有作者对其事所作的评论。该志的每一府、州、县下都有自周至明代的地理沿革，以及某州、县合并或划入其他州、县的具体时间及朝代，条理清楚，记载十分详细，可以看出作者编撰此书的目的。编撰的内容中，对于物产、户口、徭役、赋税等均未列入志中，《雍大记·附后记》载，由于"嗜博务多，如，历代史赞之类，

① 《雍大记》卷尾、《明史》与康熙《陕西通志》均记为："信阳人"（河南信阳县人）。

概为收入，未免氾滥。又文字多摹古而失真，如，改沿革志曰：‘考易’，改艺文志曰：‘志贲’，名目皆出臆创”。可看出该志的编纂及体例尽管还有一些不成熟的地方，但是，它作为唯一撰写明代关中、乃至整个明代陕西的志书，具有不可多得的研究价值。如果从现在陕西志书的编排体例看，可以说，《雍大记》的内容体例尽管不够完善，但它已有了最初的《陕西通志》的轮廓，实际上就是明代《陕西通志》在产生之前的前期体例。虽然《雍大记》体例的名称仍显得有些怪诞，内容的分编还不够完善，但从嘉靖、万历《陕西通志》渐趋成熟、并逐步规范的卷目体例中不难看出，在记述水利、公署、学校、兵防，以及大量的“艺文”等内容上，基本上继承了《雍大记》的体例。

1. 述明西安府区划及明西安市区7县

《雍大记》说：“洪武七年，改行中书省置陕西等处，承宣布政使司，领西安、凤翔、平凉、延安、庆阳、临洮、巩昌、汉中八府。改前元宣抚司，置陕西都指挥使司，领西安左、西安前、西安后。”《雍大记》又说：“改奉元路为西安府，领州六县三十，附郭治长安、咸宁二县。洪武中设西安前、后、左三卫，并右护卫于府城内，隶陕西都司。”这是明继元代之后，对西安府及陕西行省区划的一次重大改革。

明西安府治31县，由长安、咸宁（今西安市）领雍、商、同、华、乾、耀[①] 6州，辖长安、咸宁、咸阳、兴平、高陵、临潼（栎阳并入）、泾阳（云阳并入）、鄠、蓝田、盩厔、三原、洛南、山阳、镇安、郃阳（今合阳）、朝邑（大荔并入）、澄城、白水、韩城、华阴、渭南、蒲城、礼泉、武功、永寿（好畤并入）、淳化、三水、富平、同官、长武等31县。

① 史念海：《西安历史地图集》为“商、同、华、耀、乾、邠”。

明西安府是明朝统治西北的军事重镇，陕西布政使司的政治经济中心，辖境面积十分广大。明西安府所辖范围即今陕西彬县、周至以东，铜川、韩城以南，宁陕、镇安、山阳、商南以北，相当于今陕西关中东部及陕南部分地区。属于今西安市区划的县，有长安、咸宁、临潼、蓝田、盩厔、鄠、高陵 7 县，相当今西安市 9 区 4 县的范围。长安县，是西安府附郭县，治所在府城西，位于今西安市西大街城隍庙东侧，辖地约今西安市未央、莲湖区，雁塔区西部和长安区西部。编户 41 里，有子午、杜角二镇。咸宁县，西安府附郭县，治所在府城东，今西安市菊花园东，顺城巷南侧，辖地约当今西安市灞桥区、新城区、碑林区、雁塔区东及长安区东，编户 35 里，有鸣犊、灞桥、渭桥三镇。临潼县，治所今仍为临潼区政府所在地，辖地约今西安市阎良区和临潼区，编户 52 里，有零口、关山、广阳等镇，嘉靖三十二年（1553 年）筑新丰、零口、相桥、康桥、田市等 5 堡。蓝田县，治所今仍为蓝田县政府所在地，辖地相当今蓝田县全部，编户 19 里。盩厔县，治所今仍为周至县政府所在地，辖地相当今周至县及户县涝河以西，编户 40 里，有终南、甘河二镇。鄠县，治所今为户县县政府所在地，辖地相当今户县涝河以东地区，编户 23 里，有陂头镇。高陵县，治所今为高陵县政府所在地，辖地相当今高陵县全部，编户 14 里，有毗沙镇。

明西安府所辖 7 县的治所地理范围至清代没有大的改变，不同的是，明代“里”的编制，至清代已成为镇，是作为清代乡村中商业集市的设置，由明代 12 个镇，已发展至清代的 78 个镇，有了很大的改变。说明明西安府辖县的建置，为清西安府辖县提供了更有利于管理的体制。

明朝陕西布政使司辖境包括今陕西全省、甘肃省嘉峪关以东及宁夏与内蒙古伊克昭盟的绝大部分地区。洪武十三年

(1380年)中央的中书省被撤销，从此作为中央机构的“省”不复存在，“省”开始成为地方行政区划的专用名称。明朝对长安也作了很大的改革，洪武二年（1369年）4月13日，元朝陕西行省守臣逃走，10万明军入城，历经金、元两朝统治长达240年的长安古城终于重归汉族王朝的版图，两个半世纪以来的连绵征战终于成为历史。从此，长安改奉元路为西安府，“西安”之名一直沿用至今。

2. 环绕明西安府城的河渠及宅池

《雍大记》辑关中地区的渠、潭、沼、池、泉、泽、陂、泊、薮等河流水道共计约136条，其中记明朝环绕西安府城内外的河渠，有龙首渠、清明渠、通济渠、通城渠4条。清明渠与通城渠，《雍大记》卷十一《考迹》说：“龙首渠，一名浐水渠。《汉书》穿渠得龙首骨，故名。……自西安府城东南三十里，……分为二渠，一北流经长乐坡，西北灌凝碧、积翠池；西北入大明宫，后灌太液池。五季后渠涸。……元至元甲子陕西行省赛平章复引水入城，日久湮塞，至元十年复开。明渠在咸宁县东。”《考迹》又说：“清明渠在西安府。……通城渠在耀州西北三里，引沮水浇灌田园。旧壅塞不流，国朝永乐四年(1406年)修通，浇灌附郭，分其流于城中。”明代龙首渠在今西安市东郊一带，清明渠自隋开皇三年（583年）引潏水流入长安城后，唐代流经安乐坊西南隅、含光门街等流入宫城，直到明代依然使用。通城渠引沮水流经周围田园，渠首自耀县流入西安府城中。

《雍大记》对龙首渠水的引用，唐宁王九曲宅池与九龙池的叙述比较生动。九曲池在长安城西，是宁王宅山池，位于胜业坊东北隅宁王山池院内。《雍大记·考迹》说：“唐宁王山池院，引兴庆水西流，疏凿屈曲，连环为九曲池。上筑土为基，叠石为山，上植松柏，有落猿岩，栖龙岫，奇石异木、珍禽怪

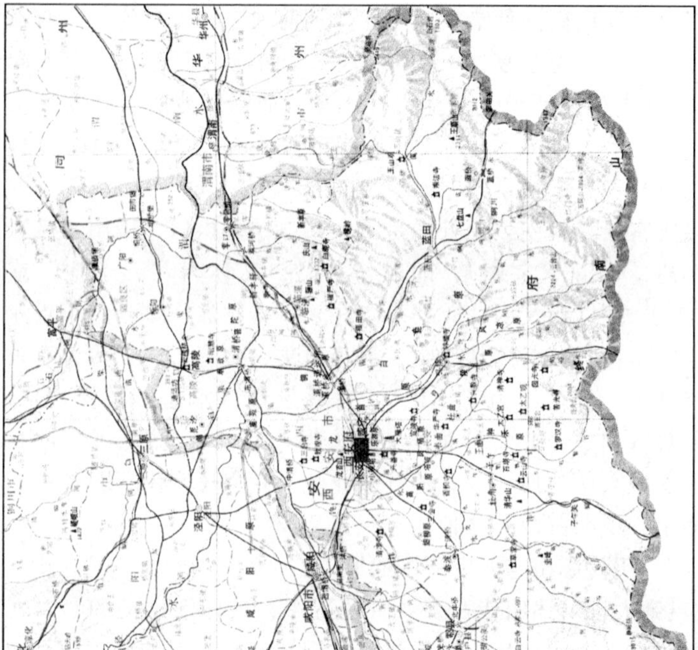

明西安府图

兽毕有。又由鹤洲仙渚，殿宇相连，前列二亭，左沧浪，右临漪，王与宫人宾客宴饮一钓其中。”九曲池景色迷人，令人向往。《雍大记》所说九曲池引兴庆水，而兴庆池所引乃龙首渠水，宁王宅九曲池所引亦即龙首渠水。九龙池，即景龙池。《雍大记·考迹》又说：“景龙池在长安城东，即兴庆池。”在南内兴庆宫跃龙门南，此处本是平地，自“垂拱后，因雨水流潦成小池，近五王宅疆”，即以坊为名，又称为“五子池”或“五王子池”。后又引龙首渠分支注入，日益滋广蔓延。至景龙中，“弥亘数顷，澄泓皎洁”，深至数丈，常有云气，传说有黄龙出其中，故又称为“龙池”。后蔡孚作《龙池》篇赞其事，诸公卿皆和之，改为景龙池，时人误为“九龙池”。九曲池在唐长安城兴庆池西，九龙池（景龙池）在兴庆宫南，又都引龙首渠水，说明其两处之地相距很近。

3. **明代灞桥与西安周围的原**

《雍大记》述明代西安各种建置中，最详细生动的是对西安灞桥自汉至明代历史发展过程的记述，现摘引如下：

> 汉灞桥在古长安城，灞（霸）城东二十里，灞店南北，两桥以通新丰道，王莽改为“长存桥”。唐灞陵桥在京兆通化门东二十五里，近汉文帝灞陵，谓之“灞陵桥”。隋开皇三年造，唐隆庆二年仍旧[①]。唐宋迄今，有司课民材木为舆梁以济，十月桥成，三月折毁，至有元山东唐邑人刘斌修为石桥。初，灞水秋夏之交，霖潦涨溢，波涛汹涌，舟楫不能通，漂没行人不可殚。纪会斌旅秦还灞上，值秋雨泛涨，同行之车凡三涨息斌车前，导□得达岸。次渡者，人畜几溺。斩□免其殿者，随流漂没。斌遂誓：

① 唐代无“隆庆”年号，记载有误。

“修石桥！”归询亲辞妻，家事悉委其弟，曰：“若石梁不成，誓不东归。”至元三年，结庐灞岸，先架木梁，以济不通。斌能于匠石，煅冶斫轮，靡有不解，以素艺供其所废。至落成，凡一十五虹，长八十余步，阔二十四尺，中分三轨；傍翼两栏，有华表、神镇、海兽、狻猊、鲸头、鳌首，筑堤五里，栽柳万株；游人摩肩毂击，为长安之壮观，名达宸聪。宠赐优渥，敕建穹碑，安西王赐白金四笏劳之。国朝洪武中，桥复倾圮。至成化六年，布政使余子俊极力增修复之。

该志述自汉、唐宋至明代主要三次修造灞桥的历史，元山东唐邑人刘斌修造石桥，以及桥体、两栏修造的壮观华丽的生动记述等，为研究西安灞桥，以及历述其发展变化，提供了较他志中鲜见的史料内容。

《雍大记》卷九至十《考迹》所记山、谷、原、岭、峡、峪、峰、洞、崖、道、堡、坪、坡、阪、塞、堆、碛的记载，合计约218处。其中所记“铜人原”，于《秦录》、万历《陕西通志》均未记载。其卷九《考迹》说：“铜人原，在灞陵东北一十五里。苏子训与老父摩挲铜狄即此。”铜人原是灞桥东北的高地。以铜人名原，其来历悠久，据潘岳《关中记》等文献记载，秦始皇销天下兵器铸金人（铜人）十二尊。《关中记》引《道志》：“即蓟小训摩挲铜狄处。”铜狄即铜人，铜人原名大概由此起。武伯纶《西安历史迁略》载，铜人原是西汉的重要墓葬区。东汉末年，董卓毁铜人，余二枚，移至清明门里，魏明帝欲徙秦始皇所铸的铜人于洛阳，载至霸城，重不可致，因而放弃。《关中记》中没有对铜人以原相称，《水经注》亦曾征引《关中记》，也没有提到铜人原的名称，可知当时尚无铜人原之名。何景明在《雍大记》中记载这个原名，说明当时

“铜人原”已成为通称，其东还有凤凰原，《雍大记·考迹》说：“凤凰原，后汉延光二年，凤凰集新丰，即此原。唐韦嗣立构别庐于骊山凤凰原，鹦鹉谷，有重崖洞壑，飞流瀑水。中宗临幸，改为清虚原，幽栖谷。”东汉时，传说凤凰曾集新丰，所集处就名为凤凰原。此原在临潼县东15里骊山之下，唐中宗时，韦嗣立常于骊山构营别业，中宗因此改凤凰原为清虚原[①]。凤凰原之东还有阴盘原和新丰原，《雍大记·考迹》又说：“新丰原，一名青原。在临潼县东南二十里。”

二、沈思孝与《秦录》

沈思孝，明代浙江嘉兴人，隆庆二年（1568年）进士。历任番禺（广东珠江三角洲北部）知县，都察院右副都御史，兼兵部侍郎等职。于万历年间（1576—1598）任职于陕西20余年，为官有德政。初任右副都御史兼任陕西巡抚时，陕西布政使司征收纺织羊绒赋税过重，成为陕西人民的一患。沈氏得知此事后，将其写成奏疏递上，使其“减十之四”[②]。沈氏不仅关心陕西民情，并且在巡视察访陕西民政、军政其间，走访了明西安府所辖的30余县的山川地貌，着重记述了古长安的遗迹，并巡视各地的见闻实录，同时引入各种典籍对古长安的遗存加以考证，记载长安（西安府）及陕西诸郡形胜、关隘、风土、田赋等。他以当时人的目光，到处寻访盛唐长安的历史遗存，又经过整理，撰成《秦录》。

《秦录》1卷，全文共计5795字，卷前没有序文，卷末附沈思孝小传一篇，题“编修程晋芳家藏本”。其成书时间不详，

① 参见史念海：《西安地区地形的历史演变》二《原的分布及其切割破坏》。

② 《明史》卷二二九《沈思孝传》。

从刊印内容看，据《四库全书存目丛书》依据《学海类编》辑涵芬楼影印清道光十一年（1831年）六安晁氏木活字本，该书记事止于万历二十六年（1598年）。不久后，沈氏引疾辞职而归，当书还未刊印之时，他便病故家乡。从现存的《秦录》部分内容看，所述关隘及游历寻访长安遗迹等内容，显得零乱没有条理，或许当作者写出书后，尚未来得及整理，便已离世。

《秦录》记长安及关中，包括全陕，大致分为四部分：一是关中平原山川；二是周、秦、汉、隋、唐五代建都于长安的历史记载；三是秦汉长安宫殿的规模盛况，以及作者游历曲江的见闻；四是明代陕西辖境以内各地的风土民情、物产、盐业等情况。

三、《秦录》述韦、杜二曲及长安生态环境

《秦录》主要记述了明中、后期长安及关中的历史情况。这一时期，沈氏巡访了西安、凤翔、汉中、延安、庆阳、平凉、巩昌、临洮等8府的历代沿革、民情风俗及所领的华、商、同、耀、乾、邠、陇、鄜、绥、葭、宁羌、兴安等12州和部分县，阐述陕西山川形胜、交通、关隘、河流、物产、贡赋、田地、户口和各道统领府（州）县的情况约记113处，记长安、武功、太白（地名）、太华、蓝田、澄城、周至、庆阳（府）、户县、咸阳、洮州、保宁府、华山、潼关、宝鸡、会宁、固原、临洮、延绥，以及宁夏边境、甘肃镇、松山、庄浪等地史迹23处。其中记述长安及关中的历史沿革，山、原、河流与长安遗迹，多达数百言，而记述其他府县，仅举主要山川及府（州）一级的地域范围，内容较少。但关于古长安的韦、杜二曲与曲江，《秦录》有两段难得生动的记述，现摘录如下：

“终南面亘蓝田、盩厔，中对长安。登者经樊川、杜曲。谚云：‘城南韦、杜去天尺五。’韦乃安石别业，杜则岐公墅，而孙牧增为者。二曲为长安林泉，花竹最胜，今皆荒落。”

“余偕叔祥游雁塔，问曩时曲江，皆云：‘相去仅一舍许。’今遗迹第若沟渠中，又无水，荒烟野草，一望无际。所谓‘江头宫殿锁千门’者，无复可求矣！讯之故老，亦不究所以。比阅《贾氏谈录》云：‘天佑初，因大风雨，波涛震荡，累日不止。一夕，无故而水尽竭，自后宫阙成荆棘矣！’今为耕民蓄作陂塘，资浇灌之用。每至清明，都人仕女，犹有泛舟宴赏于其间者。观此则桑田沧海当自不虚。若今日即泛舟之处，亦为子虚乌有，谁能问天宝全胜日耶？”

这两段记述，文字不多，却很重要。将其参证研究看出：韦曲与杜曲，是唐时位于樊川一带两处风景最胜之地。樊川，位于终南山与少陵原之间的川谷地带，介于今长安区韦曲与杜曲之间。汉时，高祖赐予樊哙为封邑，故名樊川。武帝常游玩住宿与此，又名为御宿川。这里潏河流贯其间，河谷宽畅，地势平坦，与韦曲与杜曲形成美丽的自然风景区。韦曲，在樊川的南段，即今长安县韦曲镇，唐时以韦氏家族世居于此而得名。这里花木簇生，潏河绕其前，景色十分宜人。杜甫《奉陪郑驸马韦曲诗》说：“韦曲花无赖，家家恼杀人；绿樽须尽日，百发好禁春；石角钩衣破，藤梢刺眼新；何时占丛竹，头带小乌中；野寺垂杨里，春畦乱水间；美花多映竹，好鸟不归山。”犹如一幅水乡山村、风景迷人的田园风光画。郑驸马，即郑潜曜，《唐书》载，唐玄宗李隆基临晋公主下嫁于郑潜曜。杜曲，唐时杜氏大姓家族在此居住而得名，位于韦曲东南15里，在今长安县杜曲镇。其左倚少陵原，右临潏水，依山傍水，四周花木丛林倒映水中，《唐代长安词典·风景名胜》引杜甫“杜曲花光浓似酒，霸陵春色老于人”，即指此。“杜曲花光”，指北杜故里，延袤十里桃花盛开，春中烂漫如锦。康熙《咸宁县志·古迹》说：杜曲“其流泠泠，或决或渟，激而杯行，瀑为玉声。初蒙于山下，终汇于地际；白波沦涟，缭以方塘；轻栌缓棹，沿洄上下。见烟霞澄霁之状，鱼鸟飞沉之势，濯于潺湲，风于碧鲜，红葩火燃，素英雪翻，芊眠葱倩。”勾画出了杜曲一派美丽的自然景色。“韦乃安石别业”，即唐代吏部尚书韦安石，韦孝宽曾孙，祖津父　皆历显仕。被苏良嗣器重，荐于武后，又被张九龄引为中书舍人[①]。“杜则岐公墅”，岐公墅，即杜佑的别墅。杜佑于唐德宗时，王叔文进行改革，任度支盐铁等使主持财政，封为岐国公。“而孙牧增为者”，即杜佑之孙杜牧，在此又增添了新舍。杜牧（803—约852）京兆万年（今西安）人，于唐文宗、武宗时期，历任监察御史、司勋员外郎、中书舍人等，所撰《樊川文集》，后人誉为“小杜”。《雍录》载，“在明德门外，韦后家在此”。上述韦氏家族世居于韦曲，而韦曲在樊川已被史学家认可，又如何“在明德门外”？原因是到了宋代，经过唐末长期的战乱，昔日韦曲美丽的景色已经遭到严重破坏。《游城南记》说：“韦曲在韩郑庄之北，逍遥公读书台犹在。”说明韦曲的迤逦风光到宋时就已经无存，所能够看到的，仅剩下逍遥公读书台，由于当时自然环境的改变，使韦氏家族的后人有可能由韦曲迁到了离长安故城较近的明德门外。

唐韦曲、杜曲一带，被唐人誉为长安城南“花竹最胜”之地，泉水、花卉、竹林掩映其间，潏水从旁边流过，周围依山

---

① 《中国人名大辞典》韦安石条。

傍水，景色十分迷人。正如李好文《长安志图》说："仰终南之……绝景也。"此处原为唐长安韦、杜二家族及达官显宦的别墅区，宋元以来，仍然是长安最著名的风景名胜地之一。但是，到了明代，昔日的美丽风光，已经变成一片荒凉衰败的村落。当时的曲江，也是作者游历唐时长安的又一著名风景区。遗憾昔日"江头宫殿锁千门"的曲江风景，至明代，仅留下已经干涸的沟渠遗迹与一片丛生野草。

上述两段记述清楚地看出，由于明代社会经济发展的影响，明代长安自然生态环境已发生了十分明显的改变。这一点，《秦录》还有一段叙述：

> "长安宫殿惟秦汉最盛。想当时，秦陇大木多取用不尽。若今嘉靖间，午门三殿灾；万历间，慈宁、乾清灾，动费四五百万金。府库不足，取之；事例不足，又取之；捐俸不足又取之。开矿一木之费，辄至千金；川贵山中，存者亦罕；千溪万壑，出水为难。即欲效秦汉，百一未能也。"

《秦录》以秦汉时长安宫殿遍布关中的盛景，来说明当时北京午门三殿与慈宁、乾清宫火灾及开矿均需用木材一事，感叹木材的匮乏，已经到了一木"辄至千金"的地步，并指出明代自然环境已遭到了较明显的破坏，出现了恶化迹象。这些在当时没有意识到的人为破坏，都严重影响了关中周围的生态环境，以致造成木材十分稀缺的境况。

第三节 明代陕西志书所述关中

一、《全陕政要略》述西安府

《全陕政要略》初为杨守礼纂述，又经史镃起草，最后由龚辉加以考订并撰写完成。杨守礼，山西永济县西蒲州镇人，时任陕西三边军务兵部尚书兼都察院右都御史。史镃，山东登州（今山东半岛东）人。龚辉，明浙江余姚人，嘉靖二年（1523 年）进士。初任巡按御史，后至工部左侍郎，陕西右参政前督学，该志是在陕任职时所作。

《全陕政要略》是《全陕政要》的删节本，因《全陕政要》内容庞大重复，故“节为此本，仅存梗概，故名曰：‘略’焉”。原本《全陕政要》成书于明嘉靖二十年（1541 年），于明嘉靖二十一年（1542 年）刊印。名为“政要”，龚辉在《全陕政要·客问》说：“厉官久于其地，而丰俗周知，存心在于斯民，而政务洞达，合行付托斯事。……除省内名山大川、古今人物、文章诗词、忠臣烈女、义夫节妇载收，见修《通志》内，以备考据，不必逐一详备，唯取其切于政事，关于民生者书之。”“则人有籍可考，政因籍可举；持循据守，庶几用备于将来。”作者撰写的目的很明确，杨守礼在序中说，就是要为“司陕者各置一通于座右，庶临事不费咨采，而居官治理之要得矣”。可以说，《全陕政要》是一部明代官吏治理陕西地方政要的备忘录。

《全陕政要略》（以下简称《政要略》）共分 4 卷，没有目录。卷 1 前有《陕西舆地图》1 幅，先对陕西全境的藩封、公署、官师、户口、田赋、河防、关隘、军马、边镇等的全面记述，次自西安府以下分县记述公署、县治、儒学、户口、田赋、河防；卷2延安府领3州16县的情况（具体内容如卷1）；卷3汉中府领2州14县；卷4固原镇，于“弘治十四年火节，由花马池寇平凤、临巩本兵建议设大臣，开封、固原总制四镇军务。十八年总制建议暂移镇守，陕西总兵于镇操练防御”。自此，陕西东北为榆林，西北为宁夏，西为甘肃，北为花马池四镇，并详细记述了榆林、宁夏二镇的公署、藩封、官师、户口、田赋、河防、关隘、军马等，以及甘川镇的肃州、庄浪、镇番、山丹、凉州五卫的详细统领情况，并附边镇图27幅。

该志的记述特点，从全省到各府州县的具体类目，都记为公署、官师、户口、田赋、物产、河防、关隘、军马（仅府治中有）。公署包括府、县治，儒学（学校）等；官师辑知县、教谕、训导的人数；户口田赋，各府州县的人口编户与土地税收；物产即各州县所产的草、农桑绢、丝绵、棉花；河防关隘，各州县的农田水利及部分有险要关口县的记述。正如《政要略·客问》说：“不有承者，前将何述，举官师名宦该矣；贤才成于预养，预养莫大于学校，选举该矣；天地所生才货百物，皆以裕民而谷为大，举田赋物产该矣；政尚体要，吾姑务要焉。”全书记事主要在弘治、正德、嘉靖年间，是明中后期研究陕西与西安有研究价值的陕西志书。

1. 西安府建藩与人口编制

《政要略》卷一《西安府》领6州30县。6州：同州、华州、乾州、耀州、邠州、商州。30县：咸宁、长安、咸阳、临潼、兴平、户县、蓝田、高陵、泾阳、周至、三原、朝邑、合阳、韩城、澄城、白水、华阴、渭南、蒲城、永寿、礼泉、武功、同官、富平、淳化、三水、洛南、商南、山阳、镇安县。《政要略·西安府》藩封条下，记秦府、永兴府、保安府、永寿府、汧阳府。“藩封”即封王建藩，陕西是明代封王建藩的主要地区之一。明代建有 50 个藩府，其中陕西布政使司境内就有 7 个，其中 3 个藩府在今天的陕西境内，即西安的秦王府、凤翔的郑王府、汉中的瑞王府。在诸王府中，秦王府的就藩时间最长，地位最特殊。秦王府下又有 15 个郡王府，其中永兴府、保安府、永寿府、汧阳府是《西安府》藩封条下所记载的，说明《政要略》与《陕西通史·明清卷》的记载基本一致。作为藩王之首的秦王就藩后，是在西安，以及陕西出现了三司与秦王府两个权力中心，类似元朝安西王时代的省藩二元政体。

《政要略》对于西安府明弘治、正德、嘉靖（1488—1541）间的人口、编户、里数的记述详尽具体。其数目较大的 10 个县之中，以今西安市所辖区县有咸宁县：编户 66 里，有 12410 户，人口 74784 人。长安县：编户 49 里，有 5390 户，人口 27630 人。临潼县：编户 41 里，有 7329 户，人口 52920 人。周至县：编户 40 里，有 5287 户，人口 40635 人。以诸县的编户里数，对照以下各县的户口人数，便可看出反差较明显的是：长安县的范围与户口偏上，但人口的数量却很少；富平县在各县范围中偏下，但人口最多。

2. **明代西安河渠**

《政要略·西安府》河防条下，记明西安府所辖 30 县农田水利的灌溉情况。河防条记西安府辖 6 州 30 县的渠、水、泉、河、池、瀵、涧、溪、陂、堰、渡、桥、峪、谷、岭、川共计 230 处。其中一水多处灌田的渭水，有咸宁、长安、咸阳、临潼、周至 5 县记载；沣水有长安、咸阳、临潼、户县、山阳 5 县记载。沣河水当时水流很大，因势利导，可以溉田；清水有临潼、蓝田、泾阳、渭南 4 县记载；石鳖峪有咸宁、长安 2 处记载。一县之中具有主要特点的记述有：咸宁县的石鳖峪，是一处近距山水旁，多通渠道灌溉农田之地；汤峪、大峪、库峪、采峪，均集中在咸宁县南60里地，时值特大暴雨，山水横流，通过这几处峪口流下，使浐灞泛涨，冲压沿岸，田地被淹，成为当时一患。

明代西安府辖县的主要河渠利用的情况：通济渠于长安县西南引洨潏二水入城，以利取汲。漆渠，即秦运南山之渠，此渠其迹尚存，其地形仍可开用。于蓝田县西南的灞水、輞谷水、库峪水、采峪水、焦岱川水旁有通渠灌溉民田居多，但又要疏浚水患。周至县北的渭河、黑水、田谷水、广积渠、白龙泉等，《政要略·西安府》周至县条说："以上诸水各灌田百余顷，久为民利。"

明代对桥梁修建的记述有灞桥，《政要略·西安府》咸宁县条注，成化中，都御史项忠增修，嘉靖间，都御史赵□重修。当时水源十分富足、以水道多而闻名的县还有长安和蓝田县，其中长安主要有11条：即沣水、滈水、渭水、香积渠、通济渠、漆渠、太平河、高官（冠）河、漕河、私泉、滮池；蓝田有7条，即清水、土桥河水、灞水、輞谷水、库峪水、采峪水、焦岱川水，长安和蓝田共计有18条水道。咸阳以桥渡多而闻名，主要有渭阳古渡、中桥渡、千家渡、两寺渡、西间渡、嘉陵渡、渭阳桥、七里桥、新店桥、丰桥10处。

二、嘉靖《陕西通志》述关中及西安府

1. 嘉靖《陕西通志》

《陕西通志》是明代官修陕西志书的开始，最早有成化《陕西通志》，35卷，明伍余福纂修，于成化四年（1468年）始修，成化十一年（1475年）刊印，这是迄今陕西第一部通志，今已佚。二是嘉靖《陕西通志》，40卷，明赵廷瑞修、马理、吕楠等纂，明嘉靖二十一年刊本（原本存三原图书馆）。三是万历《陕西通志》，35卷，首1卷（附图），明李思孝修，

周宇、冯从吾等纂。该志是一部稀见明版陕西省志，今已被收入《西北稀见地方志》丛书。

嘉靖《陕西通志》（以下简称嘉靖《志》），明赵廷瑞修，马理、吕楠纂。辑自嘉靖二十年（1541年）三月，于嘉靖二十一年（1542年）十一月刊出。马理（1474—1555），明代著名的学者。字伯循，号溪田，陕西三原人，正德九年（1514年）进士。他早年拜致仕大臣、尚书同乡王恕为师，曾居住其家中讲学著书，跟从学习的门人，慕名而来者颇多。嘉靖三十四年（1555年）关中大地震，马理与妻双双遇难。马理一生撰有几十部著作，他与康海、吕楠名闻陕西一带。马理的名望也受到外国人的重视，《明史》卷二八二《马理传》载，安南的使者来访，向主事黄清说："关中马理先生安在，何不仕也?"他的学识为高丽使者仰慕。

吕楠（1479—1542），明代著名学者，字仲木，陕西高陵人，别号泾野，世称"泾野先生"。正德三年（1508年）考中进士第一，授翰林院修撰。《明史·吕楠传》说，他在解州"恤茕独，减丁役，劝农桑，兴水利，筑堤护盐池"。他为当地人民还制定了《吕氏乡约》与《文公家礼》，又建司马温公祠，各地学者日益增多，后经累荐，升南京礼部右侍郎等。吕楠与友人马理受赵廷瑞之托，共同长居编纂此志，终因积劳成疾，辞归故里不久病逝，卒年64岁。高陵人罢市三日，解梁及各地学者，"皆设位，持心长。讣闻，上辍朝一日"[①]。

嘉靖《志》编纂之前，陕西巡抚赵廷瑞叹惜成化《陕西志》由于没有妥善保管，致使成残卷。为了重新纂修一部陕西志，赵氏亲自去三原、高陵请出马理与吕楠，又组织"竹林

① 《明史》卷二八二《吕楠传》。

馆”[1] 人，搜集诸子百家典籍加以编纂。其间，由于吕楠因病而逝，该志主要是由马理承担完成。该志简洁明了的特点，正如陕西巡按周南在嘉靖《志》序中所说：“其典而赡，丰而缛，简而不遗，秩而有体……提要钩玄，发凡著例，使见者如黍离。”嘉靖《志》是继仅剩残卷的成化《陕西志》之后60余年终告完成，是迄今传世的第一部明代陕西通志。

全书40卷，以土地、文献、民物、政事分为四纲，四纲之下，又详细分为28目，附图。嘉靖《志》大致可以分作以下四个部分：

第一部分，土地（卷1～卷13）。分为八目，即星野、山川、封建、疆域、建置沿革、河套、圣神遗迹、古迹。这一部分主要记全陕及西安府的建置沿革、自然地理及历代于古长安一带留下的历史遗迹。卷2～卷4，详细列出西安、凤翔、汉中、巩昌、庆阳、延安府各地的主要山川，并辅以关津桥梁；该志记西安府辖5州29县，少洛南一县。卷7～卷9，记省城公署的历史沿革，详记自古至明代的地理变迁；卷12～卷13古迹，对西安府及诸府，嘉靖《陕西通志·义例》载，自“三代而下诸显晦哲人，尝昭德树勋于斯不可略也”的记载。

第二部分，文献卷14～卷32。分为九目，即圣神、经籍、帝王、纶綍、史子集、名宦、乡贤、流寓、艺文。这一部分以记人、人物与言论事迹为主，内容最为繁富，约占全志的二分之一。卷18～卷31，除18卷记辅佐帝王名臣之外，以下均按嘉靖时陕西行政建置，先记全陕名宦，其次分述西安、凤翔、汉中、平凉、巩昌、临洮、庆阳、延安八府及三边的名宦、职官、乡贤。卷32艺文，记述自古至明代有关“治教”的文赋篇章。

① 嘉靖《陕西通志》赵廷瑞序。

第三部分，民物（卷33～卷36）。第四部分，政事（卷37～卷40）。分记职官、水利、兵防、马政（附茶法、盐法）、风俗、灾祥、鉴戒7目。职官类简述历代官制，并详细列出明西安府及八府州县各级职官，其“为民极政事”，故列为之首；水利用以“御灾足食”，西安府及八府漕运等；

嘉靖《志》是一部刊刻精良的明本佳椠，质量上乘，极具直观效果的地域绘图特色，通贯全志始终。据统计，志中所绘各种地域、人物、山川版绘共计184幅。有全省星野、疆域图，秦八徙、汉四迁图；西安府的八水绕城、渠水入城、泾渠总图；隋六坡六爻图、唐三内图等，以古老的雕椠版绘技术，绘刻出内容如此丰富精美的地域图，其数量与质量在其他各类志书中，都是十分罕见的。

嘉靖《志》的编撰目的，马理在该志序中所说，因伍氏成化《陕西志》于嘉靖时已散佚大半，“弗辑则逸，逸则亡，而后将无所于考陕。……陕固天下之名藩也，而忍使其事堙没，弗传一至是乎？乃今省方幸从事”。编纂一部陕西志就成为当务之急。当刊印成书之后，正如赵廷瑞在序中所说：“其载事星躔河岳，上下古今，括囊殆尽。”内容记述详细全面，繁简有度，“全秦之故，毕陈于目”。例如《土地七·圣迹》、《土地八·古迹》类目，是对自商周以来诸先王政绩与秦汉隋唐长安的历史遗迹的记述，是为了“布我疆域，辉耀山川”[1] 的编纂目的。

1. 明嘉靖年间的西安府

嘉靖《志》对西安府的记述尤为详尽。如《土地二·水利上》记西安府所辖长安、咸宁、临潼、高陵、蓝田、户县、周至7县的山、岭、川、水、桥、泉、陂、池、潭、渡、河、

① 嘉靖《陕西通志》马理序。

泊、原、坡、峰、谷、井、峪地理特征约200处，尤其是临潼的河渠与水利设施记44处，最明显的是摆渡过河的渡头就有11处，即田王、田家、周夏、圣力、交口、赵村、万安、耿、孟、桥、粟邑渡，说明当时流经临潼的渭河水流量大、河面很宽广。又如《水利上·蓝田》记有水、涧、川、泉、池等多达29处，尤以名“谷”之处记载最多，有14处，即灞、益谷、岐谷、金谷、辋谷、白马谷、倾谷、句牛谷、刘谷、采谷、库谷、荆谷、铜谷、木谷等。还有其他川水有15处，即青泥、东川、石门谷水，以及蓼子涧、焦岱川，咽瓠、桂、瀑布泉、马跑、右门汤泉，水池、淹池、莲花池，玉桨井、双溪等。说明蓝田县于明代气候湿润，水利资源十分丰富，自然环境几乎未受到人为的破坏。《土地八·古迹上》，记西安府周围已被废除的、于汉代建置的8个陵邑（县），即下杜城，位于府城东，“春秋时为杜伯国，秦为杜县。汉宣帝时储杜之东原为陵，置杜陵县，更名此为下杜城”[①]长陵，“在渭北毕郢原，高帝置。汉文帝霸陵在其地置县”[②]安陵，位于府城北，汉惠帝陵在此，“即周之城邑”。霸陵，位于府城东北，灞水之东。“本秦穆公芷阳”。南陵，位于府城东，于白鹿原上，汉薄太后南陵在此，文帝七年（前173年）置县。阳陵，位于府城东北，故弋阳县，汉景帝阳陵在此，置县。平陵，位于府城西北，汉昭帝平陵在此，置县。杜陵，位于府城东南，“汉宣帝以杜东原上为初陵，置县，曰‘杜陵’，谓之‘东杜’”[③]。有关西安府周围汉代陵邑的记述资料，除了《汉书·地理志》之外，像嘉靖《志》这样详细的记述却很少见。

该志还对古长安历代的名门宅第与名宦记述颇详。如《土地·古迹》记有宋敏求《长安志》所不载的宋、元、明历代有

---

①②③嘉靖《陕西通志》卷十二《土地八·古迹上》。

史可考的名门宅第于汉、唐长安城所在里坊的具体位置约110余处。例如，汉侯婴第，“《汉书》，惠帝赐婴北第一，曰：‘近我以尊，异之。’师古曰：‘北第一者，近北门之地，婴最第一也。’”。据载，侯婴即西汉大臣夏侯婴，今江苏沛县人，在试补县吏时与刘邦相识，刘邦为沛公，他为太仆。楚汉相争，他曾救孝惠、鲁元脱险。汉朝初建，他又随高祖平定异姓王的叛乱等，因功封汝阴侯。惠帝与吕后感激他当年的救命之恩，特此北第第一，曰“近我”，以尊异之。元胡相别墅，嘉靖《志》载，胡相，即前元中书左丞胡恭范。因年老致仕于杜曲，求在樊川买舍，栽植梅竹，引泉凿池，葺治宾馆亭台，以为幽栖之所。

2. **明西安城与秦王府城的规模及重城结构**

西安城墙建于明洪武三年至十一年（1370—1378），墙体用黄土分层夯筑。明隆庆二年（1568年），陕西巡抚张祉将城墙外壁和顶面砌了青砖。明崇祯九年（1636年），陕西巡抚孙传庭又修了四个关土城墙，有四个城门：东为长乐门，西为安定门，南为永宁门，北为安远门。每门门楼有三重：闸楼、箭楼、正楼。闸楼在外，箭楼在中，正楼在里，箭楼与正楼之间的围墙为瓮城，整个城墙构成一个严密的防御体系①。

嘉靖《志》卷五《封建·皇明藩封》说，秦愍王朱樉“太祖高皇帝第二子。洪武初，命长兴侯耿炳文建府于西安府城中之左。洪武三年四月初七日封为秦王，十一年戊午四月十一日之国”。朱元璋的第二子朱樉于洪武三年（1370年）被封为秦王，在诸王中排行最高，建藩最早。朱元璋封藩的目的，是因西安城虽已不为都，而西北边境仍有蒙元残余势力的威胁，西安城在西北地区仍具有重要的战略地位。朱樉为第一代秦王，

① 据景慧川：《中国古代城墙史》，陕西旅游出版社1989年。

设府西安，承担起保卫陕西，控制西北的历史重任，并任命第一任秦府左相、长兴侯耿炳文、都指挥使濮英，营建秦王府于“西安府城中之左”。洪武十一年（1378年）西安府城墙修筑工程告竣的同时，也是朱樉正式来西安就藩之时。据吴宏岐、党安荣在《关于明代西安秦王府城的若干问题》二《秦王府城的重城结构与城郭范围》一文，今西安新城，大致是朱樉及后继历任秦王办公之处的内城。

曹学佺《陕西名胜志·西安府》载，韩建于唐天祐元年（904年）筑新城，去宫城外郭城，重修皇城，南闭朱雀及延喜、安福三门，北开玄武门是为新城。“城之制，内外二重四门，门各三重，今存者惟二重，内重基址尚在。东西又有小城二，以为长安、咸宁县治所（在）此。”明西安城最大的变化，是在唐末韩建所筑新城的基础上首次扩展了城郭范围。经韩建改筑的新城历经宋、金、元三代，城区的使用范围，即昔日唐长安皇城的范围以内。明西安城，城内大部分面积划为封藩秦王的“王城”之地，作为全国西北地区的中心城市，便显得城垣狭小。据《明实录》，明太祖洪武七年（1374年），先后命驻守西安府的长兴侯耿炳文、都督濮英主持扩建西安城垣。经过重新扩建后的西安城，南墙和西墙仍保持原墙长度，仅在原基础上增高加固；东墙和北墙各向外延伸了1/4，城区面积比韩建所筑新城增加约1/3。《西安历史地图集》明西安府城图载，“西安城墙虽经清代的十多次修补及建国后的多次维修，仍保留着明西安城墙的原有规模和风貌。”据《中国古代城墙史》，明西安城周长近12公里，城内面积达8.8平方公里；城墙高12米，顶宽12～14米，底厚15～18米，高度比原城墙增高三丈五尺（合10.3米），城的形状为东西长、南北宽的长方形城垣，由于西、南二墙仍继元代之旧，今天西安西南城角仍保留着元代的外突圆角。

嘉靖《志》卷五《皇明藩封·宫殿》说："宫殿，附坛庙。萧墙，周九里三分。砖城，在零星门内正北，周五里，城下有濠，引龙首渠水入。"秦王府城也是一个有内外城垣的重城。按照明代制度，内城是王府的宫城，一般称为王城，王城之外还有一道城垣。所谓"砖城""萧墙"，即王城和城垣。萧墙，是秦王府城的外城，以土夯筑而成，俗称"萧墙"。萧墙内是秦王府官署和护卫军的所在地，也是秦王举行重大活动的地方。砖城，是秦王府城的内城，即第二道城垣，因城墙外壁包砌青砖，故称"砖城"。有关诸王府城的城墙高度、护城河阔深，以及宫城的面积都有明文规定。《明实录》载，洪武四年（1371 年）春四月"命中书省定议亲王宫殿制度，工部尚书张允等议，凡王城高二丈九尺五寸，下阔六丈，上阔二丈。女墙高五尺五寸，城河阔五丈，深三丈"①。《明实录》又载，洪武十一年（1378 年）六月，"工部奏，诸王国宫城纵广未有定制，请以晋王府为准，周围三里三百九步五寸，东西一百五十丈二寸五分，南北一百九十七丈二寸五分"②。对照秦王府萧墙"周九里三分"，砖城"周五里"的规模，其始建时间也是洪武四年（1371 年），也应看到了上述规定，或许由于洪武十年已基本竣工的秦王府城（砖城）"周五里"的规模已明显超出了"周围三里三百九步五寸"的规定，为了防止诸王宫仿效此法，明朝廷才于洪武十一年（1378 年）又作出了以晋王府宫城为准的统一规定。这些说明，秦王府城的萧墙和王城均比其他诸王的城池大许多。

秦王府城不仅规模大于其他诸王宫，其城门的名称也有特殊意义。嘉靖《志》卷五《皇明藩封·宫殿》说："端礼门，砖

① 《明实录》卷六〇。
② 《明实录》卷一一九。

城之南门，前有左右廊。承运门，在端礼门内正北南向，嘉靖十四年奏准复修。体仁门，砖城之东门，前有左右廊。遵义门，砖城之西门，前有左右廊。广智门，砖城之北门，前有左右廊。”秦王府城外有濠，四面各开一门，除了萧墙南门灵星门外，便是明太祖以“仁义礼智”之意，钦定王府内城的四座城门之名，即体仁、遵义、端礼、广智。内城是秦王进行议事活动和生活的宫殿区。嘉靖《志》卷五《皇明藩封·宫殿》又载，外城（萧墙）周九里三分，四面也各开一门，东门称东外门，西门称西外门，北门称北外门，正南门即灵星门。“灵星门，即萧墙南门”[①]。此门是秦王府外城正门，北对内城端礼门，为秦王进出和地方官员入宫拜谒时的必经之门。

另外，嘉靖《志》卷五《皇明藩封·宫殿》还记有秦王府城中一些其他的建筑：“山川坛，在砖城外西南隅；社稷坛，在砖城外西南隅，与山川坛相近；旗纛庙，在端礼门外西南；秦祖庙，在灵星门内东北；宗庙，在后宫之左；书堂，在承运门之东左右两廊内置，钦赐书籍；忠孝尚义贤德著闻坊，在端礼门前。”上述秦王府诸建筑中，除了书堂在王城内，山川坛、社稷坛、旗纛庙、秦祖庙、忠孝尚义贤德著闻坊皆在王城外。王城内的建置，朱元璋都统筹考虑过，前殿曰承运，中曰圜殿，后曰存心。嘉靖《志》卷五《皇明藩封·宫殿》说：（承运殿）“在承运门正北，南向九间，高九丈九尺九寸。”从嘉靖《志》附图看，承运殿是王宫前的大殿，在王城的正门中间。《明实录》说：“正门前后殿四门城楼，饰以青绿点金，廊坊饰以青黑，四城正门以红漆金涂铜钉，宫殿窠拱攒顶中，画蟠螭饰以金边，画八吉祥花。”可见承运殿是秦王府内最重要的宫殿，修建得高大宏伟，富丽堂皇。承运殿后及殿的东西廊，还

① 嘉靖《陕西通志》卷五《皇明藩封·宫殿》。

有圆殿、存心殿、东殿、西殿、王宫等，其房屋863间，大小门楼46座。从整体来看，秦王府城“前朝后寝”“左宗庙，右社稷”[①] 的布局，是承袭了历代帝王都城设计的规模，并更加凸现明代的特点。秦王府城的所有建筑均以王宫前承运殿南的承运门为中心布展，前为朝宫，后为寝宫，寝宫北为后花园，康熙《咸宁县志》说：府内“宫殿轩敞，川原亭池，极一时之丽观”。从明西安城的扩建，到秦王府的内城、外城及城内的秦王府宫建筑群，构成了一组气势壮观宏伟、双重结构的重城建筑规模。

关于明西安城与秦王府城的重城结构，至今仅有嘉靖《志》记述，因该志属稀见本，流传少，致使研究者重在对明代西安城及秦王府城的修建上，包括《西安历史地图集》中《明西安府城图》也未提及此事，以致通常的论述中，多认为明秦王府城只有一道城垣。今天西安城中的“新城”，即明秦王府，又称秦藩城，只与明秦王府城的内城有些关系，而明秦王府城的外城实际上比“新城”还要大许多，四周同样修筑了府城墙，构成了大城之中套有小城的城中之城。

三、万历《陕西通志》述关中及西安府

万历《陕西通志》（以下简称为万历《志》），35卷，首1卷（附图），明李思孝修，周宇、冯从吾等纂，明万历三十九（1611年）年刊本。李思孝，万历进士，历任巡抚河南等处地方提督，都察院右佥都御史，前任巡按陕西监察御史。冯从吾，字仲好，明长安人，时人称“少墟先生”，万历十七年（1589年）进士，授御史。他关心国家大事，上呈“抗章”，直谏神宗朝政弊端，罢官告归。他回到长安，闭门谢客，潜心

① 《明史·礼志六》。

读书25年，“体验身心，造诣益邃”[①]。此时他创立了著名的关中书院，召集志同道合之士，在此讲学，从学者5000余人。该志体例完备，字迹工整，墨迹清晰醒目，质量上乘，是一部刊刻精良的明刻本。万历《志》是继嘉靖《志》后，至万历以来60年间之事，经历了李思孝考证辑录资料，周宇、冯从吾删定编纂，汪道亨付梓刊印成书，与修者还有王光庭等人，前后三易其稿最终完成。

全书35卷，卷前有陕西省城图考，及府、州、镇、山、河图共18幅。卷1～3建置（制）沿革，列表。卷4天文，附灾祥。卷5疆域，附形胜。卷6山川，附关梁。卷7风俗、物产，附坑冶。卷8户口、田赋、盐法、茶法。卷9封建、职官。卷10城池、兵防、屯田、马政。卷11水利，附漕运。卷12～14，公署。卷15学校，附书院、贡院，科举、乡举。卷16祠祀。卷17寺观。卷18陵墓。卷19～20古迹。卷21帝王，附窃据后妃。卷22名宦。卷23～24人物。卷25列（烈）女。卷26节妇。卷27隐逸。卷28仙释。卷29方伎，附滑稽。卷30～35艺文，辑御制、表奏对书论、碑记铭文、诗赋及经史子集的论述。记述内容十分丰富，且文笔流畅，实用性强。

该志在内容纂述、体例编排上，都具有较高的实用价值。这主要体现在以下五点：第一，建制沿革清楚易读，记述简明扼要。例如，《建置沿革》西安府条下《西安府沿革表》前，先简要说明西安府区划“洪武初，改为西安府领州五，县二十八；今领州六，县三十一”。简述西安府辖县于明初、明中期的不同变化，其次列出历史朝代、总部、郡（州府）、州县，将自周至明代的历朝建制，仅以1128字，全部交代清楚，并

① 《明史》卷二四三《冯从吾传》。

且易读、易看，一目了然。第二，增添了“灾祥”类。自周至明代“灾祥”的自然变异，作了详细的叙述。涉及灾异变化，始于《汉书·天文志》，而在明代陕西志书中无专书记载，万历《志》对关中历代灾祥变异，基本都有简要准确的记述。例如，“太康七年八月京兆地震”。对于明代新增添的天文灾祥类，志中有专条叙述。例如西安地震，“弘治十四年正月朔，陕西地震。西安等地，地震有声”。“嘉靖三十四年十二月，陕西地震。……西安、凤翔、庆阳诸郡邑城皆陷没……”简要记述陕西关中、西安的地震情况。第三，在编撰体例上，除继承嘉靖《志》和其他古长安地志的传统以外，还扩充了“人物”在省志中的范围，职官、公署、名宦、烈女、节妇、隐逸、仙释等项又作了新的增补内容，占全志的1/3以上。明何景明《雍大记》所列历代帝王、官吏、人物传记的内容显得零乱，而万历《志》继嘉靖《志》的传统，把记载人物类固定下来。第四，简洁实用的特点。如《山川》西安府，简要记述西安府辖30县的山川、峰、岭、谷、洞、原、坡、坂、水、泽、陂、泉、井，共记约129处，每一处直接记“在××县，××里”。清楚简括，易看易记。对宋元以前的河渠、川泉加以叙述之外，又把明朝利用河渠增辟为“水利”一项，为后世研究地区水利的发展，提供了宝贵的资料。上述明代以前有关古长安地理及其他志书，一般只是征引或摘录前人著述的河渠，或者只是将当朝利用的河渠简要记载，而万历《志》则开列明代水利，并简要叙述使用情况。例如万历《陕西通志·水利》说：“（成国渠）上承汧水，合韦川、莫谷、香谷、武安四水，溉武功、兴平、咸阳、高陵等县田二万余顷。”说明关中一带河渠的利用率很高。第五，不因循前志对“学校”与城郭、公署类合在一起，单独列出了“学校”一项，并增添了万历间兴办学校的新内容。例如卷15《学校》，详细记述西安府先后兴办学校、书院、贡院42所，大多创建于洪武二年（1369年）至万历十二年（1584年）间。其中于宋代早建有学校的，有高陵、合阳、澄城儒学；元代有周至、三原、华州、永寿儒学（学古书院）；西安府儒学，宋元以来已建，明成化九年（1473年）巡抚马文升重建。正学书院，“在府治西南，弘治九年提学副使杨一清建”。时间最早的是蒲城儒学，建于五代后周广顺三年（953年），有名的武功绿野书院等，都说明作者注重明初至万历间已广泛普及的兴教办学的社会风尚。

1. 明西安城门与秦王府城的营建时间

万历《志》卷十《城池》西安府城条说：“皇明洪武初，都督濮英增修。城周四十里，高三丈，池深二丈，阔八丈。门四：东曰‘长乐’，南曰‘永宁’，西曰‘安定’，北曰‘安远’。嘉靖五年，巡抚王荩重建城楼。陇庆二年，巡抚张祉以砖。”明西安城周四座城门的门名，虽已不具有汉唐时四方守护神灵之意，却具有重要的政治意义。据载，东门长乐门，因明都南京在西安东面，“长乐”二字具有祁祝大明江山万年不衰，长久安乐之意；西门安定门，意指西部边疆安泰康定；南门永宁门，我国古代民间有南方是火神所在地的说法，为避火灾，一般炉灶不开在南门。南城门名“永宁”，即向火神祷告，永保安宁之意；北门安远门，则是继承中原汉族政权对边远少数民族一贯采取的怀柔、安抚政策，使远方部落对汉族朝廷知恩归顺。明末崇祯八年（1635年），陕西巡抚孙传庭为了防御农民起义军的进攻，又在外部加修了四座关土城墙，守护城门。经过明代重新扩建的西安城墙，墙体坚固高大，整座城池以青砖包砌，显得古朴庄严，气势雄伟，它是我国至今规模最大的一座保存完好的古代城垣。

关于秦王府城修建的时间，万历《志》卷九《封建·秦愍王》说：“太祖高皇帝第二子，洪武三年封，十一年之（至）

国西安府。”值得指出的是，秦王朱樉于洪武三年（1370 年）受封，却迟至洪武十一年（1378 年）才就藩，其间相隔 8 年的一个重要原因，就是秦王府城的修建持续了比较长的时间。秦王府城修建的时间具体应在何时？根据诸文献的论述，归纳为以下四种不同的说法：其一，认为秦王府城是与西安城同时修建于洪武三年。其二，秦王朱樉分封时间是洪武三年，为了让秦王就藩，即在同年于西安城东北隅营建秦王府。其三，秦王府城修于洪武四年（1371 年）。其四，秦王府城修于洪武九年（1376 年）。究竟哪一种说法更合乎历史实际情况？第一、二种说法，即于秦王樉受封的当年，于扩建西安城的同时，又修建秦王府城。而这项工程需要的人力、财力及其他营建事宜的筹备等，要在一年之内同时完成两项大的工程，难免仓促行事，是不符合实际的。且《明史·地理志》说“洪武三年四月建秦王府”，显然是将秦王的分封时间与秦王府的修建时间混为一谈了。第三种说法，《明实录》载，洪武三年（1370 年）秋七月“工部尚书张允言：‘诸王宫城，宜各因其国择地，请秦用陕西台治，晋用太原新城，燕用元旧内殿’。……上可其奏，命以明年次第营之”。[①] 洪武三年秋只是商讨营建方案，明太祖同意了工部尚书张允对营建诸王宫城的安排建议，其中秦王府城依原奉元城东北隅的元代陕西诸道行御史台署旧址而营建，即所谓“秦用陕西台治”，并命令营建的具体事宜将从“明年”，即洪武四年开始营建，是符合历史实际的。第四种说法，秦王府城修于洪武九年。因为洪武四年当年并未完成诸王府的修建，其中，如秦王府宫城中的宫殿门庑、城门楼，亲王殿内的屏风、顶幔的装饰，以及亲王居室的装修等豪华的精心布置，加之有关亲王府建筑装饰的制度没有规章可依，边设计

① 《明实录》卷五十四。

边修建，所以诸王府的营建工程进展较慢，直到洪武九年才次第竣工。其中“晋王府竣工于洪武十一年六月以前，燕王府竣工于洪武十二年十一月”[①]。而秦王府城是明代最大的藩王府城，《大明一统志》载，秦王府于“洪武九年建”。洪武九年是正在营建，还是完全竣工？《明史·太祖纪》载，洪武九年三月明太祖诏：“比年西征敦煌，北伐沙漠，军需甲仗，皆资山、陕，又以秦、晋二府宫殿之役，重困吾民。”可知当时秦王府城及其他诸宫殿的营建正在大规模进行之中，说明秦王府城于洪武九年是正在营建，而基本建成，应在洪武十年。洪武十一年（1378 年）朱樉就藩西安，才是符合历史事实的。

2. **明西安府龙首、通济二渠的疏通与利用**

通济渠和龙首渠是明代西安城内居民生活用水的主要命脉。隋唐清明渠、永安渠、龙首渠、漕渠及五代迄宋元的黄渠至明代均已被废弃，而隋唐时龙首西渠故道，时断时续一直延续到宋元以后，至明代龙首、通济二渠仍在利用。

万历《志·水利》说：“龙首渠，在府城东南。”龙首渠自宋代陕西京兆尹陈尧咨开渠至明代数百年间，《雍大记》载，已多次出现“水道湮塞，其民甚苦之”，的现状，已经不能供给人口倍增的明代西安市民的需求。明初耿炳文虽曾进行过修治，但很不彻底，不久又淤塞被废弃，城内汲饮所需多用苦咸的井泉。据载，明天顺七年（1463 年），准备上调中央做京官的项忠，对治陕水利建设政绩突出，经西安城民再次竭力挽留，任陕西巡抚。项忠到任后，看到西安城中百姓早晨与黄昏争相汲水的情况，第二年便提出开浚龙首渠的建议，《明史·河渠六》说：“西安城西井泉咸苦，饮者辄病。龙首渠引水七十里，修筑不易，且利止及城东。”项忠主持重开龙首渠，引浐

① 《明实录》卷一一九、一二七。

水入城。明洪武十二年（1379年），由于宋代渠线在今马腾空村附近的龙首渠，原渠口已高悬无法进水，项忠在西安城东南开凿龙首渠，因龙首渠的渠道开凿在秦岭北麓，使渠道引水至西安城长达“七十里”，延长渠线，渠口上移至今留公村附近，使水流得顺畅。项忠为何将龙首渠道开凿在远至西安70里的秦岭北麓，而不引入距城东较近的浐河水？据吴宏岐、史红帅《关于明清西安龙首、通济二渠的几个建议》，明代浐河虽然是西安城东南的一条大河，因南山水源区生态环境的不断恶化，水量已相当有限，当时修造龙首渠时从大义峪口引大义峪水东北注入浐河，很明显是为了加大浐河的水量，这样再从浐河引水西北流入西安城的龙首渠，其水量相应也就有了更可靠的保障。

万历《志·水利》又说：“通济渠，在府城西南。成化初，知府余子俊以居民苦城中水咸，饮辄病，为开新渠，引山泉，行地中，匝遍城市，人人得户汲，至今便利。”通济渠是明西安城内的另一条供水渠道，龙首渠在明中前期起着主要作用，明成化以后，城内居民饮水则主要依赖通济渠。《明史·河渠六》说：“西南皂（滈）河去城一舍许，可凿，令引水与龙首渠会，则居民尽利。”万历《志》所谓“开新渠”，即是引滈河入城西的通济渠。因城内居民饮用的是咸卤难饮之水，成化元年（1465年）项忠与西安知府余子俊，又在今丈八沟附近开渠，从西面引滈水入城。滈水从城西引入，是因地势高下适宜导水，使滈河水会龙首渠于城中，不仅利于城西，也利及城东，故号为通济渠。项忠、余子俊开通济渠告成，从此，龙首渠由西安城东入城，通济渠则是由城西入城，西安居民终于饮上了清纯甘美的水，不再“饮辄病”。此次开渠是古都西安自唐末以后第一次从浐河之外引水入城。

第四节 《天下郡国利病书》和《肇域志》所述西安府及关中

《天下郡国利病书》（以下简称《利病书》）和《肇域志》，是顾炎武在同一时间编撰、尚未定稿的两部地理著作。

顾炎武（1613—1682）初名绛，字忠清，明亡后改为炎武，字宁人，称亭林先生，江苏昆山人，是明末清初的一位杰出的思想家和卓越的史学家。一生坚守民族气节，清初官府几次邀请他修《明史》、或应试博学鸿词科，都遭拒绝，此后不再进京。明末，明王朝岌岌可危，顾氏决心以亲眼所见搜集资料编写一部著作，用以寻找革除这些弊端的途径，供治国者参考，却因战争未完成。他撰著的地理部分称《肇域志》，经济部分称《天下郡国利病书》，此二书都是我国清初地方志学的重要著述。顾炎武一生著述40余种，《日知录》是他的代表作，还有《明季实录》《历代帝王宅京记》《金石文字记》《亭林文集》等。

《利病书》和《肇域志》辑录时间均为崇祯十二年（1639年），清康熙元年（1662年）辑成，共用了23年。其共同特点是：二书均为顾氏的读书札记，不分卷帙，今存仅有抄本流传，都是残本。二书的缺点是：不分体例，内容编次上多自为起讫，十分零乱；广征博引，但考订少，以致二书内容分而不清、资料归属不妥的现象时有所见。

《利病书》本无卷数，经人传刻，分为120卷。全书卷1舆地山川总论，最后6卷记边备、河套、西域、交趾及海外诸蕃。其余各卷记各省疆域、沿革、山川形势、农田水利、赋役、户口、马政、盐铁、矿产、交通要隘、郊聚、要塞、兵防等，内容比较庞杂，但包含的地理资料非常丰富。如《形胜》

一篇，是从全国各地自然地理特征，论述各地的形势。论述关中的自然地理特征说："又西则关中，河流与潼关界其东，剑阁、梁山阻其南，诸蕃臂其西北，左渭右汉，终南为宗，亦自然一省会也。"他在晚年选择陕西华阴作为著述之地，使他看到陕西人民的疾苦，提出"请举秦民之夏麦、秋米及豆草，一切征其本色，贮之官仓，至来年青黄不接之时而卖之"[①]，只有这样，才能救民于水火。

《肇域志》是一部明代地理总志，凡百卷，论述地理形势和山川要塞。今存有南京、山东、山西、河南、陕西、湖广、浙江、福建、广东、云南、贵州 11 部分，收编了诸多地名，保存了大量珍贵资料，许多内容与国计民生密切相关，包括沿革、形势、城郭、山川、道路、驿递、街市、坊宅、兵防、风俗、寺观、水利、陵墓、祠庙等项内容，尤其是他还出访民间风俗及山川的调查，也是一部很有价值和特色的地理著作。

根据陕西省图书馆藏 2002 年《续修四库全书》影印上海图书馆清抄本《肇域志》，现将所述陕西及西安府的内容概述如下:《肇域志》陕西部分辑录了许多今已不存、十分难得的文献资料。例如，陕西部分西安府山阳县条的僧道关，该志记此关"在县东南八十里鹘岭下。宋时，蛮王围杨文广于柳沟，设此关以拒之，以绝粮道。关悉以僧道兵拒之，因名其关，石门尚存"。此条在《明一统志》《读史方舆纪要》与《清一统志》均无记载。该志对不少已失传或仅有孤本、稀见本的明代方志也有摘录。据郑宝恒等载，如西安府商州条，今存最早方志是北京图书馆藏清康熙四年（1665 年）的《续修商志》，该志所引用明嘉靖二十三年《商略》，据《天一阁藏明代地方志

① 傅玉璋、傅正:《明清史学史》引《亭林文集》卷三《病起与蓟门当事书》。

考录》记，“见1808年旧目和进呈书目，又见《四库全书总目》地理类存目”。说明此志现已失传。陕西行都司的资料，源于嘉靖《陕西行都司志》，《四库全书总目》列入地理类存目，今佚。商州附录载谷道的一段史料，转引自《兴元志》，张国淦《中国古方志考》未收，以补其缺，其他还保存了明代方志中许多已佚、失传或仅存孤本的珍贵史料。

在西安府咸宁县条下，记述了唐代陕郡太守水陆转运使韦坚开凿“广运潭”，对开通广运潭十分热闹的庆祝活动，记述得有声有色。《肇域志》对西安府及终南山的考辑，取材多与嘉靖《志》相符。一志在同一时期内刊刻有不同版本的，《肇域志》采用标出纂修者姓名的方式以示区别。如：西安府终南山条：其“在府城南五十里，一名南山，东至蓝田县界，西入咸宁县界。《要义》曰：太乙，一名终南山。……何景明曰：太华、终南、太白实一山，延亘不绝。”《雍大记》卷九《考迹》终南山条说：“在西安府南五十里，东自蓝田县界，西入咸宁县界。……《五经要义》曰：太乙，一名终南山。”《要义》省略了“五经”，“太华（即华山）、终南、太白实一山，延亘不绝”。是何景明在《雍大记》华山条下的归纳。所摘与明代方志加以对比看，该志在明代方志上加以归纳，有的完全一样，有的基本吻合。

《肇域志》是一部未经整理、尚未最后定稿的地志资料汇编，难免存在一些错误。如西安府淳化县下秦王殿条：“晋宁康九年，苻坚将姚苌背坚，起兵北地，自立为王，国号秦。秦王殿盖始于此。”与隆庆《淳化县志》卷四相同。如姚苌起兵称王一事，应在孝武帝太元九年，而宁康年本无九年。府州县列目中多处存在重复现象，例如西安府咸宁县、咸阳县条都记有细柳原府、县西南为汉周“亚夫屯兵处”。志中记述政区之后常常载有附录，或录自专书，或见于纪传，或摘引文集、转抄笔记等，显然是未经整理所辑录的原始资料，正如顾炎武在自序中说："年来糊口四方，未遑删订，以成一家之书。叹精力之已衰，惧韦编之莫就，庶后人有同志者续而传之，俾区区二十余年之苦心不终泯没尔。"

第五节 明代地志、地理著作对后世西安地志著述的影响

明赵崡《游城南》依据宋张礼《游城南记》，在事隔500年之后，再一次追循旧迹、亲身游历长安城南的真实而珍贵的史料价值，成为研究宋以后长安城南历史变迁的有力佐证，尤其是赵崡对明代长安城南遗迹的变迁情况，详加增补约30余处，包括因宋时已废毁未记，或明代重新修建的诸多遗迹，成为继张礼《游城南记》之后的又一部研究明代长安城南的优秀篇章。

何景明《雍大记》是撰写明代关中、包括整个陕西的早期志书，其著述内容与体例尽管还不够完善，但对后世著述陕西省志却产生过一定的影响。如从嘉靖、万历《志》渐趋成熟、并逐步规范的卷目体例中不难看出，在记述西安府水利、公署、学校、兵防，以及大量的"艺文"等内容上，基本承袭了《雍大记》的编排体例。这些说明《雍大记》的内容体例，在明代《陕西通志》未产生之前，为明代《陕西通志》的编纂，起到了逐步成熟、完善和打基础的作用。不仅如此，《雍大记》还辑录了如"铜人原"等一些稀见史料，这在《关中记》《水经注》《秦录》及万历《陕西通志》均未提到的原名，而《雍大记》却依据记载此地的一种称呼记下了它，为后世西安地方志所沿用。

明代地理总志《肇域志》，辑录了诸多今已不存、十分难

得的长安及关中历朝文献史料，对以后的西安地志著述也产生了重要的影响。例如，西安府山阳县条的僧道关。《肇域志》还摘录了不少已失传或仅有孤本、稀见本的明代方志。如西安府商州，是今存最早的地方志，商州附录载谷道的一段史料，顾炎武补充了张国淦《中国古方志考》未收的缺憾。还有清康熙四年（1665 年）的《续修商志》，所引明嘉靖二十三年(1544 年)《商略》，是一部早已失传的志书，还有陕西行都司的资料，今已佚，源于嘉靖《陕西行都司志》，《四库全书总目》列入地理类存目。顾炎武保存的这些明代方志中许多已佚、失传或仅存孤本的珍贵史料，均在以后的西安及关中志书中继承下来。

明代《陕西通志》的体例编排，以及在内容繁细丰富的增添上，都为清代《陕西通志》著述起到了重要的借鉴作用，这首先从明代嘉靖、万历二《陕西通志》的承继关系上便可看出。如明万历《志》继嘉靖《志》之后，在内容与体例编排上，更具有实用性。明代陕西志书在内容和体例编排上的创新发展，对清代陕西省志的著述产生了很重要的影响。例如明万历《志》西安府辖县的管理，使清西安府辖县治所皆承明旧。清乾隆《志》西安府所辖 7 县的里，正是在明万历《志》“里”的编制基础上，由明代 12 个发展至清代的 78 个镇，这种建制为清西安府辖县提供了更有利于区划管理的资料。《雍大记》《秦录》与《全陕政要》这些明代陕西志书，以及成化、嘉靖《志》的介绍等，均未见对《汉书·天文志》体例的专书记载，而万历《志》卷 40《政事六·灾祥》，专门增添了“灾祥”一项，并对陕西关中及西安地震等作了简短、清楚的记述，是后世长安地志研究明成化、嘉靖间西安地区颇有价值的地震灾异资料。自唐宋以来，韦述《两京新记》，宋敏求《长安志》，记述古长安的专志中，均未列入“人物”类。何景明《雍大记》

所列人物等内容有一些局限性，而万历《志》继嘉靖《志》的传统，把记载人物类固定下来，还扩充了“人物”在省志中的范围，又作了新的增补，这对后世西安及陕西省志的著述都产生了深远的影响。

明代陕西及关中区域地方志著述的迅速普及，填补了陕西方志学的空白。明天顺五年（1456 年）修成《大明一统志》90 卷，其体例是仿照《大元一统志》，以南北两京、十三布政使司分区，并增加了郡名、公署、形胜、古迹、人物、学校、书院、宫室、关梁、寺观、陵墓、祠庙诸门目。例如《明一统志·西安府上》记“洪武初改为西安府，领州六县三十”与《全陕政要略》记载相符。《明一统志》的郡名门记长安汉名京兆、宋名永兴、元名安西；公署门记明洪武初建置的西安左卫、前卫、后卫、右护卫。《天下郡国利病书》《肇域志》《读史方舆纪要》、清《嘉庆重修一统志》等具有代表性的地理志著作，都是继《明史·地理志》之后，或者在体例方面有了新的发展。如《明史·地理志》西安府的记述，“元奉元路，属陕西行省。洪武二年三月改为西安府。领州六，县三十一”。较《明一统志》记载西安府更名的时间更具体，其领县 31，与《雍大记》所记一致。受此影响，《清史稿·地理志》继《明史·地理志》之后，记述西安府为“明，领州六，县三十一。……嘉庆五年，置宁陕厅。……京师……领厅二，州一，县十五”。《清史稿·地理志》改西安府领 31 县为 15 县，说明其管理体制有了很大的变更，使之管理更趋合理。总之，明代地理著作所反映陕西及西安府的历史变迁，或是在学术成就方面超越了如《明史·地理志》同类型的志书，其不仅传承了陕西关中地区的历史沿革，更重要的是被视为中国地理文献宝库中的珍品之一，在地志编纂史上占有突出的地位。

第六章

清代长安

清代陕西及西安地方志著述和全国各地一样，达到全面、系统的繁荣发展阶段。清代关中地区几乎每一县都有志书问世，西安志、陕西志及诸县县志的编纂及各类专志近300种，就数量而言是明代长安地志著述的7倍。据不完全统计，清代西安及所辖五县的地理、地方志著作有46种，其中所修关中、西安、县志及省志等诸多志书主要有，清康熙、雍正《陕西通志》，清王志沂《陕西志辑要》、清毕沅《关中胜迹图志》、清毛凤枝《南山谷口考》、清舒其绅、严长明《西安府志》、清徐松《唐两京城坊考》及清西安府所辖长安、咸宁、临潼、蓝田、鄠县、盩厔、高陵县县志等。

第一节　清代西安专著——《西安府志》

《西安府志》是清代唯一的一部西安地区专著，它综合了诸多史籍对历朝古都西安秀丽的山川名胜及历史名人的记述。毕沅在序文中说："其文则简要，而事复赅综，具程大昌之博议，而谢其繁芜；擅何景明之雅材，而加以典实。……综括古今，而复折衷典。"它虽然是一部府志，实际可谓我国古代列传史书，凡周秦汉唐在京都的文臣武将，儒林文苑，方技释道等以数千计一一列入，记事自周秦至清乾隆四十三年（1778

年)，引用各种书籍共853种，体例精详，类目宏富。始修于清乾隆四十一年（1776年)，成书于乾隆四十四年（1779年)。清舒其绅修、严长明纂，其绅，河北任丘县人，乾隆四十二年(1777年）任西安府知府。严长明，字冬友，一字道甫，江苏江宁人。乾隆举人，累官内阁侍读，有《归求草堂集》及杂著26种。

全志80卷首1卷、15门，51类，136目，约160万字。范围包括清代西安府所辖长安、咸宁、咸阳、兴平、临潼、高陵、户县、蓝田、泾阳、三原、周至、渭南、富平、礼泉、同官15县及耀州。卷首录有清顺治、康熙、雍正诸帝王吟诵西安及关中山川名胜之诗以及陕西诸帝王陵的祭文。卷1地理(附疆域图、分野)；卷2～卷4名山；卷5～卷8大川；卷9～卷11建置（制)，分述各县城池、公署、镇堡、关津、驿传、营伍；卷12～卷18食货，分述各县历代蠲赈、户口、田赋、力役，积贮（附和籴)、屯运、经费、课程、盐钱、茶马，物产；卷19～卷20学校；卷21～卷26职官，记历朝京兆尹、知京兆府、京兆府尹、知州、京兆郡太守、各郡太守、京兆少尹、县令、参佐、刺史；卷27～卷40人物，辑各县周自明清儒林、文苑、隐逸、流寓、方技、释老、列（烈）女；卷41～卷45选举；卷46～卷53大事；卷54～卷65古迹，分宫阙、苑囿、第宅、林垧、祠宇、陵墓；卷66～卷71艺文，分赋、诗、诗馀、文，包括诏文、敕、奏记、书、檄、议、策、说、论、对、序、记、诗赞，辑录了周秦汉唐以来古长安的政治历史、景致及名篇佳诗文选等290余首（篇)。其中有京兆府的麦收、丁役、减免税钱、赈贷京畿百姓、救济陕西饥民，以及对关中时政等的论述；卷72～卷73金石。《西安府志》说："关中金石之文甲于海内。"志中辑有秦至明碑石文约248篇，其中记西安及碑林所藏碑石128通；卷74～卷80拾遗，补充了遗漏的内容，又分地理、山川、建置、食货、学校、职官、人物、选举、大事、古迹、艺文、金石12门。记述关中方言、民风民俗，及历代任职于京兆府、长安及各县职官人物的历史故事，并选辑今已佚亡、或稀见史籍中历朝长安古都的宫阙、街坊、人物、传说与异事等。

《西安府志》的编纂特点，主要体现在：(一）注重明清资料的辑录。如食货，户口、田赋目依据乾隆四十四年《赋役全书》，对西安府属各县民田的赋役数目情况作了详细的统计。又如学校目，辑西安府历代学校，却更注重对当朝西安府学的辑录。例如，清西安府学于顺治十年（1653年），在明成化年所建的明学旧址上加以重修扩建。关中书院在西安府东南，始于明万历三十七年（1609年）为冯从吾讲学所建，康熙二年重修。清初关中书院为督学使署，康熙六十一年（1722年）此处重为书院，正学书院也并入其内。建置、城池目，记钟、鼓二楼“在城内东西相距半里许，明洪武十七年建，正统五年修”[①]。明代修钟楼的目的是为了破坏西安王气，压制西安龙脉。当时住在西安的洪武次子是最有希望当皇帝的，但修完钟楼后，永乐却成了明朝皇帝。据载，西安钟楼原来不在现在的地方，而是今天朝西300米的位置。

（二）列目详尽全面。如《西安府志》卷十积贮目条，清代记康熙、雍正、乾隆三朝，西安及陕西粮食的收成与转运、拨运等情况，在物产目下，又细分谷属、果属、蔬属、药属等12类，并以《诗经》内容始，详记西安府周围所产的各种谷类、果树、植物、药材、动物及各种特产等，所列条目十分精详全面。又如卷54～卷65《古迹》，辑录历朝古长安遗迹共计1644处，其中第宅232处，祠宇710处、陵墓477处，尤其

① 《西安府志》卷九《建置》。

是唐代宅府甲第的内容致为详尽，是清代以前最有影响的研究古长安历史的参考文献。再如卷46～卷53《大事》辑录了我国夏商周至元明大小17个朝代，于古长安发生的徙都、征战讨伐、移朝换代的历史故事与重大历史事件，以及地震、水患自然灾害，庙灾阁火等奇异现象悉将录入。

（三）研究西安人物的资料库。该志人物部分有14卷多，占全志四分之一以上。其职官、人物、选举目不同人物共计约10436人，是清以前人物数目辑录最多的一部志书。如，职官记府属各县的唐至清历朝京兆尹、知京兆府、京兆府尹、知州、京兆郡太守、各郡太守、京兆少尹、县令、参佐、刺史等各级职官共计约2936人；各县自周至明清儒林、文苑、隐逸、流寓、方技、释老、列女约计有2009人。选举目自汉至清征荐、诸科、进士、举人、武科、掾史、馆学生共计约5491人，是研究历朝西安人物的资料库。

（四）辑有其他文献中所不载的内容。如潏水的分水渠堰——清明渠堰的内容，这是唐及其他朝代未辑录的在清明渠口筑堰的资料。清明渠于隋唐时就应修筑有堰，但却无史料可寻，而《西安府志·大川志》引录了不多见的“碌轴堰”的记载：“碌轴堰，在县南二十里水磨堡。潏河北流，复由东北转西南，七折下流入于皂（滈，下同）河。皂河源出大义谷第三派水，经流咸宁义谷里会阿谷泉，又西北流至木塔里会碌轴堰水，又西流过杜城南沈家桥至丈八沟立闸，闸口放水南下，复自西折而北流者，为皂河正身，经汉故城入渭。”说明碌轴堰即为“清明渠堰”，是为“潏河北流”而建，潏水因设堰抬高水位，才能顺利北流。史籍中虽缺载，但从《西安府志》所言看，清明渠与潏水交口处修有大堰是历史事实。

《西安府志》存在的缺点和不足是：内容显得繁杂，还引用一些鬼怪荒诞的记载。编志时缺少实际调查采访，所用史料仅是简括的摘引，没有任何考证。例如，职官志辑录人物传记与人物简历、各类考科等混杂一处，难以分辨。又如明县令、人名很乱，不易辨认。人物志因人名过多，两个或多个人名挤列一起，有的人物介绍过于简略，甚至几个字带过，多处有漫版现象，不易查阅，舛讹之处如《古迹志》房玄龄误为房元龄等。但西安自明代设府以来，这是仅有的一部府志，搜集编纂之功亦不可泯，刊本流传甚广。

第二节 《关中胜迹图志》对西安及关中地区的介绍

一、毕沅与《关中胜迹图志》

《关中胜迹图志》30卷，清毕沅撰，刊于清乾隆四十一年(1776年)。该志图卷绘制颇为丰富，并组成系列，志文内容详尽全面。全书以乾隆时陕西府州分篇，篇前为图，附以各府州疆域名胜图，又侧重以西安府辖关中地区为主，全面记述了陕西各府州自然地理和历史遗迹，尤其是反映古长安的图卷，以其直观的效果、精美的版刻生动地再现了古长安城邑、宫苑及脍炙人口的长安名胜，都是其他史籍中所从未看到过的，具有很高的系列图卷史料的研究价值。

毕沅（1730—1797），江苏镇洋（今太仓县）人，字纕衡①，一字秋帆，自号灵岩山人。30岁考取第一名贡士，在廷对时以文辞优美、切中要害，被乾隆帝提升为状元，入翰林院为修撰等。41岁任职陕西按察使，主管民政与财政，后又连升为陕西巡抚，成为集陕西军政民事兼为一身的重要人物。毕

① 《清史稿》卷三三三《毕沅传》为：字象蘅，江南镇洋人。

沅在陕任职期间，曾亲自主持对泾阳龙洞渠的重修，多次因水灾泛滥，亲自视察并放赈救民，及时安排好灾后家园与农业的重建，使民心稳定，社会安定。他先后在陕西任职 14 年之久，《清史稿·毕沅传》载，他认为关中地区“足民之要，农田为上。关右大川，如泾、渭、灞、浐、沣、滈、潦、潏、河、洛、漆、沮、汧、汭诸水，流长源远。若能就近疏引，筑堰开渠，以时蓄泄，自无水旱之虞”。他在陕任职期间为关中农业经济的发展做出了突出的贡献。

毕沅又是一位知识广博、名闻当时的著名学者。他注重对地方志地理沿革的考证，以历史记载考察当时郡县建置及山川形势等，他的成就都为后人所尊崇。巡抚陕西时，他几乎游遍关中各地，看到诸多被湮废的宫室、庙宇、城郭等名胜古迹，毕沅序说，每次“经由于邮亭侯馆中，咨询抄撮”。长安故城无数陵墓，均出自他实际踏勘，几乎每座帝陵前都有他立的石碑，他奏请朝廷修建西岳庙和周公墓，对断碣残碑、城垣陵邑，都一一辨识订正，对汉唐陵阙给予识别并立碑，对历朝遗迹的维修和保护倾注了大量心血。他在清初学术领域，特别是对修志事业也起着重要作用，30 卷的志书是他经过一一查勘写出，正如宋联奎在后跋中说，“当今研究陕西地方史志的学者，莫不从《关中胜迹图志》中得到极大的补益”。

全志 30 卷。卷 1 陕西省、西安府地理；卷 2～卷 8 西安府；卷 9～卷 14 同州府；卷 15～卷 18 凤翔府；卷 19～卷 22 汉中府；卷 23 延安府；卷 24 榆林府；卷 25 商州；卷 26 乾州；卷 27 邠州；卷 28 兴安州；卷 29 鄜州；卷 30 绥德州。依次记为西安、同州、凤翔、汉中、延安、榆林府，商、乾、邠、兴安、鄜、绥德州。政区划为 6 府 6 州 12 个地区，分别按地理、名山、大川（附水利）、古迹（附宫阙、苑囿、寺观、祠宇、郊邑、第宅）4 目记述，每目详略得当，对各府州、县名称的由来、沿革、形胜，以及各境内的名山、川原、渠道、陂坡、谷岭均有详述，历代宫苑遗迹更是详加考订。

该志主要分图与志两大部分，各府州之下分述地理、名山、大川、古迹，以郡县为经，以地理、名山、大川、古迹四目为纬，集古今记载。版绘卷有61幅图：卷首西安府图24幅编为1卷，即终南山2幅、鸿门、楼观、渭河3幅、泾水2幅、龙洞渠、仙游潭、灵台、汉长乐未央宫、建章宫，唐西内、东内、南内、华清宫、辋川3幅、韦杜二曲、慈恩寺、荐福寺、南五台、周文王陵、唐昭陵、灞桥、金锁关图。其他各府图，有同州府图14幅：即疆域、华岳、少华山、梁山、黄河组画6幅、龙门、壶口、洛水2幅、西溪、怡山潭、华岳庙、玉泉院、云台观、潼关图。凤翔府4幅：疆域、太白山、东湖、元圣周公庙图。汉中府6幅：疆域、秦栈组3幅、紫柏山、定军山、金牛峡、汉中渠图。延安府，疆域图1幅。榆林府图1幅。另外有商州汉长陵图、乾州、邠州大佛寺图、兴安州汉江组图3幅、鄜州黄帝桥陵、草堂寺图，绥德州图11幅，卷首的版绘及组画共计77幅。这一批图卷内容包括疆域、名山、大河、古迹、帝陵、祠庙等，其多幅组画为终南山、黄河、渭河、汉江、泾河、辋川图等，给人以直观的图绘效果。图中看出渭水图与民国二十三年（1934年）相比，已有多处不同，一些支流可能已经断流。

该志援据考证，层次清楚，长安故城每一组宫殿群的具体地点与设置结构以及历朝初建的历史背景及传说故事，都有详细生动的记述。对已被湮没的汉唐长安故城遗迹，都经过亲自勘察、并对前人谬讹之处加以纠正。为使后人更准确地了解已湮废的、著名的遗迹，他都绘制成图，不仅给后人的研究提供了方便，也为我们留下了直观珍贵的图卷资料。宋联奎在该志后跋中评价说，以它“荟萃古今记载，订舛里讹”，“实为陕西疆里之书，博而不繁，简而有要……不独为征求古迹渊薮也”。名曰“关中胜迹”，实际已囊括了清以前全陕胜迹。《四库全书总目提要》评赞此书为“视儒生著述，披寻于残碑碎碣之间，研索于脱简残编之内者，其广狭固有殊矣”，是一部考证精审、内容详赡，研究陕西及古长安历史、地理重要的关中地方参考书。

二、《西安府志》与《关中胜迹图志》的比较

《关中胜迹图志》成书较《西安府志》早三年，内容在反映西安历史遗迹及关中区域的山川、苑囿、宅地方面与《西安府志》有诸多相同之处，但又各有侧重。现就二志山川、苑囿、宅地的内容作一比较，便于今后更全面地了解《西安府志》与《关中胜迹图志》（以下简称《胜迹图志》）的不同之处。

《西安府志》卷2～卷4《名山》对关中山原谷岭的辑录，记有149座，《胜迹图志》卷2《名山》记97座，实际上《西安府志》所载山原谷岭比《胜迹图志》多出74座。《西安府志》卷5～卷8《大川》对关中河渠泉堰的辑录，辑古今河渠泉堰184道（条），《胜迹图志》卷2《大川》（附水利）记西安府属各县渠道有89道（条），实际上《西安府志》所载河渠泉堰比《胜迹图志》多出106道（条）。《西安府志》卷54～卷65《古迹》对关中宫苑、建置及历代显宦宅第等，辑录宫阙119处，苑囿17处，第宅232座，林坰89处、祠宇710处、陵墓477处，共计1644处（座）。《胜迹图志》卷4～卷8《古迹》，辑宫室遗迹115处，苑囿、名宦第宅141处（座），寺观71座，陵寝、楼观古道160处，共计487处。《西安府志》比《胜迹图志》古迹门内容与数量几乎多出三分之二以上。其中除过长安、咸宁二县有《西安府志》与《胜迹图志》

不载的遗迹29处之外，《胜迹图志》不载的宫阙有19处，不载及未详载的历代建置与宫苑宅第有142处。《西安府志》所辑历代建置与宫苑宅第，其中唐代宅第最多。

从以上《西安府志》与《胜迹图志》对西安及关中区域历代建置、宫苑与显宦宅第等的比较看，总计，《胜迹图志》山川、苑囿、宅地等记述共674座（条），《西安府志》共计1977座（条），其数量显然已远远超出了《胜迹图志》。但从以上统计看，实际上《胜迹图志》与《西安府志》不同之处，共计仅少了340座（条）。可以看出《西安府志》第宅、祠宇、陵墓三门基本将历朝长安古都的历史遗迹都全面辑录下来，但该志所记大部分内容仅列其条，有的条目甚至仅列其名，几个字一笔带过，有的标注也很简略，没有实质性的考证内容，这样大的数量，难免有重复或一地有不同名称，或二志间名称的叫法不同。如《胜迹图志》山川门有“虎山”，《西安府志》山川门有“虎踞山”，或许是名称不一，实为一山的情况还多有存在。

1. **对关中山川的记述**

清西安府辖区内的15县，即长安、咸宁、咸阳、兴平、临潼、户县、蓝田、泾阳、三原、周至、渭南、富平、礼泉、同官，基本范围正是现在的关中区域。该志除了在上述与《西安府志》已列出名山、大川、古迹三门目的数字对比外，因《胜迹图志》卷二至卷八《西安府》辖县范围已远远超出今西安市所辖区域。

《胜迹图志》卷二《名山》汇叙15县有关诸山川岭原共计97处，现仅列出今西安（市）所辖长安、临潼区和四县范围52处。其山，有古长安县终南山、龙首山，临潼县骊山（一名浮胏山）等，《胜迹图志·名山》说：“（终南山）横亘关中南面，西起秦陇，东徹蓝田，凡雍、岐、眉、鄠、长安、万年，连绵峙踞其南者，皆此一山。”终南山横跨周至、鄠（户县）、长安、咸宁四县之南，又东抵蓝田，凡八百余里，是陕西关中地区的一座大山脉，又有南山、中南、太乙、太白、太一（区别于南五台）、周南、橘山、楚山、泰山、地胏山10个别名。《胜迹图志·大川》，记述较详的渠道有89道（条）。《胜迹图志·大川》对关中泾、渭、浐、灞、沣、滈、潏、涝八水均加以详细考证，惟泾、渭、潦（涝）潏、浐水，尚可寻其故迹，渭水流经咸宁、临潼、咸阳、兴平、高陵、户县、周至、渭南8县，泾水流经咸阳、高陵、泾阳、礼泉4县，浐水流经长安、咸宁，浐水、灞水流经咸宁、蓝田县，劳（涝）水流经咸阳、户县。沣、滈水自西汉、隋唐建都于长安之后，历代开凿引水，灌溉田园，于唐贞观时引水入昆明池，又引沣水与漕渠合入滈水北流入渭，之后沣滈水量日益缩小，于毕沅所考时，沣水依然流经长安和户县，滈水流经长安县，后因昆明池干涸，沣、滈二水至清代早已失去昔日面貌的翔实记述。

2. 对关中古迹的记述

《胜迹图志》卷四至卷八《古迹》，辑周秦汉五代隋唐长安故城、宋元明清西安府主要宫室遗迹115处。《胜迹图志·古迹》对所列历朝宫室遗迹地理位置所在城内、城外及东、南、西、北的具体方位，以及所在各县及各县的具体方位等都详加考证。例如，长安故城及城的四周，有汉长安故城、隋大兴京城、后汉献帝宫、魏孝武帝宫（故城）、未央宫、建章宫、明堂（故城西）、长门宫（故城东）、晋太极殿（晋愍帝宫，长安南门）；在宫殿四周方位的，如长乐宫（未央宫东）、明光宫（长乐宫后）、北宫（未央宫北）；在上林苑中，如扶荔宫、昭台宫、犬台宫；在昆明池内外，如宣曲宫（池西）、豫樟宫（池中），尤其是对于容易弄混的地方给以详注。如《胜迹图志》卷四，甘泉宫名，“甘泉宫名有三，秦之甘泉在渭南，汉甘泉在云阳，隋甘泉在户县”。使人有一个全面的了解。对小的朝代也悉心标注，如耀州秦王殿、永安宫，为后秦姚苌自立建国之地，也有清楚的标注。《胜迹图志·古迹》（附苑囿、第宅）记关中地区苑囿、第宅共141处。《胜迹图志·寺观》辑自隋至清代寺观共计71座。《胜迹图志·郊邑》记长安与关中区域的历代陵墓、楼观古道共有160处（座），其中省略了部分楼观古道和少数臣宦墓名，记有126处。《胜迹图志·郊邑》所记长安与关中区域的历代陵墓较《西安府志》不同的是，其多为汉代。到了清代，遍及关中各地的帝陵宫阙，由于年代久远，长期无人管理，私自盗墓、毁墓、墓区湮毁的现象日趋严重。明洪武初，开始制定了专人管理的制度，但由于措施不严，盗墓、毁墓的现象仍屡禁不至。毕沅到任后，对于"什倍他邦"的历代陵寝及名宦贤士墓，立界石，筑券墙，并制定了严禁掘毁陵墓的规定。《胜迹图志·郊邑》说，有专人看管陵园，还给守陵人以"给单资其口食"，才得以使这批湮毁严重的帝王陵寝能够有冢可寻，有碑可依，才得以留存至今。

三、清初龙首渠的流程与通济渠的疏浚时间

清继明之后，西安城的东西两边仍分别有龙首和通济二渠的供水渠道，这是当时西安城居民生活用水的重要供水来源。《胜迹图志》卷三《大川》首先记述了清代龙首、通济二渠于当时的利用情况。

《胜迹图志·大川》说："（龙首渠）发源于大义峪第一脉之水，东过真武原至引驾回镇，又东北至鸣犊镇入浐河，复引水入渠口，西北行，经留空村至田家湾诸处，经流渐细。"说明龙首渠的起始渠源是大义峪口，而记载龙首渠的城外流程亦是从大义峪水源之地开始记述。渠水又从"东北至鸣犊镇入浐河"，浐河是龙首渠的第二个渠源，这在《胜迹图志·龙首永济二渠图》中明确标绘出从大义峪口至鸣犊镇桥头入浐河的这段

引水渠道。从图中还可看出龙首渠实际上是由两个部分组成，上半段是从大义峪口至鸣犊镇桥头入浐河，下半段则是从留空浐河水至西安城东门入城。清龙首渠的渠源自大义峪口到西安城内的流程大约有70里，《明实录》说："旧有龙首一渠，引水从东门以入。然水道依山，远至七十里……"这是天顺八年（1464年）陕西巡抚项忠奏疏的一段话。明洪武十二年（1379年）在西安城东南开凿龙首渠，因渠道开凿在秦岭北麓，有"水道依山"之说。

通济渠于清初的疏浚时间，《胜迹图志·大川》说："永济一渠……我朝康熙三年抚臣贾汉复始议疏浚，六年重修，旋复湮塞。"永济渠本名通济渠，其名称自明代直到清康乾时，一直沿用了200余年。自乾隆以后，至清末到民国时，通济渠相继有永济渠、龙渠、柳河渠之名称，清初开通济渠基本上沿袭了明代通济渠的渠道，但比明通济渠的渠道更长。明通济渠因渠道尚新，疏浚尚少；清代则屡有疏浚，次数较多。据载，有关清初康熙年最初疏浚的具体时间应在康熙三年和六年两修通济渠，通济渠的疏浚时间最早应是康熙三年（1664年）。

第三节　《南山谷口考》对关中谷口的记述

一、毛凤枝与《南山谷口考》

《南山谷口考》，全书1卷，清毛凤枝撰，清同治五年（1866年）成书，同治七年（1868年）刊印。凤枝，扬州甘泉（今江苏扬州市）人，他长期生活在关中，十分熟悉关中的地理环境。

终南山峰峦叠起，周围谷口数量众多。谷，即山口，仅嘉

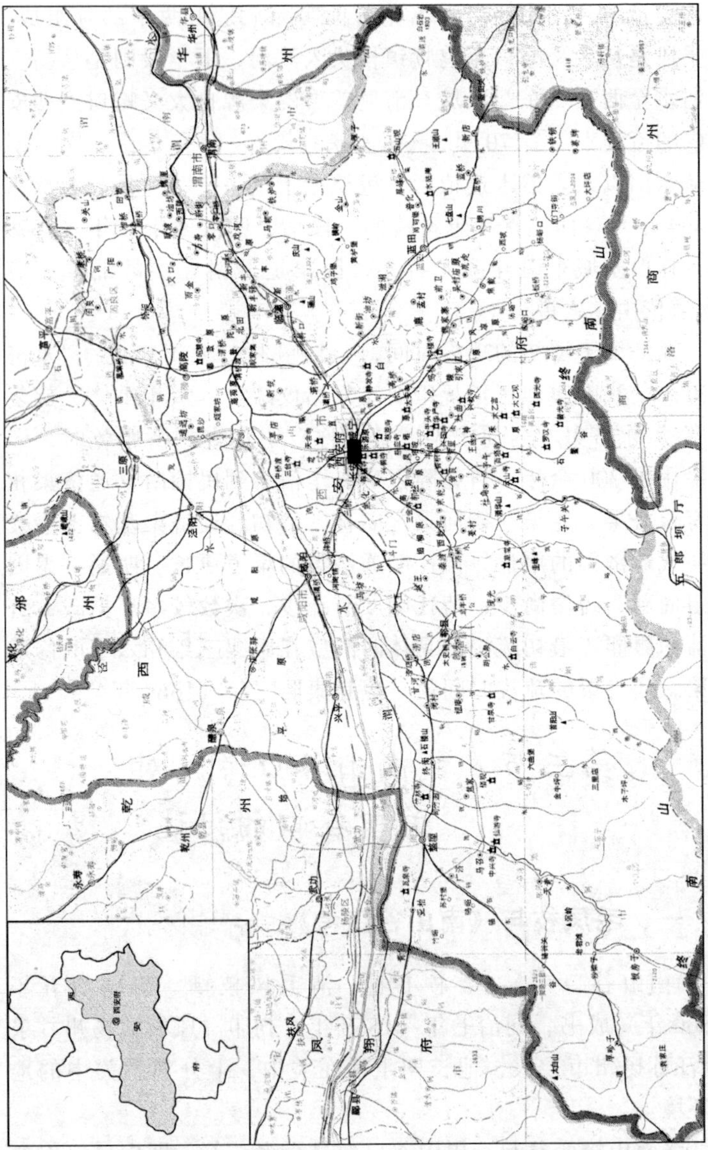

清西安府图

庆重修《大清一统志》所记载的也有20余处。有些谷口风景秀丽，久为世人所称道，例如：蓝田县南的辋谷，其形如车辋，景物宜人，唐王维建庄园于此。户县的高冠谷，更是一处有名的风景区，唐诗人岑参置庄园于此。清万方煦在序中说："秦为天下之脊，南山则秦之脊也，而山之诸谷则其窾綮也。"

毛凤枝说："自山南至山北必度秦岭，然后出谷口达平原，故秦岭尤称要害也。秦岭之南在西，以汉中为都，会在东，以商州为都，会汉中之东曰城固，城固之东曰洋县；洋县之东北曰佛坪，佛坪之东南曰宁陕，宁陕之东北曰孝义，孝义之南曰镇安，镇安之东曰山阳，山阳之北曰商州，曰洛南。此十城者，皆秦岭以南之要隘也。……各城添设屯营，扼要固守往来策应，壮我声威，使贼不能度岭而北，斯为上策。纵之，度岭乃扼之于诸谷，则兵力易分，斯为中策。不守谷口纵之出山，与之野战，斯为无策。故拒贼于秦岭之北，不若拒贼于秦岭之南也。"毛氏遍考陕西北起潼关至宝鸡、秦岭南麓的150个谷口。记有"南山脉起昆仑，尾衔嵩岳，横亘潼关、华阴、华州、商州、洛南、渭南、蓝田、咸宁、长安、鄠县、盩厔、眉县、宝鸡之境，几及千里，深山穹谷不可殚究。其正南通兴安，出郧襄；其东南抵商州、连楚豫；其西南毗汉中、道陇蜀。昔年，贼踪出没无不假道于此。故关中之患恒在南山，而南山之患又在诸谷也。"撰写此书目的很明确，是为了御敌，便于掌握南山各谷口的地理形势。终南山诸谷间径路很多，纷歧交置。就是为"用兵之乡导，三省边防之所必备也。"指出历史上南山诸谷口都是战略要地。如明末流寇一斗谷，清初吴三桂，将领马国良及教匪王三槐等，几经征战，未能掌握南山谷口之利害。他指出关中"虽然地无常势，兵无常形，善用兵者，因地形以知利，因地利以设谋；虽丈五之沟，渐车之水，尚能御寇，况乎百二之雄哉。"以列举历史上秦国与魏国征战，南山地利环境对双方胜败的重大影响，指出南山地形对军事的重要，并对各谷口的路途通道、不同名称，以及历史典故作了详细的论述与考证。他根据严氏《乐园三省边防书》、沈青崖《陕西通志》，对诸书多未录入的南山百数处不同名称的谷口加以整理，并对每一南山老林、山脉道里，或险恶要冲，均一一详细备列。

二、终南山谷口的数目

《南山谷口考》辑终南山侧自潼关、直至宝鸡共150处谷口，正如史念海《古长安丛书总序》说："终南山侧，峪口连绵不绝。"这是史先生亲自考察后、对终南山周围诸多谷口的记载。这些谷口的分布与数目按照各州县区划，现列出如下：

潼关：麻谷、禁谷（又名禁沟或禁阬）北曰嵩岔峪，禁谷、征税谷、案谷、蒿岔谷、水谷、潼谷（通谷）、蒲谷、大谷11处。

华阴县：灵谷、蒲谷、窦谷（又杜谷）、黄神谷、泰华山、仙谷、辋谷、甕谷、大敷谷（又罗敷谷）、葱谷、方山谷、大谷、水谷、牛心谷14处。

华州：水谷、构谷、白崖谷、猕虎谷、小敷谷（又白石谷）、太平谷（又太白谷）、潭谷、石堤谷、赤堤谷、石堤树谷、甕谷、东南谷、阶谷、乔谷（又王乔谷等）、涧谷、金堆谷、葫芦潭谷、箭谷18处。

渭南县：渭南至周至南山谷口凡86处，均隶属西安府境。即葫芦谷、黑掌谷、曹谷、黄狗谷、阬谷、大谷、小谷7处。

蓝田县：悟真谷、轻谷（又倾谷）、铜谷、辋谷、土门谷、代谷、杨谷、孟谷、采谷、石门谷（西北有汤峪）、库谷、汤谷、倒沟谷、刘谷、蓝谷15处。

咸宁县：柘坡谷、大义谷（俗名大峪口）、白道谷、锡谷

（俗名小峪口）、羊谷（阳谷）、土门谷、交谷（郊谷）、太乙谷（又炭谷）、小库谷、康谷、小阳谷、大阳谷、白石谷（又在长安县界）、竹谷、石鼈谷（又石壁谷）凡15处。

长安县：黄谷、楩梓谷（又名便子谷、骆驼山，俗名东西田子峪）、豹林谷（又抱龙峪）、子午谷、太和谷、丰谷、祥谷、高冠（观）谷、涓谷、神水谷[①] 凡10处。

鄠县：太平谷（又名林谷）、扈阳谷（讹为化羊谷）、檀谷（清为大渠谷）、曲谷、皁谷、直谷、栗谷、马谷、乌桑谷、黄柏谷、库谷、涝谷12处。

盩厔：华阳谷、石镜谷、甘谷、耿谷（讹为景谷）、牛谷（清名牛角岔）、赤谷、田谷、闻仙谷、东观谷、西观谷（俗名塔儿谷）、飞升谷、就谷（又名岫谷）、马岔谷（又为马谷）、团标谷、黄谷（又黄巢谷）、黑水谷（又芒谷）、韩谷、虎谷、熨斗谷、新口谷、西骆谷、稻谷、强谷（一名强弩谷）、车谷（一名底保谷）、韦谷（讹为泥谷）、仓谷、故县谷凡27处。

眉县：大振谷（一名大栈谷）、汤谷、潭谷、黑谷、赤谷、洛谷、桐谷、万户谷、井素谷、磨石谷、苍龙谷、斜谷12处。

宝鸡县：马谷、散谷、蟠溪谷（又兹谷或几谷）、绥阳谷、箕谷、崤谷、黄花谷、仙灵谷、晁谷9处。以上也有重复出现于1～2县的谷口，如大谷与水谷，地域涉及华阴、华州、渭南与潼关。

三、历史上曾起过重要作用的谷口

毛氏对于历史上曾起过重要作用的31个谷口考述尤详。即潼关的禁谷、潼谷、大谷，华阴的甕谷、牛心谷，华州的构谷、石堤谷、赤堤谷、阶谷、箭谷，渭南的曹谷、阬谷，蓝田

① 毛凤枝又记，神水谷在户县东南三十里，不知神水谷是否有两处。

的倒沟谷、刘谷、蓝谷、辋谷、采谷、汤谷、库谷，咸宁的大义谷、小义谷、石鳖谷，长安的子午谷，户县的涝谷，周至的田谷、黑水谷、新口谷、西骆谷，眉县的斜谷，宝鸡的散谷与晁谷。这 31 个谷口在当时所起到的重要作用试从以下五点作以归纳。

历朝重守之地 例如禁谷，据载，唐广明初（880—881），黄巢攻陷虢州，张承范屯潼关，关左就是禁谷，官军忘守即此。明崇祯八年（1635 年）九月，洪承畴破流寇于渭南，临潼关。崇祯十一年（1638 年），李自成东走，高迎祥亦屡败，洪承畴令曹变蛟设伏于潼关之南，此处即禁谷一带。

驻守堤防的重地 例如咸宁县柘坡谷，位居库谷以西，属于终南山其一，此处与其他诸谷气象雄阔，是驻守堤防的重要之地。

历史上重要的交通要道 毛氏引严如煜说："教匪之乱西安各峪口，贼初频频窥伺……团练民勇，编设卡伦分布防堵。"可知当时为防范匪乱，编设团练，严守道路关卡的重要。南北通行的交通要道，要数长安县南的子午谷最为著名，是由山下顺着山势直上到近山顶处，山南的另一侧也由山下顺山上到近山顶处的谷，两处沟通，遂成为南北通行的大道。据载，刘邦灭秦后，为项羽封作汉王，就是由这条道路南去汉中的。此地原名"蚀中"，王莽时称之为"子午"，是指北口为"子"，在西安府城南百里的南口为"午"，在汉中府洋县东 160 里，南北相对，故称子午，今南山下有子午镇，就是早年进山之处。子午谷是历代用武必经的重地，毛氏列举了汉武侯伐魏，晋桓温伐秦，遣梁州刺史司马勋出子午谷向长安，五代蜀将李廷珪出子午谷援长安，明孙传庭讨流寇命贺人龙出子午谷夺其南，清代子午谷以南本隶长安，清嘉庆中平定教匪，乃划谷以南设宁陕同知，又设参将营，为扼守险要之地。田谷、就谷、马岔谷，都是三省边防道路。蓝田谷又称倒回谷，在蓝田县东南灞水上源，是由西安东南去商洛，再往东南至荆襄的大道，春秋时期已见于记载，秦楚两国在这条道路上曾交战过。周至县西南的骆谷，也是一条可通大道的谷。《通典》载，汉中至长安取骆谷路约600余里。由这条大道可与山南的傥谷相衔接，因而就称为傥骆道。毛氏载，三国时，魏国曹爽伐蜀进入陕西时，就曾由骆谷出兵。当时山路崎岖，非常难行，诸军入骆300余里不能前行，牛马转运死伤惨重，唐代再度修复，又成为南北大道。明中叶时，荒芜阻塞，至清代，清朝廷重新修路，每由骆谷到山南，取其道既近又方便。南山谷口于周至一县就有27处之多，路路可通，故论驿传以咸阳为冲途，论行军以周至为间道。眉县有斜谷关，斜谷道在历史上有“出奇之地”的称誉。毛氏说：“出褒谷口抵褒城谓之褒斜道，两崖高峻，谷中水南北分流。”东汉建安二十二年（217年），昭烈帝争汉中，曹操出斜谷以临汉中，不克既还。后汉建兴五年(227年)，武侯北伐，使诸军运米集于斜谷口。武侯未采纳魏延出子午谷的请求，而是由斜谷道取眉。三国建兴十二年(234年)，武侯做木牛流马，再次运米集斜谷口，治斜谷，率大众于渭水南之五丈原，武侯屯兵五丈原，以其地紧接斜谷口，背山面河，进可以战，退可以守，还有唐李怀光、朱泚之乱，德宗率诸军自斜谷出拔等等，皆经此道。

地理形势险峻之地 例如大义谷（俗名大峪口），严如煜说：“由咸宁引驾迴进大峪口，上下秦岭七十里，山势穹窿，一径羊肠，蟠折于丛林，悬岩之间，稍不戒，则人马坠深涧。”大义谷地势十分险要。北周庾信《义谷铭序》说：“东出蓝田，则控灞乘浐，西连子午，则据泾浮渭，其形胜可知矣。”清时，大峪口至孝义之南通兴安，西南通汉中，与古道合，惟山路峻峭，较栈道更为险要。《咸宁县志·道路》大义谷考，由西安城南行25里，大峪口临近城垣，为清代孝义厅赴西安孔道防御之处。

对诸谷口的综合论述 毛氏对褒斜道的记述较其他史料记载有自己的独到之处。他说："褒斜二道古属通称，其实由褒者不必由斜，由斜者不必由褒也。……由褒城谷口入连云栈至凤县，折而东北行，取道草凉驿，迳红花铺、长桥、黄牛铺、江龙沟、东河桥、煎茶坪、观音堂、二里关、大湾铺，至石家营。"记述的十分详细生动。宝鸡县的散谷，大散关在宝鸡南，凤县东北百二十里，为秦蜀往来的要道。如宋吴玠大破金人于此。毛氏说："两山关控斗绝出，可以攻入，可以守，实表里之形势也。"毛氏论述此地"秦蜀有事，必争散关之险，史不胜书矣"。此处明初设巡检司，清代裁巡检，设把总分防。晁谷（古名峭谷），毛按，曾有后汉武都太守虞诩时官叛，羌遮诩于陈仓峭谷。《通鉴》注，"峭谷即今大散关"。毛氏经过考证，指出峭谷与今大散关自系两地。《纲目》注峭谷即陕州三峭，其说显然有误。唐藏，即《五代史》记唐藏镇。周显德二年，王景等伐蜀到威武镇，蜀将李廷珪出兵唐藏镇，道景派兵扼蜀归路，打败蜀兵。

总之，毛凤枝以大量真实、细腻而生动的史实，辑录了南山诸多谷口在历史上曾起过的重要作用，是研究长安终南山历史地理独到的专志资料。

第四节 《唐两京城坊考》与《增订唐两京城坊考》及补遗

一、徐松与《唐两京城坊考》的《西京》部分

徐松（1781—1848）是清代著名的学者，字星伯，原籍浙

江上虞人。后侨居直隶省顺天府大兴县（今北京市南）。嘉庆十年（1805年）进士，得殿试二甲第一名，朝考第一名，授翰林院编修。后被总司书房大学士董诰看重，任全唐文馆提调兼总纂，十七年因事谪戍新疆伊犁，不久获释回籍。清道光帝继位，重新起用为内阁中书，升铸印局员外郎等职，不久又出任陕西榆林知府。

《唐两京城坊考》（以下简称为《城坊考》）是徐松具有代表性的一部著作。成书于清嘉庆十五年（1810年），其刊刻时间，程鸿诏《唐两京城坊考校补记》说："作《两京城坊考》，时嘉庆庚午岁也。道光戊申，平定张石洲大令穆刊之灵石杨氏《连筠簃丛书》中。……庚戌自鸡泽南归，舟中暇，有校补次而记之。"即该书撰写于嘉庆十五年（1810年），书成后，平定张穆校补，于道光二十八年（1848年）刊于灵石杨氏《连筠簃丛书》中，道光三十年（1850年）又有程鸿诏《唐两京城坊考校补记》，说明该书是在撰成38年之后才得以刊印成书的，期间拖延时间之久，在其他各志中十分少见。

全书5卷，卷首附图10幅，即西京外郭城，西京三苑、宫城、皇城、大明宫、兴庆宫，东都外郭城、东都苑、东都宫城皇城、上阳宫图。其中西京长安6幅，东都洛阳4幅[①]。卷1～卷4西京，分记唐长安宫城、皇城、大明宫、兴庆宫、三苑、外郭城坊里及龙首、黄渠、永安、清明、漕渠5条引水渠道。卷5东京，分记洛阳宫城、皇城、东城、上阳宫、神都苑、外郭城、洛渠、通济、通津、运渠、漕渠、谷渠、瀍渠、泄城、写口渠9条渠道。该书考证精详，叙述完备。其撰写初衷，徐松在序中说："余嗜读《旧唐书》及唐人小说，每于言宫苑曲折，里巷歧错，取《长安志》证之，往往得其舛误。"

① 原著卷一前有西京地图6幅，卷五前有东都地图4幅。

清嘉庆十四年（1809 年）徐氏奉诏纂辑唐文，从馆藏《永乐大典》中辑出宋敏求《河南志图》，“其源亦出于韦述《两京记》而加详焉”。于是以宋敏求《长安志》为底本，并参照程大昌《雍录》、李好文《长安志图》，取自唐人诗、文、小说、笔记及碑志中有关资料，主要记述了唐代西京（长安）和东京（洛阳）两个部分，对唐长安、洛阳两京城坊、官署、街市、苑囿、渠道等分布情况，以及诸坊内廨宇、寺观，以及贵族、官吏、名人宅邸，加以重新补充订正。作者力图将两个城市坊里中名人宅第、店铺行业、寺观等，通过补正与绘图，重现唐两京城市风貌，犹如身临其境之感。

《城坊考》的西京部分，徐松主要采自《长安志·唐宫室》《长安志·唐皇城》《长安志·唐京城》诸卷，并阅读了许多相关原始资料，将隋唐长安宫城、皇城，都城的三大宫殿区，城北的三苑，以及外郭城的街市坊里、渠道交通等主要建置的具体方位、名称与作用，层次分明的重加整理，考订补正。例如，隋唐长安城的坊数以史料所记为 110 坊或 109 坊。宋敏求《长安志》在所记 106 坊中，加上昌化、延平、修仁、正平 4 个改易坊名，共有 110 坊，不包括东、西二市及缺载的升道坊、善和坊与通化 3 坊，因善和、通化二坊宋时缺名，宋敏求未记入。《城坊考》西京部分，完全采自《长安志》中 104 坊，未采其中广化坊、兴庆坊及上述的 4 个改易坊名，补入了升道坊、善和坊与通化坊（徐松误为光禄坊、殖业坊）3 坊和曲江、芙蓉苑 2 处，共 109 坊（处）。据《西安历史地图集》与李健超《增订唐两京城坊考》附图，均未看到《长安志》中所记广化坊之名，而《城坊考》补入的升道坊、善和坊与通化坊均有坊名位置。在《长安志》110 坊里中，原有唐人宅第、寺观、家庙等 306 处，其中宅第 199 处。《城坊考》增补了唐长安宫殿苑囿 86 处，河渠 2 条，109 坊中增补宅第、寺观、家庙等 422 处，共计 510 处，其中宅第 336 处，成为研究唐长安城总体布局和唐代宫殿、坊里、宅第的各种建筑及其变迁的重要参考资料，是继唐韦述《两京新记》，宋敏求《长安志》之后，对隋唐长安研究的“记述最为详备的划时代巨著，被誉为‘集大成’之作”[①]。至今传世的刊本有清道光二十八年（1848年）本，清光绪五年（1879 年）本、中华书局 1985 年的方严点校本，三秦出版社 1996 年李健超《增订唐两京城坊考》，以及上海古籍出版社 1999 年杨鸿年著《隋唐两京坊里谱》，都分别作了许多补遗工作，成绩斐然。

但《城坊考》难免也存在着一些缺漏与舛误。仅举西京部分：如现存最早的明成化、嘉靖《长安志》两刻本中，唐长安城朱雀门街西从北第一、第二坊名湮没无闻。此后，《咸宁县志》《长安县志》《太平御览》等都有或多或少的记述，却说法不一。《城坊考》卷四定第一、二坊为光禄坊、殖业坊。近年杨鸿年著《隋唐两京坊里谱》附图的第一坊仍为光禄坊、第二坊为缺的说法有误，但在《光禄坊》条也说：“其他诸家意见分歧，故无法定论。”根据黄永年点校的骆天骧《类编长安志》及西安附近或其他地方出土的隋唐墓志，证实了此二坊名应为：第一善和坊，第二通化坊，此二坊名在《西安历史地图集》中已被确定。又如，卷四《善和坊》，柳宗元是唐代著名文人，善和坊有柳宗元旧宅。卷二《安乐坊》是唐太宗的女儿兰陵长公主，这两个坊里较重要的人物都被徐松遗漏了。又如，没有标明坊里名称的人物，例如，卷二《安仁坊》尚书左仆射刘延景宅，汝州刺史王昕宅，万春公主宅等，都没有标明坊里及名称，仅仅载“卒于长安”。舛误之处如《城坊考》录《长安志》启夏门外西南二里有圜丘、先农、藉田三坛。但

① 李健超：《增订唐两京城坊考》序。

《长安志》中另有“风师坛、青帝坛、先农坛，以上并在（万年）县东北一十五里浐水东”。祭先农与耕藉是一种礼仪的两个步骤，先农坛与藉田坛实为一回事，而且设在东郊，不在南郊。启夏门外除了圜丘的另外二坛又作何之说？据张礼《游城南记》和《旧唐书》的有关记述，启夏门外另外二坛应是太一和灵星。

二、《城坊考》对《长安志》及其他文献的补充

1. 寺观的补充

唐代佛道寺观的数量很多，而佛寺的数量又超过道观，说明两教、尤其是佛教在长安当时传播的兴盛。《长安志》所记寺观较《两京新记》多，《城坊考》依据有关文献订证所记，又多于《长安志》。据《长安志》所记载的寺院与道观的数量是：寺院 100 所，道观 38 所，共计 138 所。其中僧寺 74 所，尼寺 27 所；道士观 32 所，女观 6 所。《城坊考》记寺院 108 所，道观 40 所，共计 148 所，补入 8 所。其中僧寺 81 所，尼寺 27 所；道士观 34 所，女观 6 所。《城坊考》记寺院最多的里坊是：朱雀街西第三街记有 21 所；其次是街西第四街 19 所；街西第五街 15 所；再次是朱雀街东第四街 12 所，街东第五街 10 所；街东第三街 9 所。道观最多的街坊是：朱雀街东第三街 9 所；街西第三街 6 所；街东第二街和街西第一街皆 5 所。无寺院的街坊：朱雀街东第一街的兴道、光福、兰陵、保宁、安义等五坊；街东第二街的务本、长兴、安善、大业、昌乐、安德等六坊；街东第三街的永昌、来庭、永兴、亲仁、永宁、永崇、通善、通济等七坊；街东第四街的安兴、升平、修行、修政、青龙（废寺）、曲池（废寺）等六坊及街东第五街的三坊，街东共有 34 所。朱雀街西第一街五坊及街西第一街最北两坊等有 7 处，街西第二街至第五街有 17 所，街东与街

西共计 52 所，占长安城坊里的三分之一多。

《城坊考》记里坊中寺院最多的是：颁政、布政、崇贤和金城坊四坊，共有 19 个寺院，且大都在朱雀门街西。所记道观，据载，一坊中有三所就算多的了，只有永崇坊和崇业坊两坊，永崇坊有宗道观、龙兴观和灵应观；崇业坊有玄都观、福唐观和新昌观。这两坊一在朱雀门街东第三街从北向南第十一坊，一在朱雀门西第一街从北向南第五坊。永崇坊的龙兴观未见《长安志》记载，《城坊考》据李商隐为马懿公郡夫人王氏黄口斋文作了增补。上述共涉及 51 里坊，居于里坊隅所的寺观共计 72 所，超过寺院总数的一半，其中所涉及的里坊也达到近一半，说明建立寺观时对里坊隅所的重视。原因是，里坊中的四隅距四门及十字街较远，车马干扰少，清静且利于讲经说法，故为当时的聚众之地。

2. 里坊宅第的补充

《长安志》卷七《唐皇城·昌化坊》说："岐阳公主宅。宪宗女降宰相杜悰，疏龙首池为沼。"岐阳公主下嫁杜悰。昌化坊，据徐松考证为崇仁坊，见其《崇仁坊》条下"《长安志》载昌化坊，而不知所在。按坊内有礼宾院及岐阳公主宅，礼宾院旧在崇仁坊岐阳宅内。云：疏龙首池为沼，崇仁坊正龙首渠所经"。杨鸿年《隋唐两京坊里谱·崇仁坊》按："《城坊考》云昌化为崇仁之异名，《长安与洛阳地图》第一图《长安城图》上亦然。该图在画崇仁坊时，明言又曰'昌化'。此外《长安与洛阳》四章二节亦云。"说明徐松所考昌化即为崇仁坊是正确的。李健超《增订唐两京城坊考》后另附《唐长安城图》亦未见昌化一名。

《城坊考》朱雀门街东第三街平康坊，引《北里志》为《长安志》补"三曲"。《北里志》说："平康里入北门，东回三曲，即诸妓女所居之聚也。妓女中有诤诤者，多在南曲、中曲，其循墙一曲，卑屑妓所居。”平康里北门之东，虽未见有三品以上大员第宅的记载，也不至于仅此三曲。《长安志》于平康坊东门之内，未载有达官的第宅。

《长安志》以灵花寺（云华寺系误文）列于长乐坊，徐松即以此补《长安志》靖恭坊的毡曲一所。毡曲，注引《寺塔记》说，僧康藏本住靖恭坊毡曲，即靖恭坊是一房名。《长安志》说靖恭坊西北隅为驸马都尉杨慎交宅，又说宅南隔街有司农卿韦玢宅。《城坊考》补说杨慎交所为中宗第四女长宁公主，又引《新唐书·长宁公主传》：“取西京高士廉第，左金吾卫故营合为宅，右属都城，左频大道，作三重楼以凭观，筑山浚池”。靖恭坊其东就是东郭，可见这样一位贵主之婿的第宅，规模及其宏丽壮观，是不难想象的。

朱雀门街东第三街从北向南第九坊亲仁坊，有柳州刺史柳宗元宅、给事中陆质宅及其他达官的第宅。但除西北隅尚书燕国公于志宁宅、十字街东之北的太子詹事韦琨宅、次东中书侍郎杨弘武与太仆卿王希雋二宅、驸马都尉郑万钧宅、滕王元婴宅外，皆未见确切处。柳宗元有《答元饶州论春秋书》，其中言及与陆质同巷，未知此巷在坊内何处？

3. **宅池、池陂的补充**

《城坊考》卷二说：“次南开化坊”记载大荐福寺东院的放生池，即汉代的洪池陂，“半以南大荐福寺……天授元年改为荐福寺。中宗即位，大加营饰。自神龙以后，翻译佛经，并于此寺。寺东南有放生池，周二百余步，传云：即汉代洪池陂也。”说明《三辅黄图》对汉代长安地区湖沼的记载难免也有遗漏。《长安志》卷八记前京兆尹杨凭池，位于永宁坊内。白居易为此作诗云：“水竹交左右，霜竹百千竿，烟波六七亩……波上一叶舟，舟中一尊酒。酒开舟不系，失去随所偶。”① 是如诗如画的一宅第。《城坊考》增补注，温广蓄妓妾于永乐别宅，为御史中丞李夷简所纠，贬临贺尉，并引张籍《伤歌行》：“长安里中荒大宅，朱门已除十二戟。高堂舞榭锁管弦，美人遥望西南天。”即为杨温所咏。岐阳公主池位于昌化坊，昌化坊虽载于《长安志》，却找不到其所在里坊的位置。徐松以坊内有礼会院及岐阳公主宅，礼会院旧在崇仁坊，岐阳公主池应在崇仁坊。《长安志》卷九记，宣义坊内有叛臣安禄山池亭。《城坊考》增补注，刘得仁有《宣义亭子诗》，言其池岛菰蒲竹鹤之胜，引泬水（清明渠）流入城。《长安志》卷六记，西内西海池、南海池、北海池位于西内宫城之中。《城坊考》增补，其中南海池在咸池殿东，另二海池，一在望云亭西，一在凝阴阁北，三海池皆由清明渠灌注而成。《长安志》卷六记，冯宿山池位于亲仁坊。其山亭院多养鹅、鸭及杂禽，常遣一家人主之，谓之鸟省。《城坊考》增补，给事宅在何处？曰：在亲仁坊。亲仁坊与相邻的永宁坊及东市都有水池，鹅、鸭都是喜水动物，其院也应有池。

上述《城坊考》记唐长安城里坊及苑内有可考宅池共计57个，众多的宅池水源充盈，不仅美化了长安城，净化了城内环境，也使唐长安城区空气清新湿润。

三、《增订唐两京城坊考》对长安墓志等的增补

1.《增订唐两京城坊考》补入长安墓志的范围与数量

1996年西北大学历史研究所教授李健超，根据清中叶至今二百年来，考古学所发现的前人不曾看到的有关唐西京城坊的新资料，对徐松《城坊考》所不载的、许多可以订正和补充

① 《全唐诗》卷四三一。

之处加以增补，是对唐西京城坊的研究和复原的新的突破。

李健超补入的范围，隋墓志中凡涉及到两京坊里，悉数收录；对唐两京坊里和近郊区的住人殁后埋葬于近郊的乡、里、村及其他地名，也一并收录；又将少数未完全毁坏的宋洛阳坊里的宋人墓志收录其中，体现了作者严谨的治学态度。《增订唐两京城坊考》（以下简称为《增订》）的主要资料来源，是依据淹埋千余年的、自1952年以来在西安近郊发掘清理出的大量隋唐墓志，以及作者亲自参与对隋唐长安与洛阳考古出土的文物，和野外考察收集的隋唐墓志、经幢、碑石资料等，内容包括皇子后裔、公主驸马、宰相宦官、将军小吏、文人学士、和尚道士、御医画家、歌妓节妇、少数民族、外国侨民、西域商贾等社会各个阶层，为研究当时社会的政治、经济、军事、文化提供了翔实的依据，为补充昔日繁华喧闹、几乎仍是空白的坊里提供了极为珍贵的第一手资料。《增订》的史料价值在于，不仅充实了唐两京坊里的内容，校正了《城坊考》一书的错误，并提出了一些过去不曾看到的坊里名称等。作者引用有关书名、全称名时，都是建国后国家考古所或陕西等发掘队的实地勘察，这一批近年来大量出土的唐代墓志翔实数据资料的增补，使《增订》一书成为当今研究唐代京城、坊里最具实力的著作。

据统计，徐松《城坊考》西京部分撰写97000字，李健超又重加增补，补入清人不载的西京部分的各种建置共计688处（座），在数量上几乎与《城坊考》相等同。增补为：宅432处，宫殿苑囿86，寺观9，庙6，河渠5，肆5，店4，铺4，池3，第3，店行3，院2，居室2，舍2，亭2，旅社2，商人2，墓2，曹门（即商行）1，隙地1，胜迹1，树1，市1，市署1，琴行1，街1，三曲1，别馆1，祠1，廨1，佛殿1，井1，园1，观音堂1，内教坊1，雕版印刷行1，丝绸粮仓1，弩营1。对原内容加以补充的有：寺观65，宅22，肆1，国子监1，市1，官1，阁1，园1。以上《城坊考》与《增订》的西京部分，对《长安志》中不足400座的长安宅第、寺观等建置，经过两次添加补遗，已扩充为1198座，基本符合唐都城坊、宅第、寺观宏大建置规模的数字，这是自宋《长安志》之后，研究唐都长安城坊历经一千多年来，在内容和数量上所取得的突破性的进展。

2. 长安墓志及其他文献对唐人和事的考释

虽然《城坊考》对《长安志》也作了许多校补，但所征引的出土墓志资料并不多，多是在编纂《全唐文》时，节录其中的碑文、墓志，采用当时有限的资料，欲反映中国最具典型的盛唐都城显然是不够的。《增订》以大量墓志及其他文献对《城坊考》所记寺院最多的街坊，即朱雀街西第三街至第五街佛寺，街东第二、第三街道观数，几乎每一处都作了补充。例如，《城坊考》记朱雀街东第三街的永兴坊无寺，《增订》引《长安县志》卷二十四《金石志》，吕大防《唐京城图》，补入广福寺、荷恩寺二寺。尤其是《增订》还对唐人和事加以考释，使得一些有明显争议的"问题"得到了解答。其中如：

朝鲜人泉男生宅　《城坊考》引《长安志》卷九，兴宁坊东南隅左卫大将军泉男生宅。男生，辽东郡平壤（今朝鲜平壤）人。墓志说：仪凤四年（679年）薨于安东府官舍（建超注为朝鲜平壤），后葬于洛阳北邙山。《旧唐书·高丽传》却说：仪凤初卒于长安。泉男生究竟死于朝鲜，还是长安？葬于洛阳又作何解释？洛阳藏泉男生之曾孙宣德郎骁骑尉泉毖墓志云：泉毖，京兆万年人，曾祖特进卞国襄公男生。开元十七年九月四日，终于京兆府兴宁里之私第，春秋二十二，开元二十一年十月十六日，迁厝于河南府洛阳县之邙山旧茔。泉毖墓志证明，男生在兴宁坊确有其宅。墓志说男生"薨于安东府官舍"，安东府官舍是否指朝鲜平壤?《旧唐书·高丽传》却说卒于长安。男生虽是朝鲜人，但一直在中国做官。《新唐书》卷一一〇有男生传“赐第京师”。杨鸿年《隋唐两京坊里谱·兴宁坊》，泉男生宅条引《册府元龟·奖善》说：“高宗咸亨元年六月，帝御冷泉宫亭子，召许敬宗、泉男生及东西台三品举酒作乐。乃赐男生兴宁坊之田第。”这进一步说明，男生在长安其第，乃高宗所赐，按照《旧唐书·高丽传》男生“卒于长安”更符合事实。而“薨于安东府官舍”一事，仍待探讨。

兴福寺（弘福寺）遗址　《城坊考》引《长安志》卷十修德坊的兴福寺，注文“本右领军大将军彭国公王君廓宅。贞观八年，太宗为太穆皇后追福，立为弘福寺。神龙元年，改为兴福寺。……太宗时，广召天下名僧居之。沙门玄奘于西域回，居此寺西北禅院翻译。寺内有碑，面文贺兰敏之写《金刚经》，阴文寺僧怀仁集王羲之写太宗《圣教序》及高宗《述圣记》，为时所重”。玄奘于此寺翻译佛经，《大唐大慈恩寺三藏法师传》有详细记述。王羲之写太宗《圣教序》碑，今藏西安碑林，而贺兰敏之写《金刚经》已不存，弘福寺遗址在何处?据建超考证，1982年西安电瓶车制造厂修建地下排水管道时，发现了《大唐弘福寺故上座首律师高德颂碑》，立碑时间是唐显庆元年（656年）十二月十八日，碑石出土地点在今西安火车西站正北，南距铁路线约30米，而此处正是唐长安城修德坊西北隅弘福寺的遗址。

太平公主的宅第　太平公主是武则天唯一的女儿，其地位在武周与唐中宗、睿宗时十分显赫。豪华宅第在长安城的数目就有多处，一种认为有三处，《城坊考》却分别记为兴道坊、平康坊、兴宁坊和礼泉坊四处。其宅第究竟是三处，还是四处?为了对所记四坊有一个大致了解，现将《城坊考》记述四坊的内容摘录如下：“兴道坊，太平公主宅。没官后，赐散骑常侍李令问居之；礼泉坊，太平公主宅。公主死后没官，为陕王府。宅北有异僧方回宅，太平公主为造之。平康坊；万安观。天宝七载，永穆公主出家，舍宅置观。其地西南隅，本梁国公姚元崇宅。次东，即太平公主宅。其后敕赐安西都护郭虔瓘，后悉并为观；兴宁坊，华封观注，天宝六载，骠骑将军高力士舍宅置观。西南隅，开府仪同三司姚元崇宅，屋宇并官所造。安西都护郭虔瓘宅，在姚元崇宅东，本太平公主宅，后赐虔瓘。”上述的四个里坊，平康与兴宁二坊有三点完全相同：一是太平公主宅在姚元崇宅东，二是太平公主宅后敕赐郭虔瓘，三是姚元崇宅在坊西南隅。京洛《唐长安城太平公主宅第究竟有几处》，据《长安志》与《城坊考》、吕大防《长安图记》残石图绘和出土唐人墓志认为，兴宁坊永穆公主宅西南隅本梁国公姚元崇宅，次东即太平公主宅，其后郭虔瓘宅后来也并入永穆（万安）观。平康坊条未见姚元崇宅，也就没有太平公主宅，说明太平公主宅应在兴宁坊，不在平康坊，其宅应有三处。

但《增订》引《唐会要·尊崇道教》条说：“平康坊。天宝七载，永穆公主出家，舍宅置观。其地西北隅本梁国公姚元崇宅，以东即太平公主宅，其后敕赐安西都护郭虔瓘，今悉为观，号华封。”《增订》引《唐会要》所述平康坊华封观，与《长安志》和《唐两京城坊考》不同的是，“西南”隅为“西北”隅，“次”东为“以”东，后悉并为观为“今悉为观，号华封”。同是平康坊太平公主宅条，确有万安观与华封观两种不同的记载。京洛《唐长安城太平公主宅第究竟有几处》为此也提出了：兴宁坊有华封观，是天宝六载骠骑将军高力士舍宅置观。华封观建于何时，是谁所立？它究竟在平康坊还是兴宁坊？杨鸿年《隋唐两京坊里谱·兴宁坊》太平公主宅条与《城坊考》兴宁坊条内容基本相同。其平康坊的太平公主宅、万安观，《隋唐两京坊里谱》也与《城坊考》平康坊条记载完全相同。但不同的是，杨鸿年《隋唐两京坊里谱》又按："《唐会要》卷50平康坊有华封观，所记建观始末，与《志》《考》所说万安观全同，可见万安当又名华封。"依据杨鸿年引《唐会要》所说，万安观又名华封观，是永穆公主出家置观，说明太平公主宅不仅在兴宁坊，平康坊也有宅，应为一处在兴宁坊西南隅，一处在平康坊西北隅。最终说明，太平公主的宅第实际还是四处。

第五节　清代陕西省志所述关中

一、康熙《陕西通志》对关中与明秦藩府的记述

康熙《陕西通志》（以下简称康熙《志》），32卷，清贾汉复修、李楷纂，序文2卷，首1卷，无目录，清康熙六年（1667年）刊印。汉复，山西曲沃人，明末为淮安副将，入清累官右副都御史、兵部尚书、陕西巡抚。李楷，朝邑县（今大荔县）人，称"河滨夫子"，以举人任宝应县知府。贾氏于顺治十七年（1660年）纂《河南通志》，康熙六年（1667年）调任陕西巡抚，又纂修《陕西通志》。他在序文中说："芟繁就简，黜陋存雅。"这是继明万历《陕西通志》56年之后，又续撰的一部省志。卢崇峻在序文说："此一书博集见闻，广罗今古，大纲细目莫不备举。"认为此志堪作"政治得失之林，百职出政临民之本"。且卷前竟有40人作序跋、附言，并为二册，这在陕西诸省志中是仅见的一部。该志内容简洁清楚、字迹清晰，刻印精良，体例严谨、内容精详。

全志32卷。卷首御书分为两册，辑录了清康熙间皇帝、皇太子、川陕及西安府的各级职官、文武将士赐于陕西省、各

府县，以诗、对、词、箴、赋为内容的匾额74条。卷1星野；卷2疆域（附关隘）；设关隘95处；卷3山川（附津梁）；卷4建置沿革；卷5城池；卷6公署；卷7学校；卷8祠祀；卷9贡赋（附田亩、户口）；卷10屯田；卷11水利；卷12茶法；卷13盐法（附钱法）；卷14兵防；辑周至清的军事编制，及陕西军事防守、人员编制等；卷15马政（附驿传）；卷16帝王（附后妃、封建、窃据）；卷17职官；卷18名宦（分上中下）；卷19选举（附武官）；卷20人物；卷21孝义；卷22列女；卷23隐逸；卷24流寓；卷25仙释（附方技）；卷26风俗（附物产）；卷27古迹上；卷28陵墓；卷29寺观；卷30祥异；卷31杂记，记古器（指古代留下来的器皿）、乐考（古代音乐书籍），以及长安市里的风俗、趣闻、剑侠、异物等；卷32艺文（34门）。

康熙《志》刊刻时间与其他文献所记不同的是，卷首恭纪条后记"癸未冬十月"，时间应为康熙四十二年（1703年），而卷首又有鄂海康熙四十四年（1705年）序。据载此本有康熙六年（1667年）与康熙五十年（1711年）两种刊本，陕西图书馆藏为"康熙六年"本，竟又出现"康熙四十四年"前后的刊刻时间，说明该书不是康熙六年的初刻本。再与康熙五十年本的体例比较看，该本几乎与后者体例相同，但卷首却无"康熙五十年"的记载。据《明清西安词典·历史文献》载，康熙五十年《陕西通志》类目基本同于前《志》而"无所改易"。

康熙五十年《陕西通志》，清贾汉复修，韩奕续修，王功成、吕和钟续纂，清康熙五十年（1711年）刻本，32卷，首1卷，图1卷，本志为康熙六年贾汉复主修《陕西通志》的续志，类目基本同于前志而"无所改易"，只是将前志成书以来"名卿良牧，英贤俊秀之特起者"，续列于有关类目之后。

康熙《志》是清代的第一部陕西省志，其特点主要体现在：(1) 对土地管理的进一步加强。着重记述了清初陕西东布政司废藩王田、原额民地的征收数目。(2) 清初，康熙帝兴修水利，严禁圈占土地，积极实行恢复和发展农业生产的措施，使国家日益强大、繁荣。(3) 清朝初期，陕西兴教建校事业发展很快，开始向按年龄、按文化程度办学的正规方向发展。(4) 人物门类体例详备，记述繁细。其中记西安府历朝名宦801人；历朝征辟、举荐、科目1720人。(5) 对陕西灾异内容的增添。如卷30祥异，详述历代关中及西安“大饥”有10次：即秦始皇三年（前244年）大饥，四年秋蝗；东汉建武二年（26年），“关中大饥，人相食，黄金一斤，易豆五升”；东晋宁康三年[①]（375年）夏“秦大饥”；隋仁寿二年（602年）四月“岐雍地震，五谷不熟，人大饥”；唐永隆四年（620年），“关中旱霜，大饥”，天宝元年（742年）秋“关中大饥”，贞元四年（788年）八月“又震，……灞水暴溢，杀数百人。……五年京师又震，关辅大饥”；广明元年（880年）、四年[②]“长安关内大饥，人相食”；成化二十一－二十二年（1485－1486）关中连年大旱，“百姓流亡殆尽，人相食……商州地裂。六月，咸宁县地裂，倾陷民房屋墙垣无数。七月不雨，西安大饥，斗米万钱，死亡载道……二十三年（1487年）冬大饥，民死亡过半”。弘治十四年（1501年），西安等地区地震。嘉靖四十年（1561年）“西安春夏大疫”。崇祯四年（1631年）“西安旱饥，饿莩遍途”。从这些历史记载可看出，西安地区每一次遇到大灾难，都与自然气候的变化有关，同时也说明封建统治者的腐败无能，既不能及时救灾，又没有救灾的能力。

---

① 东晋仅记到宁康三年，无宁康四年，有误。

② 此志记“广明元年、四年”，唐仅有广明元年，无四年，此说有误。

康熙《志》卷28陵墓，记西安府陵墓有602座，内容较《西安府志》还要多出125座。卷31《杂记》，记古乐器，古代音乐书籍（乐考）。卷3山川辑陕西省各府州县山川共计2047座（条），包括西安府辖14县242座（条）。志中对清初西安的记述，如西安灞桥递运所，这是我省早期的邮局。卷27古迹，记西安府历朝遗迹共有804处，其中长安、咸宁二郭县与《关中胜迹图志》《西安府志》所记不同有26处：秦朝的曲台宫、汉代鼓簧宫、影娥池、百子池、飞廉观、霸陵废县、南陵废县、杜陵废县，涿木观、上兰观、千人聚、后秦逍遥宫、隋代显仁宫、唐宜秋宫、九曲宫、上阳宫、兴泰宫、翰林院、唐代太学、司天台。元代廉相泉园、李氏牡丹园。明代秦藩旧内、最乐园、莲花池、保安王府等。该志文笔流畅，言简意赅，不同于他志的记述方法。如"未央宫"，《关中胜迹图志》记2860字，《西安府志》记1386字，内容几乎相同，康熙《志》仅用了304字。以下列举康熙《志》卷27《古迹上》明秦藩府条的记述，从中可看出内容记述的生动简练。"明秦藩旧内，在钟楼东满城内，周围有子城，今废。简王好接宾客，作宾竹亭，在邸内西南隅。最乐园，在长安县西北隅，秦藩筑此为游宴之所。中有台池、花榭，选胜行乐，非贵客骚人不得游赏，名曰'最乐'。莲花池，在最乐园东北二里许。绿芡方塘，碧波数顷，彩舟映带，鸥鹭随行。今池干如灰，故鱼味之来必自河渭，而同华成臂之藕珍如尺壁，考三渠水贯流，城中此地洼下，易得津耳，但须菱角、鸡头食蒲鱼之利，何必铺锦池底。"莲花池原是唐代承天门内旧址，曾位于今鼓楼西北侧的化觉巷和大学习巷清真寺北面。明代秦王就藩西安后，开挖池沼，广植莲花，取名莲花池，作为秦王府贵族游乐的园林，园内有莲池寺，是秦王妃经常进香的地方。到了清初，莲花池已经干涸。

二、雍正《陕西通志》所述“秦地”

1. 雍正《陕西通志》记西安府

雍正《陕西通志》（以下简称雍正《志》）是清代陕西志书中最大的一部通志。搜集资料较康熙本内容更加丰富，体例繁细。正如凡例所说，“非符檄考核，卷案征信不敢滥登”，凡各州县分界“山川必究其脉络，人物必详其世系，古迹必核其时地”。并注重地方文献的采录，艺文类“凡有关人情风俗，嗜好歌谣，以广见闻，资法戒者，故为采风所不废。至于畸行遗言，谈天说鬼，历代传述为兹土故实，亦必传采以助谈丛”。其广搜《四库全书》摭拾旧文，所有采录原书，“各类中有因时起例与通体微异者，即于本类下注明”。全书考证精详，刊印精良，墨迹均匀，字迹清晰，质量上乘。

清刘於义修，史贻直、沈青崖纂，清雍正十三年（1735年）刊本。於义，江苏常州人，康熙进士，入翰林，乾隆间任吏部尚书，雍正十年（1732年）擢陕西总督。青崖，北京市西南人，雍正七年（1729年）任陕西布政使司。是志仿照康熙本的体例，在原基础上又续加增订而成，体例仍仿前志。

全志100卷，首1卷，分32门、170目。卷1星野；卷2～卷5建置（图、表、考）；卷6～卷7疆域（附形胜）；卷8～卷13山川，记西安、延安、凤翔、汉中、榆林、兴安、商、同、华、耀、乾、邠、鄜、绥、葭、边外；卷14城池；卷15公署；卷16～卷17关梁；卷18～卷19封爵，上古至明；卷20～卷23职官，汉至明，记清朝文、武职；卷24～卷26贡赋，记清朝民地丁、更名地丁、课程、历代田赋、户役、经费；卷27学校；卷28～卷29祠祀（附寺观）；卷30～卷33选举，记征荐、诸科、进士、举人、贡生、馆学生、武科、将材、封荫、掾吏；卷34～卷35兵防，记清朝兵制、历代兵制、军储、塞坦、边防；卷 36 驿传；卷 37～卷 38 屯运，记清朝屯地屯丁、仓庾、转运事例历代屯田、漕运；卷 39～卷 40 水利（图、考）；卷 41 盐法（附钱法）；卷 42 茶马；卷 43～卷 44 物产，记谷、蔬、药、货、草、木、禽、兽、鳞、介、豸；卷 45 风俗，记习尚、时令、礼仪、方言、化导；卷 46～卷 47 祥异；卷 48～卷 49 帝系，记皇帝、后妃、太子、诸王、公主、外戚、宦官；卷 50～卷 54 名宦，记节镇、敕使、监司、牧守、令长、僚佐、将弁；卷 55～卷 69 人物，记圣贤、名臣、廉能、勇略、直谏、忠节、孝义、儒林、文学、隐逸、流寓、方伎、杂传、释道、人瑞、烈女；卷 70～卷 71 陵墓；卷 72～卷 73 古迹，记宫阙、坛庙、府第、园池、薮泽、郊垌；卷 74～卷 75 经籍，经、史、子、集；卷 76～卷 82 纪事，记唐虞至汉、明；卷 83～卷 84 德音；卷 85～卷 97 艺文，御制、诏诰、奏疏、表、状、议、策、檄、露布、赋、颂、赞、箴、铭、碑、记、序、传、书启、论说、辨考、题跋、祝祭、吊诔、杂文、乐府、古诗、律诗、排律、绝句；卷 98～卷 100 拾遗，记博古、风雅、闲适、语林、轶事、征应、订讹、琐碎、权奇、滑稽、神异、鉴戒、后序。

该志编撰的体例与特点是：其一，以丰富的图绘，全面描绘清朝疆域，补充了表与文字所不能达到的缺憾。全志绘图共计 214 辐，自卷 1～卷 13，先以皇舆图首列省志总图，次载并详述以“西安府为最”及各府州县的地理形胜，其次为 5 府 10 州图；卷 34～卷 36，绘全省兵驻、榆林边防图 2 幅，附《陕省驿站图》1 幅；卷 39～卷 40，附水利图 35 幅；卷 72 古迹，列出历朝宫城图绘 15 幅，可更直接的了解故城的建置奇观。长安为周秦汉西魏北周隋唐历代都会，建置疆域、城郭关河，远近疏密以绘图表示，绘有《陕西省疆域总图》与各府州县《疆域图》，自夏商以下各府州县列 1 表、绘 1 图，使累代沿革便于研究。尤其是对关中名山大川各绘专图，先列出各个名山、大河的名称，又在其名下列出所辖范围内的每一座小山、小支流所在的具体方位、依清代水道溯源，加以文字说明，可“按图而索，可并得其详”。直感效果比起嘉靖《志》的图绘更清楚具体，便于识读，完全不同于其他志书那样，仅仅简单地列出一座山或一条河。

其二，考证精详，细载典章制度，对舛错缺疑、传疑之处，均与本条下加‘按’字，以别于原书的注本。记西安、延安、凤翔、汉中、榆林、兴安、商、同、华、耀、乾、邠、鄜、绥、葭、边外，山川见于史志尚多，而名称错出，传闻异同必援古证今。

其三，门目叙次分类繁细全面。(1) 注重对交通运输的记述，并详述水陆两运的发展情况。如卷36驿传，其作用就是“置邮设馆，宾旅如归”。清代驿传工具主要是马匹、马夫等，设置驿站分东、东北、东南、西北、西南、北、西路共设115个，各路的驿站起点都设置在西安府，并附考历代设置驿站、邮传的情况，以及清朝屯地的屯运，仓庾的转运、漕运等。(2) 详述对河渠、堰的利用。卷39至40水利，辑清朝（未记入古河渠）陕西各府州县河渠共763条（道），并对当时的流经里数与溉田的亩数清楚列出。其中西安府长安、咸宁二县河渠有85条，比清初多出三倍，说明到雍正时水利建设发展得很快。该志将清朝新开渠和前朝已有、清朝又重修渠与古渠堰的记述截然分开，一目了然。(3) 对缺载与实用名称的记述。卷13山川二，记有前志及他志不载的山川、地名，如布政司井（城中布政司库内）、刘公井（城中按察司署内）、开元坡（兴庆池西明皇藩邸，后废为坡）、通寺井（一名八角井，长乐坊赵景公寺前）、涌珠泉（在白鹿原上）等。卷45风俗，分记陕西各地习尚、时令、礼仪、方言、化导，较嘉靖、万历、康熙《陕西通志》风俗条的记述更为详细具体。卷15公署，清初西安府设有总督部院署、巡抚部院署、部政使司署、粮盐道署、按察司署、驿传道署、长安、咸宁县署等，是清初西安设立的司法、财政机构。（4）门目设置详尽具体。例如卷16至17关梁，其中记西安府镇、桥、渡、堡、寨等，以及长安、咸宁二县29处。卷43～卷44物产，记谷、蔬、药、货等11类，类下又细分类目，如谷属下麦类，又分小麦、大麦、青稞麦、荞麦、燕麦等。卷85～卷97艺文，分御制、诏诰、奏疏、表、状、议、策、檄、露布、赋、颂、赞、箴、铭、碑、记、序、传、书启、论说、辨考、题跋、祝祭、吊诔、杂文、乐府、古诗、律诗、排律、绝句、诗馀31目，共计1445篇(首)、包括诗800余首，列目十分详尽。正如凡例所说，对“稗野卮言，在所不弃”，历代名篇佳诗美不胜收。但志中选定内容也有严格的范围，取其有关秦地的政事文章，记清初及历代帝王的诏、制文，如隋文帝《移都城于龙首山》，奏疏，如范仲淹《乞救济陕西饥民》《条列陕西利害疏》等。（5）其他方面。如人物数量只统计清代诸科选举，与卷55～卷69人物两项，总计人数10071人，较康熙间明显增多。卷76～卷82纪事，编记唐虞汉至明发生在长安古都及关中一带“旧邦政”的建都、窃取之事的编年纲目；卷83～卷84德音，分2卷：第一卷记清初顺治、康熙、雍正三朝实行德政，对陕西、四川及西安等地遭遇灾荒免征地丁银米、对兵丁恩恤，官吏体恤爱民、除赋蠲租等具体措施；卷2辑历代帝王与属下关心民瘼的诏旨及感人故事。还记西安部分府州的盐业、茶马，清朝镇守西安与各府州县的兵制，及历代军储、塞坦、边防等。

其四，注重明清西安古迹的记述。如卷70～卷71陵墓，该志一改前志从古至今全部辑录的体例，而是注重明清时期对陕西及西安作出贡献人士之墓，并对墓主、具体位置详加考证后悉将录入，西安府235座，其中长安、咸宁二县陵墓109座，对经考证不详的历朝陵墓附以“迷冢”“疑冢”类简略辑入，其数目较康熙《志》明显少，但考证更为精当；卷72～卷73古迹，辑历朝宫阙、坛庙、府第、园林、薮泽、郊垌共计998处，较康熙《志》分类列目更具体，搜罗资料更加全面。不足之处是，提出“凡故丘遗迹罔不收也”。卷28～卷29祠祀（附寺观），记经清朝加以修葺或新建的寺观共计约1916处，其中长安、咸宁并附古寺观有240处，其中详述西安名寺，其卧龙寺原有吴道子画观音像及佛足迹碑，故名观音寺。后因宋时僧人惟果长卧其中，人以“卧龙”相称，故为寺名，一说宋太宗更名为卧龙寺，于明正德十六年（1521年）重修。又如对八仙庵的记载，传说宋时有一名叫郑生之人，遇见八仙显化于此，明正德间复显，因此建八仙殿、雷祖殿。清康熙、雍正间又加以扩展、重修。长安、咸宁二县各处的社稷坛、文庙、正学、名臣祠，社、丘等49座，全陕共有845座。

2．清代西安府所属学校

雍正《志》卷27《学校》，记清代西安府学校建置数量及增添情况。清西安布政使司所属5府12州73县，共设大学77所，中学28所，小学32，义、社学42，共记179所，大学和义、社学比康熙《志》的数目增多20余所，并详列选取师生的条规，设有学田，有助给者等，原是供春秋乡祀及赡给贫困学生之用。雍正元年（1723年）西安府学（大学）址，位于府治东南处，于顺治十年（1653年）提学田厥茂重修。正学书院在府治西南，关中书院在府治东南。志中详述长安、咸宁县学于明清时多次重修，以及清朝对西安府所属学校建设的重视。现对长安、咸宁县学的修建摘录一段：“长安县学（大学）旧在县治西，明成化九年巡抚马文升议徙府学西，万历三十七年（1609年）知县杨鹤重修，改移泮池，增置棹楔云路。清朝顺治八年知县樊鸿选训导张宏业重修有记：'社学六所，严家渠、周家庄、席房村、湾村、香积寺、姜村堡各一区'。咸宁县学（大学）旧在县治西，明成化七年提学副使伍福奏徙府学东。按，徙时在成化九年知府余子俊修，嘉靖十一年知府李文极，万历十三年知县李生芳重修，郡人府尹王鹤记，十八年知县李得中又修。清顺治十二年知县余国柱，康熙三年知县黄家鼎增修，具有碑记。"长安、咸宁县学在明代曾有迁徙、重修，清代是在原基础上又加以修复。除上述外，该志还记有明清时期陕西很有影响的一座大书院——关中书院。据载，关中书院在今西安城南门内东侧、书院门街中段，其主要创建人之一冯从吾撰写的《关中书院记》记述了当时初创的经过，现摘录如下："余不肖偕诸同志讲学宝庆古刹有年矣。岁己酉十月朔日，右丞汪公、宪长李公、宪副陈公、学宪段公联镳会讲，同志几千余人相与讲心性之旨甚具，皭然日晡，始别濒行，诸公谓余曰：'寺中之会第可蹔借而难垂久远，当别有以图之。'明日，即以寺东小悉园，檄咸、长两邑改为关中书院。延余与周淑远诸君子讲学其中，而汪公复为书院置公田，延绥抚台余公闻而嘉之，以俸余增置焉。讲堂六楹，诸公扁曰：允执盖取关中'中'字意也，左右各为屋四楹皆南向，若翼东西号房各六楹，堂后假山一座，三峰耸翠，宛然一小华岳也。堂前方塘半亩竖亭于中，砌石为桥，偏西南不数武掘井及泉，引水注塘，并覆以亭二门四楹，大门二楹，旧开于南缘邻官署，冠盖纷遝。……书院名关中而扁其堂为'允执'，盖借关中'中'字，阐允执厥中之秘耳"。冯从吾（1556—1625）是明代陕西著名的理学家。字仲好，号少墟，陕西长安县人。万历十七年（1589年）进士，任御史时，因抨击时政遭受廷杖，后罢官归故里后，居家潜心研究理学长达25年，期间与友人萧辉之、周淑远等在此地西宝庆寺，即"宝庆古刹"讲学多年，许多人慕名而来，寺内日显狭窄，于万历三十七年（1609年）十月，即“己酉十月”，陕西布政使汪可受、按察使李天麟及副使陈宁、段猷显等，为冯氏另于宝庆寺东，即“小悉园”处创建了关中书院。冯氏还撰有多部理学著作，《关学编》4卷，《冯子节要》14卷，《元儒考略》4卷，《关中四先生语录》4卷。多为冯氏汇集、或编著的我国及陕西历代理学人物传记，与作者在各地讲学时的语录，包括《泾野先生语录》《苑洛先生语录》《溪田先生语录》《槲山先生语录》，对后来多种体例的理学论著产生过一定影响，是研究宋明理学在关中地区发展的重要参考文献。

明代关中书院的办学宗旨，就是昌明理学，大力宣传儒家思想，于清初陕西及四川、甘肃、湖北等地都产生过重大影响。据载，书院自明万历三十七年（1609年）创建，至清光绪二十九年（1903年）延续近300年，历经明万历、清康、雍、乾、嘉、道各朝的增修扩建及清政府拨给书院的经费补贴等。院内至今保存完好的中天阁，是万历四十年（1612年）新任布政使汪道亨所建。该院于康熙四十一年（1702年）后的20年间，被用作省级教育行政长官的办学机关，康熙六十一年（1722年）重又恢复，并将正学书院并入，再次扩大了规模。乾隆间，巡抚毕沅初任时，书院成为陕西省选拔优秀生来此学习之地，且在乡试中脱颖而出的参选者多数出自该院而名扬四方。光绪二十九年（1903年），关中书院由陕西巡抚升允改为陕西第一师范学堂。

3. 清西安城东满城与明秦王府城

清朝西安府城是通往西北、和策应西北的重要军事战略要地，曾经受到清政府的高度重视，规模基本仍承明制，以钟楼为中心，东、西、南、北4条大街通向四面城门。清西安府城的规划：城东是顺治二年（1645年）修建，以满清贵族居住与八旗兵士驻扎的满城，占西安府城的三分之一，满城南面是康熙二十二年（1683 年）在端履门大街东修筑的一座南城，为汉军驻地。城西以鼓楼为中心，是总督衙门和巡抚衙门的官署区。

清西安城东满城是否在明秦王府城故址上改筑？康熙、雍正《陕西通志》的记述完全不同。雍正《志·城池》说：满城"顺治六年即故明秦府城改筑。"《西安府志》亦说："顺治六年即故明秦府基改筑，以居八旗官军。"都认为清代西安满城是在故明秦藩故址上改筑而成。而康熙《志·古迹上》明秦藩府条则说："明秦藩旧内，在钟楼东满城内，周围有子城，今废。"子城即指已废掉的萧墙。再从嘉靖《志·陕西省城图》和雍正《志·会城图》的比照来看，康熙《志》所说"明秦藩旧内，在钟楼东满城内"，应是正确的。以嘉靖和雍正《陕西通志》的城图可清楚地看出，明秦王府城的萧墙比后来的满城要小得多，萧墙的东北与正东方向中隔西安后卫和税课所，距西安府城东墙较远；北墙的西北方向中隔汧阳王府，距西安府城北墙亦远；西墙距北大街较近，但仍有一段距离；南墙因是秦王府前的广场，但与西安府城东大街间距有一段空地。据吴宏岐、党安荣《关于明代西安秦王府城的若干问题》研究与推测，从故明秦府基的东西南北墙看，明秦王府城比后来的满城小得多，面积仅占西安满城的十分之一强，证实了西安满城并不是在故明秦藩故址上改筑而成的说法。

但是，雍正《陕西通志》所述清西安满城"即故明秦府城改筑"的说法是否有误？清顺治六年（1649 年），秦府城外垣，即萧墙被拆毁，保留了内城，即砖城。雍正《志·城池》说："满城在府城内东北隅西界钟楼。……门五，东仍'长乐'，西南因钟楼东洞西北曰新城，南曰端礼，西曰西华。"嘉庆《咸宁县志·城图》，满城共开 7 门，西面有新城门、西华门、西南门 3 门，南面有端履门等。再对照雍正《志·会城图》，西安满城的东北两面利用了大城的城墙，西墙与南墙是新修的，即指北城门安远门抵钟楼东北角的西墙，再从钟楼达东城墙的南墙，连钟楼的东门都包括在内，钟楼已从迎祥观旧址迁建到现今的地方，成为通往东西南北四条大街的中心点。据李之勤研究考证，清朝把原秦王府城拆迁修建了城隍庙、广仁寺等，其故址扩大到北大街和东大街及东北面的城墙，面积占西安全城的三分之一左右。《陕西通史·明清卷》说："八旗教场是驻防兵操练的场所，在原明秦王府旧基上建成，位于满城的中心偏西。"此外，从《会城图》还可看到，在满城东门内的东大街以南还建有一个汉军八旗的驻防城，后废弃。

综上所述，雍正《陕西通志》"故明秦府城改筑"的说法，大致为：一是满城初建时，明秦藩内的各种建筑实物被迁移到城隍庙等处，被开辟为满人的八旗教场。二是建在西安城东北隅，利用了秦藩旧址空地多、面积大，便于营建八旗营房，出入东面的长乐门与安远门内的新城门，具有东北面交通便利等优势。这两点或许正是雍正《陕西通志》想说明西安城东满城是在原秦藩府城上经"改筑"之意。

三、道光《陕西志辑要》所述西安及关中

该志是继雍正《陕西通志》之后 90 余年的又一部志书。其他文献多认为，此志是从雍正《陕西通志》陕西省、府、县志中择要辑录成书，是为了便于使用和查阅，补充各府志未载之事，故名为《陕西志辑要》。实际并非如此，《陕西志辑要凡例》说："采辑诸家纪（记）载，删繁就简，汇为一编，以便观览。"可知该志并不是雍正本的择要辑录本，正如颜伯焘在序中所说："备往后来，絜纲提目。"清王志沂辑，清道光七年(1827 年）赐书堂刻本。志沂，字鲁泉，陕西华县人，例贡，

候选员外郎。

全志6卷首末各一卷。卷首列出户口、田赋以及宦绩等，以下按各府、州分次叙述。卷1～卷2西安府，卷3同州府，卷4凤翔府、乾州、邠州、鄜州，卷5汉中府、兴安府、商州，卷6延安府、榆林府、绥德府。每一卷下都分为分野、沿革、疆域、释名、城池、学校、风俗、宦绩、人物、物产10个类目；各县又加入户口、田赋、关津、山川、古迹、祠庙陵墓、列女、仙释、逸民、流寓10个类目。如道光时西安府行政建置领州1县15，即长安、咸宁、咸阳、兴平、临潼、高陵、户县、蓝田、泾阳、三原、周至、渭南、富平、礼泉、同官县，耀州；宦绩、人物门仅记31名；长安、咸宁二县山川目共记42处（道）；古迹、祠庙陵墓共83座。该志流传广泛。

其特点是：第一，对前志已经记述的内容尽量不再重复辑录。如天文、户口、田赋仅记于各府之首，各县不重复辑录。人物门对陕西历朝“帝德王功”不复录。第二，合并门目，减少蘩冗。如祠庙、陵墓合为一门。第三，注重考证。历代诸志中的“人物”门，都是内容量最大、数量最多的部分，该志取其确有可传者，必先考其事迹，无事迹者皆不录，秦汉以前经考无里居，均载入府志，属于各县经考确有其人，方可载入。如西安府《长安县》条下所列乾隆以后的人物与上述志书相同。第四，从简，没有艺文门。卷首行政设置领府7、直隶州5，即西安府、同州府、凤翔府、汉中府、兴安府、延安府、榆林府、商州、乾州、邠州、鄜州、绥德州。不足之处是，内容显得过于简略，如泾阳县风俗目，仅“人尚朴素，刚直负气”一句。一县中的类目都集中在一起，不分卷，层次凌乱。该志卷后附《秦疆志略》1卷、《汉南游草》1卷、《关中汉唐存碑跋》1卷。

1.《秦疆志略》

清卢坤编纂，不分卷，道光间（1821－1850）刊本。卢坤，字静之，号厚山，河北涿县人，嘉庆四年（1799年）进士，任陕西巡抚等职。卢坤在序中说："各属令就地方实在情形祥晰禀复，兹择其有关利弊者，辑为此编，名曰'秦疆志略'。"该志分各府州县，辑西安府孝义厅、宁陕厅，长安县、咸宁县，及咸阳、兴平、临潼、高陵、户县、蓝田、泾阳、三原、周至、渭南、富平、礼泉、同官县，耀州，两厅1州15县的情况，概述清代陕西各县政务简繁、境至、民情、物产、水利、人口、赋税等，是为清朝地方官吏施政方便而刊行的。所述陕西各州、厅、县地理位置、人口、物产、风俗及建置沿革，实际是清代陕西各府州厅县的简介。

2.《汉南游草》

《汉南游草》是一篇游记，清王志沂著。其为王氏于道光三年（1823年）随中丞卢厚山赴汉南一带阅兵的见闻记录，题名虽为"汉南游"，实际应为由关中到汉南，再由汉南进入关中沿途的见闻。其中游记开头对关中古迹遗址的真实记录，可对清道光时关中古迹的遗存情况有一大致了解。现摘录一段如下："县东南五里，过沣桥。按，沣水自终南山流出。西行经户县界，东折三十里，入咸阳境，又五十里入渭，渭水在城南，唐时有西渭桥，今久圮。咸阳古渡为关中八景之一，水面甚阔，北望城垣颇雄壮，城北即毕原，孟子所谓'毕郢'也。考《史记》，毕公高与周同姓，武王封之于毕即此，东西长数百里，文武成康、周公、太公，及秦汉君臣陵墓多在焉。城周八里九分九门，《县志》云：城跨渭岸，屈曲不方，以象斗杓。城内街市繁盛，亦右辅剧邑也。县北五里有唐凉国公契苾明碑，……又有内侍李辅光墓志。明万历中，泾岸崩陷，壅水不流，三日乃得此石。铭云：水竭源迁，斯文乃传，可谓奇矣。"

当时渭水“水面甚阔”，泾河水丰盈，所导致的“泾岸崩陷”，说明清朝晚期的古长安河道虽然管理不善，而水域仍十分宽广。卷末有《游汉南诗》近30首，《关中汉唐存碑跋》，是王志沂于道光二年（1822年）“自京归里馆于长安节署”的三年间，广泛搜集汉唐存碑及对每一碑的篆刻时间、撰书人名及简介、字迹形体等作以详细介绍149种。

第六节 《长安县志》与《咸宁县志》

清朝西安同城区内东西建立的长安、咸宁两县，是清代西安府附郭县。这两个县治的区划，分别以今西安市北郊草滩路，至南山石鳖谷为分界，纵贯西安府城南北。汉高祖五年（前202年）设长安县。《元和郡县志》说：“周明帝二年，分长安地于长安城中置万年县。”唐天宝七年（748年）改万年县为咸宁县，从此，长安、咸宁两县同城并治京都，一直延续到清朝末年。咸宁县于清中期位于西安城区的东半部，东西宽约20公里，南北长70公里。

一、清西安府附《长安县志》述西安城西

1. 康熙《长安县志》记治所在西郭小城

清梁禹甸纂修，8卷，清康熙七年（1668年）刊印。知县梁禹甸根据明冯从吾的旧志“付之剞劂，间有增定”，“综理缥缃，以搜剔俾”而成，与康熙《咸宁县志》体例基本相似，又纂修于同时，刻印于同年。该志刊刻精良，传世稀见。

全志8卷34门，卷首绘星野、疆域、会城、县治、学署图7幅。卷1地理，分疆域（附形胜）、星野、山川、风俗。卷2建置，分城池（附里堡、铺集、关梁）、公署、学校、祠祀。学校记儒学、社学、正学书院、关中书院。卷3贡赋，分

土田、户口、赋役（附驿站）、物产。卷4官师，（附宦迹）辑历任长安县的知县、县丞、典史、教谕、训导500余人；卷5选举，分科贡、武科、封荫；卷6封建，分帝系、分封（附僭据）。卷7人物，卷8杂记，分古迹、陵墓（附漏泽园）、寺观（附仙释）、灾祥（附逸事遗闻）。古迹门，记散布在古长安城区周围的历代古迹遗址共计104处。

该志公署门记长安县自韩建筑新城，长安县治在西郭小城，延续至宋金元，于明洪武四年（1371年）移入府城内，至清初，县治“渐就倾圮”，知县梁禹甸重加修葺的详细记载。山川门附记明清时期在长安境内的水利，即清明、清渠、永通、香积、沣河渠、太平、高冠峪水、西马房水、阎家古、国草、古渠、漆渠、太平河、石阏堰、私泉、通济渠16条，其中通济渠条详述自明成化至清初20余年来历经疏浚修葺，以及长安令梁禹甸、咸宁令黄家鼎合力修渠灌田。贡赋门记明隆庆间将土地分为四等，即体字地、国字地、经字地、野字地及四等以外的庄坟地，完全不同于他志的记载。卷七人物，长安为“关中望邑”，历代圣贤豪杰、文武将相不可胜数，辑长安历代人物190余人。古迹门记散布在古长安城区周围的古迹遗址共计104处。该志精详得当，记事明了，每卷后均有考证说明，尤其是卷一引贾汉复修通济渠的一段感人记文，现摘录于下：“省会通济旧渠，绕流城市，又腹心中之经络也。经络通而后腹心壮，则是渠之有关于风气，不仅润色秦疆，而实以巩固神京也。……余子俊念省地水咸，民饮辄病，始穿交潏二水，合流城中，……因是□穿甘泉之利，垂二百年，民康以乐，然宁仅便民之汲饮乎？识者美其有关风气之功，迨逆闯作难，窃据秦川，居民庐室半付颓垣，土塞渠壅，民艰汲饮，迄今越二十余年。……爰是捐赀修葺，循故渠而疏浚之，……民间需水灌田，则从其便，如天雨时作，田不需水，则水可入城，不忍误农事也。……不两月而渠功告成矣。将见经络疏通，腹心滋润，风气开而民物阜，其为利不几溥哉。而犹谓奏省不日见起色也，未之前闻。于（余）今奉旨还朝，戎装在即，独惓惓于斯地斯民，务使故渠疏通，风气日盛，以了六年未竟之心，则上为国家建巩固之业，而下为小民永远之利，其亦可以自信矣。故镌诸真珉，用（永）垂不朽。”此篇是贾汉复修浚通济渠的真实记录。通济渠入清后20余年间，一直湮塞不通，至康熙初，贾汉复任巡抚六年，才将渠道疏浚成功。

2. **嘉庆《长安县志》述古都长安**

清张聪贤修、董曾臣纂，36卷，清嘉庆二十年（1815年）刊印。该志自前志之后的一百年来，搜集了许多散佚文献，撷采史料内容较前志更为翔实丰富，注重对农事的记述，但对于“逸事异闻”“词赋小技”，认为是“语怪无征，皆所不取”。省略对星土、名胜的记述，记事止嘉庆十七年（1812年）。全志36卷30门。卷1～卷4图，绘疆域、山川、城郭、乡镇图共计33幅。卷5～卷9表，列晷度、记事沿革、职官、选举表。卷10～卷24志，分土地、山川、田赋、祠祀、学校、衙署、风俗、宫室、陵墓、寺观、经籍、金石志12门目。卷25～卷36人物。

该志继前志又有了全面更新。如前四卷精绘自周至清嘉庆古都长安的历史沿革疆域图，以及汉唐长安城、元奉元城、唐宫城、皇城、禁苑及清故长安城、外郭的城郭图系列图卷共计23幅。尤其是《唐城今城合图》，以精良的朱墨套印，分唐城为墨、清城为朱，黑红相间，合为一图，悦目清晰，唐、清长安古城的不同分界与两朝不同名称一目了然。这些精版图绘，正是至今绘制历代长安图和研究古长安历代机构建置最重要的参考资料之一。职官门辑清“当朝”长安知县、县丞、教谕、训导、主簿、典史136人，清朝进士、举人、武进士、武举人、恩贡生、拔贡生、副贡生、优贡生、痫袭、乡饮宾介共计814人，所记人物“一有遗漏，则后之人将安所考乎?”故人物“特为加详”，是康熙《长安县志》人物门不能相比的。山川记山原河渠桥堰等共记约46处，其中记渭水、沣、高冠谷、东太平谷、交、石鳖谷（又称豹水、滈水、福水）、梗梓谷、子午谷、潏、金沙河水、沣河、高桥（一名韩家渠）、通济、暖泉渠、阎家古渠、秦渡、碌碡堰等，较前志从数量、设置内容上更详尽具体，并对所引文献，依据清代长安界内及周围水道的变迁详加考证。该志还对疆域、山川、城郭、乡镇都“犹得执其误而更正之”，较康熙《长安县志》记述事关民生利益的赋役条例等更为精当。其中山川门《长安志水道考》有一段对清代清明渠流经路线的真实记述：

清明渠“即今丈八沟之渠，但屈而东北，与通济渠异道。京城章云：大安坊东街清明渠，（隋）开皇初，引泬水西北流，又屈而东北入城，当此坊南街，又屈而东流，至安乐坊之西南隅，屈而北流，经安乐、昌明、丰安、安义、怀贞、崇德、兴化、通义、太平九坊，又北流，经布政坊之东、右金吾卫之东南，屈而东流入皇城，经大社北，又东至含光门……北流入宫城。”详细记述了该渠曲折的流经路线及始自时间等，清楚具体。

该志《附山水辨误》目纠正了太乙山、武将山、子午谷、野韭泽、永安渠等12处山水的记载错误。如子午谷，应在长安县境，《寰宇记》误载入万年县；武将山应在礼泉，而《寰宇记》《长安志》与《雍大记》皆误入长安等错误作了更正。卷五学校记清代养正书院在卧龙寺巷，虽在咸宁界，然两县共置。宫室目与前志古迹目的不同之处是，对于古长安的历史遗迹，仅记“自灵囿以下确有可证者，方著录”。其中记宫苑池亭79座，辑自周至明历代有迹可考的长安历史遗迹共计555

处，详尽全面地反映了长安界内丰富多彩的历史文化遗产。寺观目以“长安多古寺观”，详述可考或于清代经过重修的寺观有200余座。该志体例完备，内容考证精审，具有全面研究长安县历史的文献价值。

除原刻本外，陕西图书馆藏有另一种嘉庆《长安县志》，卷末有清同治十一年（1872年）方启宪序跋，说：“自右扶风量移长安，求邑乘不可得缘板，存学署。岁久残缺几半，乃访于藏书家得之，知为嘉庆乙亥，吾乡张公聪贤莅此所修。今甲子将周，且更变故……即簿书有未尽究图者，遑云搜绍而阐彰耶，姑仍其旧而补刊之。”初看上去，此为嘉庆《长安县志》的补刻本，自嘉庆至同治壬申（1815—1872），已有57年历史，期间长安沿革兴废已有很大的变化，理应重修或续修此志。但仔细查看，该志卷前目录、志中内容与图绘几乎与前志完全相同，实为此志的再版刊本，只是略有不同而已。有方氏民国25年（1936年）铅印本，台北成文出版社编印《中国方志丛书》据嘉庆二十年（1815年）刊本影印，流传甚广。

3．嘉庆《长安县志》记堰、河渠、原的变迁

嘉庆《长安县志·山川上》说：“潏水又西为碌碡堰……堰集碌碡石为堤，故名。河身浸高，水常漫堤北行，故为石洞以通渠道。洞上累石高数尺，以防泛滥，不岁加修治，遇有涨溢，则皂（浥，下同）河及通济渠下流必受其害矣。”潏水出自西安城东南60里大义谷，即大峪口，是通济渠引入的水源之一，自古至今一直是西安城生活用水的重要水源。碌碡堰是潏水西流的堤坝，地处潏水穿原而流的一个外口。清代于此修堰，是因潏水从此处穿神禾原向西流时，水流不畅，容易在此形成涌塞，当遇到洪水泛滥，常常造成堤堰溃决而成水患。清代为了防止水患在此修堰，通济渠导水于此时，都要小心疏通。清光绪二十九年（1903年）陕西巡抚升允为疏通济渠，建造的石涵洞就是为导水所用。

嘉庆《长安县志·山川下》说："今皂（潏，下同）河故道循（汉）长安城北行，至西北隅为皂河村，有水东流，当即注藕池者。北流之水独无所考证，盖湮没久矣。"据史念海《环绕长安的河流及有关的渠道》，潏水故道就是现在的皂河，皂河和昆明池之间有一段距离，可能有渠道相通。今潏水故道的皂河，流经鱼化寨，漕渠和潏水交叉处应在今鱼化寨附近。藕池，是西汉时建章宫太液池东北逍遥园中的水池，逍遥园在汉长安城的西北角外。清代的皂河村为皂河湾，在六村堡之西，皂河湾周围已无水道，六村堡北为相家巷，其北还有水道流向东北。

嘉庆《长安县志·山川下》永安渠条："今香积寺北故道犹存。旧志称香积渠。《唐会要》：'元和八年四月，发神策军士修城南交渠，'即是渠也。"永安渠是隋朝建国之初开凿的一条渠道，引用的是交水，在唐代亦称交渠，即志中"修城南交渠"所指。永安渠引用交水的地方，距御宿川（今为滈水）和潏水相汇合而成的交水不远处，即在香积寺西，今周家庄附近。据载，永安渠在香积寺以西的交水北岸。嘉庆《长安县志·山川》又说，永安"渠自香积寺引交水，迳赤栏桥，迳第五桥池陂，由丈八沟西北，东流入城"。史念海先生认为，永安渠不能绕道流至丈八沟西北[①]，此说大概由于其地有渠东北流，而误认为是永安渠，此渠实际是韩朝宗和黎幹开凿的渠。

有关原的变迁，嘉庆《长安县志·山川上》说："又经王寺、田许间为高阳原。"古高阳原在今西安市西与长安县交界的王寺村、田许村一带。吕卓民的《高阳原的地望与相关问

① 史念海：《环绕长安的河流及有关的渠道》二《西安附近的重要渠道》。

题》一文，认为此说有误，他依据一批出土于高阳原的唐宋人墓志及近几年出土的唐宋墓志的实物证明，古高阳原跨越潏河，与神禾原连在一起，应是神禾原的尾部地区。今潏河入交河的河道部分，以确定为古代人工河，这道河将神禾原拦腰截断，潏河南岸仍称神禾原，北岸便有了高阳原的新名。依此推断，高阳原就是由于神禾原遭到破坏而形成的新原，古高阳原即指今西安市西南、潏河北岸的一大片高地，位居安村、郭杜镇、长里村，都在这片高地上，这为古高阳原在西安的具体位置提供了准确的依据。

二、清西安府附《咸宁县志》述西安城东

1. 康熙《咸宁县志》记满城及城东

清黄家鼎修，陈大经、杨生芝纂，8卷，清康熙七年（1668年）刊印。该志是咸宁知县黄家鼎遵奉陕西巡抚贾汉复“征志之檄”，以备“通志采摭”，不辞数千里征稿编纂。先草编两卷，康熙《咸宁县志》黄家鼎序载，随后又请清代邑士咸宁人陈大经、杨生芝二人“博采志记，旁搜舆论，无者有之，冗者财（裁）之，残者补之，伪者正之”。终于康熙七年（1668年）修成并刊印。自陈北海志后，康熙《咸宁县志》席式序：“简断帙残，故刻乌有，即遗册间有存者，亦举甲失乙大为憾事。”又经陈子徽、五杨子详加搜集于旧牍传闻及别书断碣，内容“邑自陈公志后近六十年”，记事始于周，止于康熙六年（1667年）。

全志8卷99门目。卷首绘图8幅。卷1星舆，列分野、疆域、形胜、山川、桥渡、渠堰、井泉、景致、水利、风俗、物产11目，附桥渡、渠堰，井泉、景致4目。卷2建置，列城池、沿革、县署、学校、贡院、书院、庙祠、行署、坊第、市镇、兵防等18目，附社学、杂署。卷3田赋，列田亩、粮

石、户口、起运、存留、屯田，附盐引、学压8目。卷4官礼，除了辑官师、名宦、公仪、祀典外，又辑有乐器、乐考共6目。卷5～卷6选举、人物共18目。卷7古迹8目。卷8艺文详列诏、玺书、策、制、封事、疏、诗、墓志等200余篇，记述历代多反映古长安的著作目录100余种。

该志的突出特点是，注重对清初反映咸宁县当时各种社会发展现状的记述。例如，城池目记明末孙传庭筑四郭城，清顺治六年（1649年）筑满城的详细记载。贡院目记清初在西安设置的举行乡试、会试的场所，以及初设于元代，于清康熙间创建于咸宁县四牌楼南街的地方学校——社学。坊第目记明清时修建的诸坊，如“状元坊”，康海立；“理学名臣”，状元吕柟立；“关中十杰”，李敬等立；“名臣坊”，王承裕立等。市镇目记西安城内粮市、布市、大小菜市、骡马市、木头市、竹笆市、草市等20余处商业市镇。官师目辑清代任职于咸宁的各级职官40余人，选举、人物门辑清代咸宁县进士、举人、贡士、乡贤、忠节、孝义等近100人。该志还注重对盛唐古都文化艺术的辑录，如乐器目记述传之清代的“八音形器”之事，如祭祀孔庙的佾舞，稀见的蓝田磬、白玉箫等14种古乐器，尤其是清咸宁知府黄家鼎熟谙音律，还修制祭器，以及隋唐时稀见的主要乐曲、舞曲等，均为研究古都长安地方有价值的音乐舞蹈的珍贵资料。卷首绘星野、疆域古迹、仓城、县署、庙学、隋都、唐三内、星分东井舆魁图8幅。其中山川辑终南、太乙、秦岭、太兴、龙首、南五台、嘉五台，玉案、雾严、二峰山、鸿固原等诸原及自然地貌共计87处。景致记古长安终南山色、玉案行云、樊川晚浦、杜曲花光、杏坪春晓、凤原麦浪、曲江春晓、杏园赐宴、雁塔晨钟、兴庆夜月、霸陵风雪、渭水秋风12景。古迹门集历代古长安名胜、遗迹及葬于西安周围的陵墓共121座。艺文门详列诏、玺书、策、制、封事、疏、诗、墓志等200余篇，辑历代多反映古长安的著作目录100余种。全志卷数虽少，但列目至为详备，反映内容翔明具体；墨迹清晰，刻工精良。

2．**嘉庆《咸宁县志》述古都长安咸宁界域**

清高廷法、沈琮修，陆耀遹、董祐诚纂，26卷，清嘉庆二十四年（1819年）刊本。自明万历《咸宁县志》佚亡之后，此为该县第三部志书，至此已有150余年。知县高廷法于嘉靖二十二年（1543年）始修县志，该志序说："延乡士夫之贤者，采访搜罗，考据补辑，取旧志订正之，应补应续黎然就序。"知县沈琮又在原稿的基础上先后经过三年重新删补整理，于清嘉庆二十四年（1819年）刊印成书。西安知府邓廷桢在序中说，根据旧志增删"与长安毗连误传其故址者，悉为补正，分为图、表、志、传，一如史例，为卷廿有六，为目廿有三"。该志经过重新整理"其简而不遗，括而不冗"。记事始于隋创建的新都大兴城，至清嘉庆二十三年（1818年）。

全志26卷23门目，分图、表、志、传。卷1～卷4图，绘集历代疆域图共计75幅。卷5～卷9表，列纪事沿革、职官、选举表。卷10～卷16志，分地理、田赋、祠祀、衙署、学校、陵墓、经籍、金石10目。卷17～卷26传10目。

该志的著述特点是：其一，其版绘图卷较嘉庆《长安县志》更加丰富，婉丽多彩。先绘集了历代疆域、山川、道里、县治、坊社、水道、城郭、宫室、名胜，均以图标示今名，详加考证。又绘南山诸谷图，龙王庙沟、磨沟图，历代疆域图及《水经注》《长安志》水道图、附灞浐、历代祠庙衙署、历代城郭、宫室、名胜图，并以宋敏求《长安志》《唐六典》及张礼《游城南记》的资料，包括唐京城总图、唐太极宫、东宫、大明宫、兴庆宫、禁苑、唐皇城、皇城东、南朱雀街东诸坊及宋金京兆府、元奉元城图等绘辑共75幅，并配以详细文字说明，其图幅内容为诸志之中最丰富全面的一部，成为展示古都长安以此地建都而演绎出的一幕幕辉煌历史的图卷长廊。其二，该志很注重对本县历史脉络的详细考证。例如纪事沿革表记万年县经过 9 次名称变更：最早自南北朝北周武帝天和三年（568 年）称万年县，隋开皇三年（583 年）改万年为大兴县，唐高祖元年（618 年）复大兴县为万年，唐天宝七年（748 年）改万年县为咸宁县，至德三年（758 年）又复咸宁为万年县，五代十国开平元年（907 年）又改万年为大年县，同光元年（923 年）复大年为万年县，宋宣和七年（1125 年）改万年为樊川县，金大定二十年（1180 年）复樊川为咸宁县。至此，咸宁县一名延续至清。顺治二年（1645 年）分城内咸宁东北隅筑八旗驻防，康熙二十二年（1683 年）分咸宁地自大菜市至南城筑汉军驻防。城南古迹记述最详，长安、咸宁并治郭下，城图内兼及长安诸坊，但以咸宁界域为主。咸宁、长安二县在唐代就是以寺观之多而闻名，祠祀目详记清代社稷、先农坛、文庙、关帝庙、终南山神庙、名宦祠、忠义孝弟祠并附寺观共计 100 余座。学校目记咸宁六海坊有西安府学，长安县的鲁斋书院（已废）、正学书院（已废）、关中书院（在安仁坊）、养正书院（在卧龙寺巷）及冯从吾《宝庆寺学会约》28 条。其三，编目体例系统科学。例如卷 10～卷 16 志，分地理、田赋、祠祀、衙署、学校、陵墓、经籍、金石 10 目，地理目主要记述终南山、灞水、浐水、滈水、潏水，城东西南北四路共计 29 坊。不同于他志那样列目或简略、或不相同的类目混为一谈。

该志较前两志内容更丰富翔实，尤注重考证，体例与嘉庆《长安县志》相同，一改旧志详志传、略图表之弊，以图表所示年经事纬，纵横分明。志中典章、人物记载特详，且严于考据，清代学者称赞体例相同的嘉庆《长安县志》与《咸宁县志》是“冠绝古今”的两部好志。还有民国 25 年（1936 年）

陕西省通志馆铅印本，流传广泛。

3.《咸宁县志》述清代西安渠道及对图绘的勘误

嘉庆《咸宁县志·长安志水道》说：“（龙首渠）水长乐坡上，当自长乐坡西北流经今干珥垛、午门两社地。今城北历坛前有沟，绕含元殿迳（径）孙家凹（即太液池遗址），东北至光泰门，当即龙首东渠由太液池入浐之道。”据《雍录·浐水》，龙首渠引浐水处在长安城东南马头控。史念海先生考证，马头控今为马腾空，其引水处的遗址迄今仍略可见到。孙家凹今为孙家湾，史念海先生还对前文征引的嘉庆《咸宁县志·长安志水道》，所谓孙家凹东北趋光泰门的沟为龙首渠入浐的故道提出了新的看法。他依据黄盛璋《西安城市发展中的给水问题以及今后水源的利用与开发》一文提出，此道应为唐漕渠故道，与龙首渠无关，因孙家湾西北坑底村高程为399米，其正西方新村高程为400米，与张家堡高程相差10米多，当时漕渠水如何能流过坑底村或方新村至孙家凹？他认为，错误并非黄文，而是嘉庆《咸宁县志》所绘《长安志水道图》为漕渠流经孙家凹所致。

嘉庆《咸宁县志》卷2《历代疆域水道城郭宫室名胜图上》说：“（黄渠）历东五村、五殿陂，西过春临村，达曲江。”五殿陂，曹尔琴《长安黄渠考》，认为当地古今均未见和鲍陂相仿之陂，应为五殿坡，说明《咸宁县志》有误。

三、《长安县志》与《咸宁县志》记明清乡镇组织

明清时期，长安、咸宁两县乡镇是颇具特色的一种农村基层组织。清长安县为西安府城西半部的附属郭县，其与咸宁分东西辖治。康熙《长安县志·建置》城池条下载，长安县有善政、苑西、华林、丰邑、同乐5乡，下属41里。这5乡皆宋时旧乡，因明代乡里旧制紊乱，《西安历史地图集·清长安县、

咸宁县乡镇图》说："（雍正八年）遂改乡里制为乡社制，但乡名却有名无实，乡治所在已无记载。乡下所属之社不同于一般的民间结社，在明代为各地粮仓所在地。"据载，苑西乡在县北3里，善政乡在县西15里，明清时两乡方位和宋时相同。康熙《长安县志·建置》，记苑西乡所属的蒲阳、陶庄、冯党、张旺、大原、石留、南义、南丰、北张、侧坡10里，善政乡下属讲武、鱼良、暗门、董苏、金光、双磨、祝贺、姜仁、晁庄9里。据载，苑西乡正处在唐长安城北，原为隋唐禁苑之地，还有华林乡在县南15里，下辖木塔、塔坡、杜城、沈桥、杜永、张杜、黄良、贾村、子午、曹村10里；丰邑乡在县西20里，辖南张、张名、姜村、留堡、大村、郭村、和迪7里；同乐乡在县西南40里，辖洵河、新河、辛旺、王村、河南5里。以上5乡41里，除了善政乡下属的鱼良、暗门、祝贺，同乐乡辖洵河共计4里未能详考之外，其余37个里名一直沿用至今。

嘉庆《长安县志·十八廒全图》，记长安全县18社，其中仅绘三桥、田许、马王、鱼化、郭杜、乾河、姜村、子午、杨善乡镇图10幅。廒，是清代社仓所在地，明代为各地粮仓所在地，专门负责征收一方之租税。清代改为乡社后，前明代5乡（苑西、善政、丰邑、华林、同乐）之名已不存在，清称北乡、西乡、西南乡、南乡。《十八廒全图》的杨善社属北乡，三桥、田许、马王社属西乡，鱼化、郭杜、乾河社属西南乡，子午、姜村社属南乡。清代长安粮赋仍按原有乡的管辖范围分为18个仓库，以乡作为统一征收储存粮食的具体地。据载，清长安、咸宁两县乡镇改为乡社后，权力进一步增强，还兼管一社的治安、财政、差役等事务，成为一社的政治经济中心。

康熙《咸宁县志》卷二市镇条记，镇有新筑、鸣犊、杜曲、王曲诸镇。咸宁县明代有东陵、龙首、白鹿、鸿固、少陵

5乡。嘉庆《咸宁县志》坊社条，记东南北3乡，下辖29社。其3乡即明代上述5乡的更名，清代仅称北乡、东乡、东南乡3乡。东乡辖韩森、沙谷堆、路家湾、惠家庄、曹家堡、狄寨、元兴7社；南乡辖南关、金滹沱、黄渠、三兆、大兆、杜曲、戎店、尹家卫、侯官、鸣犊10社；北乡辖午门、白花、伍家堡、北辰堡、务庄、新住、沙河、中原、山李、皂渠、东陵社11社，3乡共计28社，缺少东乡辖干珥垛1社。据史念海先生考，长安、咸宁两县所辖46（应为48）社地名今仍沿用，其中南关、东关、韩森、午门、红庙等社已成为西安城市街区。斗门、鱼化、郭杜、王曲、杜曲、大兆等社成为乡一级政府所在地，其他社则成为普通的村庄。

长安、咸宁两县共有23镇，为前代所少有。《西安历史地图集·清长安县、咸宁县乡镇图》说："镇在行政关系上隶属于社，实际地位却高于社，一个镇往往是一社或数社的集贸中心，是农民进行商品交换和买卖的场所。"康熙《咸宁县志》市镇条，记清西安城内粮食市、布市、大小菜市、骡马市、木头市、竹笆市、草市等20余处，这些街名大部分仍沿用至今。

第七节　清代地理总志、地理志及舆地著作记述长安

一、《清一统志》与《嘉庆重修一统志》所述西安府

1.《嘉庆重修一统志》的编纂经过

《清一统志》在康熙、雍正、乾隆、嘉庆、道光五个皇帝亲自过问下，由翰林院一批学士及一些著名地理专家，历经156年，集体编纂而成。因内容庞杂，先后进行了三次修纂：第一次，始修于康熙二十五年（1686年），342卷。因卷帙浩

繁，久未成书，雍正即位后重加编纂，至乾隆八年（1743 年）初次成书，历时 10 余年；第二次，于乾隆四十九年（1784 年）又续修成 500 卷（正卷 424 卷）。据文渊阁《四库全书》本辑《一统志》，有武英殿本与《四库全书》本，文渊阁《四库全书》本的卷首记"乾隆二十九年十一月初一日奉"，又有纪昀"乾隆五十四年"序，说明该志为清和珅等奉敕撰的第二次纂修本；第三次成书于道光二十二年（1842 年），560 卷，清穆彰阿、潘锡恩等纂修。该志虽成书于道光间，而记事以嘉庆二十五年（1820 年）为下限，故又名《嘉庆重修一统志》，却一直未出版，直到民国修清史时，终于发现这一大部头的抄写本，才由商务印书馆影印，于 1943 年出版发行。《清一统志》于乾隆八年（1743 年），乾隆四十九年（1784 年），道光二十二年（1842 年）三次修纂，其第三次刊本《嘉庆重修一统志》较前两种内容更全面、考证更翔实，实用价值高，多为当今专家学者所使用。《嘉庆重修一统志》汇集了全国前代和当时所有地理著作，所记述的地理现象在当时堪称全备，尤其是对府县资料搜集较全，对研究清代各省府县建置沿革、山川形势及经济、政治、文化的发展演变有重要参考价值，至今仍然是阅读和研究历史地理的必要参考书。2003 年上海古籍出版社据上海涵芬楼影印清史馆藏进呈写本，编入《续修四库全书》。

《嘉庆重修一统志》（以下简称为《嘉庆一统志》）第 226 卷起记陕西省，卷 227～卷 232 记西安府，附全省图一幅。该志先列《陕西统部表》，领 7 府 5 个直隶州，7 府即：西安、延安、凤翔、汉中、榆林、兴安、同州府；5 个直隶州即：商州、乾州、邠州、鄜州、绥德。按分野、建置沿革、形势、户口、田赋、税课、文职官（包括各府州知府、同知、训导等）、武职官（包括镇守将军、副都统、镇总兵官等）、名宦等 9 门目的次序，详载其境内之事。

《嘉庆一统志》卷227～卷232西安府，卷前有西安府图一幅。西安府领属长安、咸宁、咸阳、兴平、临潼、高陵、户、蓝田、泾阳、三原、周至、渭南、富平、礼泉、同官15县，孝义、宁陕2厅，其体例先立《西安府表》，所属各县作概括叙述，再按府、直隶厅、州分次。

2.《清一统志》与《嘉庆一统志》中《西安府》的比较

按照60年修一次志书的惯例，乾隆《清一统志》与《嘉庆一统志》相距58年，正符合修志的时间。乾隆《清一统志·西安府》与《嘉庆重修一统志·西安府》的记述，是承袭和发展的两种志书，现将二志对照研究，便可看出从乾隆《清一统志》到《嘉庆一统志》西安府58年间的发展变化及内容的异同。

《清一统志》与《嘉庆一统志》所述《西安府》的比较

乾隆《清一统志》西安府	《嘉庆一统志》西安府
列《西安府表》，自两汉至明代	列《西安府表》，自秦至明代
西安府领属长安、咸宁、咸阳、兴平、临潼、高陵、鄠、蓝田、泾阳、三原、周至、渭南、富平、礼泉、耀州、同官1州15县。	西安府领属长安、咸宁、咸阳、兴平、临潼、高陵、鄠、蓝田、泾阳、三原、周至、渭南、富平、礼泉、耀州、同官1州15县，孝义、宁陕2厅。
类目设置为分野、建置沿革、形势、风俗、城池、学校、户口、田赋、山川、古迹、关隘、津梁、堤堰、陵墓、祠庙、寺观、名宦、人物、流寓、列（烈）女、仙释、土产22门目。	设置为分野、建置沿革、形势、风俗、城池、学校、户口、田赋、山川、古迹、关隘、津梁、堤堰、陵墓、祠庙、寺观、名宦、人物、列女、流寓、仙释、土产22门目。

乾隆《清一统志》西安府	《嘉庆一统志》西安府
本朝为陕西省治，领州1县15。	本朝为陕西省治，雍正三年改商、同、华、耀、乾、邠6州，直隶陕西布政司。十三年（1735年）降耀州为属州及同官县来属。乾隆四十七年（1782年）设孝义厅，嘉庆五年（1800年）设宁陕厅，领州1县15厅2。
城池：西安府城，咸阳、兴平、临潼、高陵、户、蓝田、泾阳、三原、周至、渭南、富平、礼泉、耀州、同官县城。	城池：比乾隆《清一统志》多设孝义厅和宁陕厅城。
山川：共计376处。	山川：共计300处。
古迹：记历朝各县古长安遗迹，包括古城堡、祠庙、寺观、乡社、关隘、镇寨、陵墓共538处。	古迹：记历朝各县古长安遗迹，包括古城堡、关隘、津梁、堤堰、陵墓共计554处（不包括祠庙与寺观）。其中陵墓类增加了“本朝”西安府所属诸县墓8个。

从上述比较看出，《嘉庆一统志》西安府的记述基本承袭了乾隆《清一统志》西安府的体例，但行政区划及其他门目，较前志有了许多新的增添。其一，如山川，《清一统志》记376处，《嘉庆一统志》记300处，虽然数量较《清一统志》相对减少，但不同有二：①注重考证，所记内容更加具体。例如，《清一统志》不载的“韦水”，《嘉庆一统志》记，在周至县西下流入凤翔府，并引《长安志》“韦谷渠在县西南三十五里，自南流下，至清化店入渭”。引《寰宇记》“沣水在县北五里”。“水源出韦谷，其正流西迳（径）眉县境，支流东引为渠”①。经过详细考证得出韦水，又名广椟渠，以及水源、流

① 《嘉庆重修一统志》卷二二七～卷二三二《西安府》。

向等。②一名下有多个不同名称的引证。例如，大石谷涧，在富平县东北，县北10里有小石谷涧，县西北15里有勾谷涧，县西北30里有三泉谷涧，县西40里有梁邺涧，《耀州志》记，玉女山东有二石谷涧等5处。

其二，有藩属部落和有朝贡关系的国家作为附录，列于全书之后。乾隆时期对西域各地用兵，版图扩大，地方建置多有改变，直到道光二十二年（1842年）作为最后定本。《嘉庆一统志》编制体例仍如旧本，二志都列22目，只是在一些具体的体例上有所增改。如建置、城池，比《清一统志》多设孝义和宁陕二厅。

其三，对“本朝”内容的增添。古迹陵墓、名宦、人物目，都增添了“本朝”内容，陵墓增加祠庙一目。古迹对历史上大量的故城、废县作了较准确的考证，即用历史事实说明其兴废年代，在今何地等，并对旧志不当之处有纠正，如《清一统志·风俗》误为“土原水深”，《嘉庆一统志》更正为“土厚水深”。但《清一统志》仍有他志所不载的一些内容，将在下面谈到。

如同其他志书，《嘉庆一统志》也难免存在舛误之处。如《西安府》记“黄渠，咸宁县南。《长安志》在万年县南通善坊。自义谷口分水入此渠，北流十里，分为两渠：一东北流入库谷水，一西流入樊川，灌溉稻田，西流入坑（沉）河。”此处虽引《长安志》旧文，但其意不同的是，宋时，黄渠下游已淤塞不通，故仅述其东西两支。《嘉庆一统志》引用此文之前，先说万年县南通善坊有黄渠，通善坊在进昌坊南，进昌坊为慈恩寺所在地，如果黄渠已入樊川，又怎能流到通善坊？其说显然有误。对古长安一些地理现象的记述与校对也有疏漏，如黄渠条下，西流入沉河，误为“坑”河。又如《长安志》所记万年县的高望堆和蓝田县的桓公堆，堆为高起的丘陵，而桓公堆是东晋时桓温北征的战地，却混为一谈。

3. 乾隆、嘉庆《清一统志》述西安府地形、水脉及勘误

乾隆《清一统志》述西安府基本依据各志书撰写而成，其数量与范围都没有超过西安各志书的记载，但也补充了一些反映西安府所辖县地形水脉的记述。例如：该志《西安府》补充了所属诸县有关崖、峡、陌三种地形。如耀州的箭穿崖，同官县的神水峡。耀州在唐宋时为华原县，同官唐宋时亦称同官县，都是历朝京兆府属县。《清一统志》对《长安志》所记最早的各种水道悉将搜集，如万年县的义谷水、郊谷水、锡谷水，长安县的樉梓谷水，蓝田县的白马谷水、蓝溪水、辋谷水，都是前代地理书所未提及，是宋敏求始作记述的。《嘉庆一统志》引用《长安志》的内容，又补充了沟、滩、湫，使《长安志》不载之处得到发展。如长安县丈八沟、武功县的清沟和建子沟，但丈八沟是一条人工水渠，不能归为自然河流，建子沟记述简略。《清一统志》据《长安志》富平县的盐池泽，蒲城县的东卤池和西卤池，补充了富平县的卤薄滩，都是可以煮盐的地方，只是名称不同而已。清咸宁县为唐宋时的万年县，《长安志》万年县记述了炭谷，未记龙移湫。《清一统志》补入了龙移湫在咸宁县南炭谷内。据载，唐时已有这个湫，也只是名称不同而已。另外还有咸阳的洪渎原，即最早的毕原。《清一统志·西安府》洪渎原条下，“(原) 在咸阳县北二里，东西一冈，阔七里许。”据载，这道原南北数十里，东西二三百里，原上无池陂。秦时称池阳原，汉时称为长平坂，又名石安原或咸阳原。此原历代均有不同的名称，但仍是一道原，而《清一统志》西安府石安原条下，记“(原) 在泾阳县，南接咸阳县界。《元和志》原在县南七里，高二十丈，东西三十八里，南入咸阳县界。《县志》石安原在县南十里，亦曰‘南原’。西

自礼泉县来，东讫高陵县北，陲傍泾者入县境”。可看出泾阳县石安原与咸阳所称石安原实际仍是指一个原，而所记原的里数与实际相比有很大差异。如果按照石安原条“西自礼泉县来，东讫高陵县北，陲傍泾者入县境”所记的范围，实际的里数应比“东西三十八里”的记载要大得多。从《西安历史地图集》所绘，可看出今咸阳与泾阳之间仅绘有广袤百里的咸阳原，无其他原名，说明当时石安原正是今咸阳原。

《清一统志·西安府一》沣水条说：“《长安志》沣水出长安县西南五十里终南山丰谷，其源阔十五步，其下阔六十步，水深三尺。自户县界来……由马坊村入咸阳县西十一里……《禹贡锥指》渭南诸川，惟沣为大。自汉鸿嘉中，王商穿长安城引沣水注第中，而其流渐微。唐贞观中，堰沣滈入昆明池，二水于是断流。又于京城西北引沣水为漕渠，合滈水北流，……而沣水之流愈微，又郑（郑国渠）当时所开……昆明诸渠皆横绝。”沣水是渭南流量最大的河流，正如该志引《长安志》对沣水源阔15步、下游河阔60步、水深3尺的记述，可知水流量极为丰富。汉成帝鸿嘉间（前20～前17）大司马王商曾穿城引沣水，入府第中，此后，沣水流量渐小，到唐太宗贞观间，已经需要修堰拦水，将沣水引入昆明池内。此后，虽然引沣水、合滈水北流，又开郑国渠，但沣滈诸水脉已乱，蓄于昆明池水的诸渠皆已绝流，说明沣水自汉至唐时，水流量已经发生了很大的变化。

二、《清史稿·地理志》记西安府

《清史稿》由赵尔巽负责，缪荃孙、柯劭忞等总纂，金兆蕃、张尔田等纂修，始修于民国三年（1914年），全部付印于1928年，记事从清世祖顺治元年（1644年）清军入关算起，于宣统三年（1911年）武昌起义为止。《清史稿·地理志》是

《清史稿》本纪、志、表、列传四个部分中一个重要的组成部分，其中对《西安府》的记述言简意赅，现简述如下。

1.《清史稿·地理志》与《明史·地理志》中《西安府》的比较

《明史·地理志》与《清史稿·地理志》都是官修的正史地理志，一是刊于清初，一是刊于民国初，期间相距300年。从《明史·地理志》到《清史稿·地理志》不仅体制变化较大，如将二志作以对照，便可看出两者间的异同。

《明史·地理志》《清史稿·地理志》西安府的比较

《明史·地理志》	《清史稿·地理志》
西安府　领州6，县31：长安、咸宁、咸阳、泾阳、兴平、临潼、渭南、蓝田、鄠、周至、高陵、富平、三原、礼泉、华州、华阴、蒲城、商州、商南、洛南、山阳、镇安、同州、朝邑、合阳、韩城、澄城、白水、耀州、同官、乾州、武功、永寿、邠州、淳化、三水、长武。	西安府　领厅2、州1，县15：长安、咸宁、咸阳、兴平、临潼、高陵、鄠、蓝田、泾阳、三原、周至、渭南、富平、礼泉、同官、耀州，孝义厅、宁陕厅。
长安　洪武三年四月建秦王府。北龙首山，南终南山，西南太一山，又有子午谷。北有渭水，又西沣水，又西北滈水。又南潏水，亦曰泬水，合涝水，北流入渭。	长安　西北龙首山。西南清华、圭峰。南终南山，横亘长安、咸宁、鄠、周至四县境。渭水东入咸宁，西南潏水，南有漕渠，又西南有通济渠。

《明史·地理志》	《清史稿·地理志》
咸宁　渭水在南。东有浐水，合灞水流入渭。	咸宁　府东偏南乐游、少陵原。渭水径县北而东，灞、浐自东北合注，潏水即漕水，一名皂（滈），出东南石鳖谷。西镐水左合梗梓水入长安。明秦藩城在府城东北隅，顺治六年改建满城。县丞旧自灞桥移尹家卫，改驻县北草滩。灞桥、渭桥、鸣犊三镇。京兆驿。
咸阳　旧治在渭河北，洪武二年徙于渭南。东北有泾水。东南沣水。	咸阳　北毕原。东鲜原。东南高阳。西南短阴。南渭水自兴平入，东北会二沣水。东北泾水。高桥、窑店、北贺、马庄四镇。渭水驿。
兴平　府西少北，南有渭水。	兴平　府西马嵬坡，北黄山。渭水自武功入，合新开河。县丞驻张店。马村、桑家二镇。白渠驿。
临潼　府东南骊山。北渭水。西潼水，又东戏水，又东泠水，一曰零水。又南煮盐泽。	临潼　府东南骊山，北普陀原。东鸿门坂。西南坑儒谷。渭水自咸宁入，西有潼水，东有戏水、零水。县丞驻关山镇。新丰、零口、交口、广阳、栎阳五镇。新丰驿。
高陵　西南渭水，泾水自西北流合。	高陵　府南奉政原。西南渭自咸宁缘界径鹿苑原，左合泾水。西北白渠。西南毗沙镇。
鄠　南牛首山，涝水出。北渭水，西南甘泉，西渼陂，俱合涝水。又南沣水，合高观（冠）谷、太平谷诸水。	鄠　东南紫阁峰，南圭峰，东南终南山。北渭水自兴平入。东南沣水自长安缘界入，会涝水，涝水县南合渼波（陂）水。秦渡、赵王、涝店、大王四镇。
蓝田　南有七盘山，蓝关险道。又有峣山，东南蓝田山、有关。西灞水，西北长水，亦曰荆溪，又南辋谷水，亦曰辋川。	蓝田　府北横岭，南秦岭、七盘、峣山、蒉山，东蓝田山，有关。灞水出县东蓝田谷，纳蓝水、辋水，西北合土胶河。浐水出南山土门谷，为焦戴河，合汤谷水均入咸宁。蓝桥、焦戴、新街三镇。

以上对比可以清楚地看出两者间的异同：其一，《清史稿·地理志》已改明末以前地理沿革，着重记述清一代建置沿革及当时各种自然地貌。其二，《清史稿·地理志》又增补了许多清代内容。主要有：①州县在本府的具体方位。如该志《西安府》咸阳条“府西北五十五里”。②设县丞驻地。如该志《西安府》渭南条“县丞驻下邽”。③州县升隶、改属州的详细时间。④每一县设镇、设置驿站。⑤清代孝义、宁陕二厅的置废情况。增删后的《清史稿·地理志》体例严谨，记述府州县沿革的内容具体，详略得当，系统性强，较之《明史·地理志》更具实用。

《清史稿·地理志》西安府的记述仅有2535字，言简意赅。《地理志十·陕西》西安府下说：“雍正三年，升商、同、华、耀、乾、邠为直隶州，割县十七他属。十三年，耀及同官还旧属，白水改隶同州。……领厅二，州一，县十五。”清朝西安府州县建置基本沿袭明制，但也作了很大的调整。明朝西安府领6州，31县，而清朝“领厅二，州一，县十五”。《清史稿·地理志》西安府的区划建制在明制基础上也作了许多调整，如明朝设置的西安府、凤翔府、汉中府、延安府及兴安州，这在《明史·地理志》中已有记述。清代每县设镇及镇名的情况记述详实，如邠州明代属西安府，清雍正三年升为直隶州。《清史稿·地理志十》明属西安府邠州直隶州条说：“镇七，高村、大峪、宜禄、停口、永乐……”其中永乐镇，据载，在邠州北80里处，确有一镇叫永乐镇，而在泾阳县东22里处亦有一镇名永乐镇，或名月洛镇。《清史稿·地理志十》西安府泾阳条亦说：“镇六：永乐、临泾、石桥、云阳、孟店、王桥。”说明《清史稿·地理志》所述《西安府》明清两处“永乐镇”的记载是符合历史事实的。但《清史稿·地理志》也有舛错，该志西安府鄠县条，“县南合渼波水”，误将陂为“波”。

《清史稿·地理志十》陕西部分说："乾隆四十七年，置孝义厅。嘉庆五年，置宁陕厅。东北距京师二千六百五十里。广三百五里，袤四百三十八里。……领厅二。"清朝至乾隆以前，为适应全国局势的发展，加强对陕西的封建统治，政权体制变化很大。陕西从顺治二年（1645 年）设置总督起，至乾隆六十年（1795 年）的 150 年间，由于受陕西和西南、西北军事形势的影响，曾先后设置为川陕三边、川陕、陕甘、山陕等，政治体制频繁变换。直到乾隆二十五年（1760 年）设陕甘总督，即陕西单独设置总督后，直到清末再没有改变。《清史稿·地理志十》陕西部分又说："雍正三年，升西安府之商、同、华、耀、乾、邠六州，延安府之鄜、绥德、葭三州为直隶州。"清朝为加强和巩固地方政权，于雍正三年（1725 年），将同、华、耀、乾、邠、鄜、葭、绥德州均改为直隶州，分别领属关中和陕北诸县，这是对西安府和延安府辖属调整后的结果①。

2. **龙洞渠名称的由来**

《清史稿·地理志十·西安府》泾阳条说："泾水自礼泉缘界入，径城南，东南入高陵。北，冶谷水自淳化入，会清水，入三原。西北，龙洞渠，径县北。"龙洞渠就是明朝项忠开凿的广惠渠，当时引泾水灌溉泾阳、三原、礼泉、高陵 4 县的农田，这是陕西关中规模最大的引泾水灌溉农田的农业水利工程。据载，龙洞渠于雍正初，因年久失修，渠道淤塞，造成堤堰毁坏，泾阳一带已无水溉田。清雍正帝令川陕总督岳钟琪拿出国库银两，对龙洞渠淤赛的渠堰加以疏浚。经过疏浚修整，由于河床长期冲刷，渠底下降，渠口高仰，泾水无法纳入，仅

① 参见秦晖、韩敏等著：《陕西通史·明清卷》第八章《清前期陕西的政治和经济》。

有诸条泉水流入龙洞渠，溉田水流量大为减小，溉田面积明朝时74 000余亩，到清雍正时仅为十分之一。雍正七年（1729年），将西安府管粮通判改为水利通判，并驻在泾阳县王桥镇，管理高陵、临潼、泾阳、礼泉、三原5县农田水利，龙洞渠水流量的问题才得以较好的解决。

三、《读史方舆纪要》西安府部分

1. 顾祖禹与《读史方舆纪要》

《读史方舆纪要》（以下简称《纪要》）是一部综述地理沿革、战争形势的著名历史地理专著。130卷（附舆图要览4卷），清嘉庆十六年（1811年）刊印。这部著作自问世之后影响很大。"清初，在地理学领域里，出现了一批能够通达古今之变，为政事、为军事、为国计民生服务的重要著作。侯仁之……指出：'其中比较晚出而有代表性的系统著作，当推明末清初顾祖禹的《读史方舆纪要》。'"①。这是顾祖禹最著名的一部传世之作。

祖禹（1631—1692）是明末清初一位杰出的爱国学者，字瑞五，号景范，别号宛溪子，尊为宛溪先生，江苏无锡人，因生在常熟，又自署常熟人，生于世宦之家。顾氏受家风影响，不仅背诗如流水，尤好地理学。明亡，年仅14岁的他决意隐遁终生。后随父移居常熟，竟择野地而居，最不幸的是世代家藏全部毁于兵燹，只得借书来抄。29岁开始编纂《纪要》，由于长期生活贫困，又遭受父母双亡的打击，使他终于病倒。多年后，"三藩"起兵平定归家后，在昆山徐氏馆，得以遍览"传是楼"藏书，为他继续写《纪要》搜集了丰富的资料。他

① 赵荣、杨正泰：《中国地理学史》（清代）第一章《地理总志编纂的成就》，商务印书馆1998年。

重民族气节，康熙二十六年（1687 年）徐乾学奉诏修《清一统志》，三次聘他，出于对地理学的热爱，应聘京师志局。从 29 岁起，50 岁止，经过 20 多年的努力，参考了二十一史和 100 多种地志，终于完成了这部 280 余万字、举世闻名的历史地理巨著。

《纪要》按明末行政区划，大致分为四个部分：第一部分，《历代州域形势》9 卷，记唐虞三代、春秋战国、秦、两汉、三国、晋、南北朝、隋唐、宋、元、明历朝州、郡、府、县治区划和沿革。第二部分，南北直隶与 13 省，分省纪要 114 卷，记直隶、江南、山东、山西、河南、陕西、四川、湖广、江西、浙江、福建、广东、广西、云南、贵州等省内的州、县、山川、关、卫的位置和原委。每省各卷均自撰纲目，每府亦仿此例，则论述更详。每县记辖境内山川、关、城镇、古迹、驿站、各县编户里数等。例如，记西安府咸宁县，不仅列有主要山川，如龙首山、终南山、子午谷、细柳原、乐游原、石鳖谷、长乐坡、渭水、浐水等，还记有历史上存在过的长安故城、霸陵城、南陵城、杜陵城、阿城等废县，以及要地、要道。如子午关、曲牢堡、中渭桥、东渭桥、西渭桥、灞桥、棘门轵道亭、临皋驿等十余处。又在有些地名下自作小注，如临皋驿下注“志云今府治东南有京兆驿”。又如中渭桥注云：“元和十一年，渭水溢，毁中桥，寻复修治。”第三部分，《川渎》六卷，辑录历代地理书中对山川、江河的记述，使后人了解“九州脉络”“川渎异同”。第四部分，天文分野一卷，列历代史志有关各地星宿分野之说。附录《舆图要览》四卷，自京师各省、边疆漕运以至海洋等都有图表。

《纪要》最突出的特点，是具有浓厚的军事地理色彩。顾氏详述历代地形险夷等，对于山川险要，攻守利弊及历代兴亡成败与地理环境关系的重要。在每省卷首有山川险要总论，写得最具特色，每篇都是具有一定价值的军事地理论文。该志以文献为主，并注重调查访问，他每次外出，所经之地，该志总叙二说："必览城郭，按山川、稽道里、问关津以及商旅之子、征戍之夫，或与众客谈论，考核异同。"此书是在祖禹死后100余年、最早是与《天下郡国利病书》于清嘉庆十六年(1811年)合刊的四川龙万育活字本，后有道光本、光绪九年本、二十五年本及1937年商务印书馆"万有文库"本、中华书局重印本等多种刊本流传。

2.《纪要》对西安府及关中的论述

《纪要·西安府》记叙了关中地区交通的变迁，漕运的增减、优越的自然环境等。如记交通驿站的变迁，说羌桥"在故长安城东，以苻姚诸羌而名，周主邑，建德初，如羌桥颁赐长安以东诸军是也，后毁"。记漕运说："（汉）元光六年郑当时言：'异时关东漕粟，从渭上。度六月罢，而渭水道九百余里，时有难处。引渭穿渠，起长安，旁南山下至河三百余里，经易漕，度可令三月罢。渠下民田万余顷，又可得以溉。此损漕省卒而益肥关中之地，得谷。'上以为然，令水工徐伯穿漕渠。渠成，水大便利，民得以溉。……咸阳四十八里有兴成堰，秦汉故漕渠也。……天复四年，朱全忠劫迁车驾于洛阳，毁长安宫室百司及民间庐舍，取其材浮渭沿河而下，长安自此丘墟，而漕渠之利亦废不复讲"。这段话详细记述了自汉至唐历经1000余年长安一带的漕运历史，漕运即便利了民田，又肥关中之地。该志《西安府·咸宁县》运木渠条说："唐大历元年，京兆尹黎幹请开漕渠，自南山谷口引涧水，直抵景风、延喜二门入苑，以漕薪炭谓之'运木渠'。久之才就又盐渠，在故长安城南。"可看出顾氏对汉、隋、唐三次关中地区主要漕运，直至唐末漕渠被废的详细叙述，说明他对关中地区有深入的了解。

《纪要》记关中地区的自然环境，《西安府·周至县》司竹园条说：“《史记》‘渭川千亩竹’，《汉书·王莽传》‘霍鸿负倚芒竹’即此地也。师古注：芒竹在周至南，芒水之曲而多竹林也。《穆天子传》天子西征至玄池，奏广乐三日，是曰：‘乐池’，乃植之竹，汉时谓之‘户社（应为杜）竹林’，……后魏有司竹都尉，管领岁终，以竹功之多少为考课。……《寰宇记》园周围百里以供国用。宋有司竹监，苏轼云：周至官竹园，临水，数十里不绝。□北跨武功，西连眉县，东接户社（杜），皆古司竹地矣。”记述了西安府辖周至、户县颇具特色的“千亩竹”及官竹园“临水，数十里不绝”的一片清幽碧绿的宜人环境。

《纪要》还对古长安建都之地的选择和迁移的盛衰，以及关中战争形势均有精辟论述。记古长安建都地的盛衰，《纪要·直隶序》说：“汉都长安，则置朔方之郡，列障戍于河南，又开河西五郡，以绝羌与匈奴相通之路。唐人筑三受降城，则守在河北，又置安西、北庭都护，则西域尽为臣属，故关中可以无患。及至德以后，河陇之地尽没于吐蕃，而泾阳、渭北戎马且充斥焉。然则朔方不守，河西不固，关中亦未可都也。”《纪要·西安府》说：“都关中者，以漕运为重，而尤以耕屯为主。”建都之地的选择，绝不是单纯取决于一地之形势险要和地理位置的优越，而是由当时的政治、经济与军事形势所决定的。他对关中战争形势也作了分析：“渭川自大散关以北，达于岐雍，夹渭南北岸，沃野千里，谓之秦川。关中有事，沿渭上下，可度者不一处。战守之宜所在皆急，此诚都城之襟带，畿辅之堑防也。”注意如何利用地理形势，顾氏在《纪要》总序二说，函谷、剑阁是天下之险要，但“秦人用函谷，却六国而有余。迨其末也，拒群盗而不足。诸葛武侯出剑阁，震秦陇，规三辅。刘禅有剑阁，而成都不能保也”。他指出同样的形势，在不同时期会起到不同的作用。

第八节　清代地方志、地理著作对后世西安地志著述的影响

清代各类志书在反映西安及关中区域的论述上，唯《读史方舆纪要》是清初在地理学领域比较晚出而有代表性的著作。它在承袭前志的同时，又纠正了许多正史中沿袭相传有关对长安的记载失误。如西汉长安西南的昆明池，原是仿照昆明洱海开凿的，但自晋代误将滇池当做洱海以来，以讹传讹，误传一千多年，直到顾祖禹《纪要》写出，才将汉长安的昆明池和昆明国二者关系搞清楚。

顾炎武撰写《肇域志》和《天下郡国利病书》这两部名著，承袭了《明实录》及一千多种方志，其中有关西安府及关中一带至为稀见的、对后世西安方志产生影响的内容，有《肇域志》陕西部分辑录了许多今已不存、十分难得的资料，其中西安府记述如：山阳县的僧道关，这在《明一统志》《读史方舆纪要》与《清一统志》均无记载。在已失传、或仅有孤本、稀见本的明代方志中，又如西安府商州，今存最早的是北图藏清康熙四年（1665 年）的《续修商志》，本志所引用明嘉靖二十三年《商略》，现已失传。陕西行都司的资料，源于今佚亡的嘉靖《陕西行都司志》，《四库全书总目》列入地理类存目。商州附录载谷道的一段史料，转引自《兴元志》，张国淦《中国古方志考》未收，补充西安方志所缺失的内容。

清代西安专志《西安府志》晚于《关中胜迹图志》三年，在内容上综合了诸多史籍对历朝古都西安山川名胜、历史人物的记述，作了很大的补充。例如，《西安府志·古迹》辑录历朝古长安遗迹共计 1644 处，尤其是唐代宅府甲第的内容致为详

尽。又如，浐水的分水渠堰，即清明渠堰，在唐及其他史料中未载。《西安府志·大川志》还引录了不多见的“碌轴堰”的记载，明确了碌轴堰即为“清明渠堰”，是为“浐河北流”而建置。又如《西安府志·大事》门，辑录了我国夏商周以至元明大小17个朝代于古长安发生的徙都、征战讨伐、移朝换代的历史故事与重大历史事件，为后世西安著述提供了较系统的历史资料。

《陕西通志》自明嘉靖创制以来，其体制于后世代代相传。例如万历《陕西通志》涉及灾异变化，对汉长安及关中的记述，为后世留下了宝贵的研究长安自然变异的资料，这在明代陕西其他志书中均无专书记载，而万历《陕西通志》大都作了详细的叙述。康熙《陕西通志》是清代的第一部陕西省志，它不仅承袭了嘉靖、万历《陕西通志》的诸多体例，又增添了许多新的内容。如明代西安府初设“盐课”及在陕西捐税、巡视等记述，说明清康熙时陕西征盐课银有了改善。继万历《陕西通志》之后56年，康熙《陕西通志》除了承继万历《陕西通志》人物之外，又增添了灾异类的内容。如卷30祥异，详述历代关中及西安“大饥”有10次。康熙《陕西通志》更注重记事，而文少于旧的特点，例如，对清初陕西东布政司废藩王田、原额民地的征收数目，说明对土地管理的进一步的加强。

雍正《陕西通志》是清代陕西内容宏赡、考证严谨的最大的一部通志，它继承了康熙《陕西通志》的体例，却较康熙《陕西通志》内容编纂得更加丰富全面，并注重对他志缺载与不载名称的搜集。例如，《陕西通志·山川二》，布政使司井、刘公井（城中按察司署内）、开元坡（兴庆池西明皇藩邸，后废为坡）、通寺井（一名八角井，长乐坊赵景公寺前）、涌珠泉（在白鹿原上）等。雍正《陕西通志》不仅承袭了康熙《陕西通志》在陕西、西安府皇舆图、建置疆域、封爵职官、学校建置与规模等诸多方面的体例，还增补了康熙《陕西通志》所不能达到的缺憾。如雍正《陕西通志·学校》，详记清西安布政使司所属5府12州73县，所办学校共记179所，其中大学和义、社学比康熙《陕西通志》的数目又增多20余所，从数量与办校的普及性上看，远远超过了明代，这在陕西诸省志中是首创，说明清初尤其是对当时西安教育事业的重视。

受雍正《陕西通志》的影响，《南山谷口考》对未录入的南山百数不同名称的谷口、道里或险恶要冲的考实，主要也是参考了雍正《陕西通志》，仅清《嘉庆一统志》所记载的谷口也有20余处。例如：蓝田县南的辋谷，户县的高冠谷等风景秀丽，久为世人所称道。光绪三十年（1904年）《秦中官报》中《水利局兴修三辅水利议》一文，正是依据雍正《陕西通志》西安府河渠的内容，才有了对清末关中主要河渠的详细记述："长安之碌轴、通济等渠，咸宁之万年、赵家等渠，咸阳之马跑泉等渠，兴平之东西板桥、马嵬等泉渠，临潼之红沙、中白等渠，高陵之彭城闸七渠，户县之东西太平峪、东西涝河等渠，蓝田之石门堰等渠，泾阳之上王公等渠，三原之大白等渠，周至之夭河等渠，渭南之东阳谷、清水河等渠，富平之文昌、永润等渠，耀州之漆水、退水滩等渠，大荔之北庄等渠，朝邑之苦泉，合阳之太峪河等渠，澄城之长宁等渠，韩城之白马滩等渠，华州之构石等渠。"成为西安府所辖诸县河渠的详细介绍。民国《续修陕西通志稿》也是继承了雍正《陕西通志》及其他陕西志书，扩展原有的内容与体例。例如辛亥革命以后，西安市政区仍袭清末，不同的是1913年废除府州厅制，设立关中道，西安市诸县均属于关中道，1914年撤销咸宁县，辖境划归长安县，1928年废除道，西安市诸县归陕西省管辖，1939年设立第九和第十行政督察区专员公署，周至县划归第九行政督察区，长安、临潼、蓝田、高陵、户县划归第十行政督察区，这种行政区划一直延续到1949年。

明清西安府辖县中，今属西安市所辖九区四县之县志的承袭与发展，对后世研究古长安及长安郊区历史沿革也产生了深远的影响。嘉庆《咸宁县志》较前两志更为突出的贡献是，在嘉庆《长安县志》图卷基础上，以直观性很强的图卷版绘，把包容唐京城的75幅反映著名宫室建筑的内容，以精雅图卷的形式列出，并详加文字说明，为后世研究盛唐长安京城全貌提供了十分珍贵的具有直观效果的资料。民国《咸宁长安两县续志》也是继承了清代咸宁、长安县志的体例，使其内容更加丰富完备。康熙《长安县志·建置》城池条下，长安县下属5乡41里，嘉庆《长安县志》又在前志的基础上增添了图绘，有乡镇图之一的《十八廒全图》中，记嘉庆长安全县18社，为研究明清乡镇农村基层组织的继承与重大改变提供了可寻的依据，其中嘉庆《咸宁县志》及长安、咸宁两县所辖48社地名今仍沿用。还有宣统《蓝田县乡土志》又承继光绪《续修蓝田县志》，并增《蓝田县舆地全图》一幅，分区目，记宋至清朝蓝田县城内乡、区、里的行政划分。光绪《高陵县续志》是自嘉靖《高陵县志》刊出之后300余年，为了使吕楠《高陵志》得到广泛流传，在继承前志的基础上，其体例加以调整、补充，使其内容更加丰富。乾隆《重修周至县志》的名山大川大半辑于康熙《陕西通志》、对新变更的、关系民生利益的水利、渠堰详加补充，与当时不符之处，也经详加考订。如“黑河湾，误称龙湾（渠），为龙泉下流”。经杨仪查勘得实，“黑河湾在县东北二十里，龙湾渠在大监堡南半里许”。提供了准确的考证资料。陕西近代水利事业受前志的影响，著名的水利专家李仪祉的《水功学》，为了恢复战国时著名的郑国渠旧貌，在泾阳张家山谷口筑坝拦河，参考了《水经注》及清代陕西关中诸多典籍。

《清一统志》西安府的记述基本依据了长安及关中各志书撰写而成，并补充了一些反映当时西安府所辖县地形水脉的记述。例如：《清一统志》西安府补充了所属诸县有关崖、峡、陌三种地形。《嘉庆重修一统志》在传承《长安志》的基础上，又补充了沟、滩、湫，使《长安志》不载之处得到发展。如长安县丈八沟、武功县的清沟和建子沟。清咸宁县为唐宋时的万年县，《长安志》万年县记述了炭谷，未记龙移湫，《清一统志》补入了龙移湫在咸宁县南炭谷内。《嘉庆一统志》西安府的记述基本承袭了乾隆《清一统志》西安府的体例，虽然数量较《清一统志》相对减少，但在考证或一名下有多个不同名称的考证等详细记述上较前志更为完善。《清史稿·地理志》述清朝西安府州县建置基本沿袭《明史·地理志》，明朝西安府领州6，县31，而《清史稿·地理志》领厅2，州1，县15，说明清西安府区划设置较前志更利于管理，更符合当时社会的发展需要。

后 记

接受撰写《长安地志》一书，是因西北大学文博学院教授、我的老师张永禄当时承担着其他编撰任务，他将此事交给了我，并希望我能够如期完成这部有较大难度的撰写任务。出于对"古都西安"丛书学术价值的认识，也出于张老师对我的信任，以及对生育养育我几十年的故乡、千年文明古都西安的一份挚爱，我不揣浅陋接受了这一艰巨的任务。

撰写之初令人始料不及的是，当提纲得到著名历史地理学家史念海先生的审阅并认可之后，当著名历史地理学家、西安文理学院历史系曹尔琴教授给予指导之后，还未来得及请他（她）们看稿或提些意见，他（她）们竟先后相继离世……第一次亲身经历这样非同寻常的变故，回想曹尔琴老师对我完成这部书所寄予的厚望，她如同尊长，治学严谨，生活中却和蔼可亲，转瞬之间这些竟成了永久的回忆。

本书得以顺利完成，西北大学西北历史研究室导师周伟洲教授，为我提供了不易找到的文献资料，他为支持我写出这本书给予了真诚的帮助。陕西师范大学环境发展中心资料室张西平老师、西安市地方志馆何彩云提供了不少资料，尤其是我的工作单位、陕西省图书馆特藏部古籍、地方文献与征集组、近代文献、保存本室，以及本馆各阅览室曾为我多次提供方便和帮助的诸多馆内同志所给予的大力支持，我谨此表示衷心的感谢！同时，西安出版社社长张军孝给予积极支持，丛书编委会副主任、陕西师范大学历史地理研究所朱士光教授悉心审阅，西安出版社吴革更是提出了难得的修改意见，我再次表示衷心的感谢！

尽管书稿已如愿完成，要对三千多年以来的西安地方、地理史志作一番系统的审视、考察、总结或反思，是鲜有人涉足的一个领域。好在写这部书之前，早在20世纪90年代已开始搜集整理有关这方面的资料，并先后对汉、唐长安城诸遗址进行过查访，对未见史料记载和新发掘的情况在本书中作了介绍。我有幸跻身于大学校园专家教授一起共事的行列，也是圆了一个多年的梦，但个人学识与能力有限，难免存在错误与不足之处，本书的质量只看做是一部初稿，增补修订仍有待他日，我诚挚地希望每一位读者及各位专家随时给予指正。

刘安琴

2005年8月26日于西安